rüffer & rub

—

Sachbücher zu Fragen,
die Antworten verdienen

Das Lächeln am Fuße der Tonleiter

Betrachtungen zu Musik und Gesellschaft

Daniel Fueter

rüffer & rub

Verlag und Autor danken den folgenden Stiftungen
für ihre großzügige Unterstützung:

Dr. Adolf Streuli-Stiftung
Familien-Vontobel-Stiftung

Erste Auflage Herbst 2011
Alle Rechte vorbehalten
Copyright © 2011 by rüffer & rub Sachbuchverlag, Zürich
info@ruefferundrub.ch | www.ruefferundrub.ch

Foto Umschlag: © Okea | Dreamstime.com

Druck: bod

ISBN 978-3-907625-55-2

Inhalt

Vorwort

»Ganz Ohr sein, lauschen, das ist *gleichzeitig* draußen und drin-
nen sein, von außen und von innen offen sein, vom einen zum
anderen also, und vom einen im anderen.« Dieser Satz ist in
Jean-Luc Nancys großem, wunderbar vielfältigem Essay »Zum
Gehör« (der Titel der französischen Originalausgabe lautet: »A
l'écoute«) zu finden. Wenn auch die in diesem Buch versammel-
ten Vorträge und Aufsätze von ihrem Anspruch her in keiner
Weise mit der Schrift Nancys zu vergleichen sind, ist ein Zusammenhang zum zitierten Satz gegeben. In all den hier vorgelegten Überlegungen nutze ich das Privileg aus, das mir als
Musiker zukommt. Musikmachen und Musikhören hat wesentlich mit dem Phänomen der Resonanz zu tun, mit einer besonderen Art der Offenheit, welche als Aufmerksamkeit im Sinne
der Bereitschaft zur Einfühlung beschrieben werden könnte.
Wir werden musizierend erzogen, offen zu sein »von einem zum
anderen« und offen zu sein für das »eine im anderen«.

Ein Aspekt dieser »Offenheit« erklärt auch, warum wir Musik als etwas eminent »Gesellschaftliches« erleben. Die Schulung
des Gehörs ist eine Schule der Aufmerksamkeit, die weit über das
rationale Erfassen von Sachverhalten hinausgeht und im Sinne
der Resonanz grundsätzlich auf Augenhöhe, besser: Ohrenhöhe,

stattfindet. Ich setze mich musizierend in ein umfassendes Verhältnis zu anderen Musizierenden. Die Übung in unmittelbarem Austausch – die Einnahme dieses musikalischen Lebenselixiers – hat mich Zeit meines Lebens auch angeregt, aus der Musik heraus und über die Musik hinaus aufmerksam zu sein und Formen des Austausches zu versuchen. Die Auswahl von Texten aus dem letzten halb Dutzend Jahre bezeugen diese Versuche.

Letztlich sind es zumeist »Auftragsarbeiten«, die hier vorliegen. Ich wurde gefragt zu diesem oder jenem Thema vor diesem oder jenem Publikum mich zu äußern. Die Themenauswahl ist also einigermaßen zufällig und die »Gewichtigkeit« der Themen sehr unterschiedlich. Warum habe ich den Mut, dieses Sammelsurium in einem Buch vereinigt vorzulegen? Ich könnte mir vorstellen, dass die erwähnte Perspektive des Musikers da und dort ungewohnte Sichtweisen auf altbekannte Fragestellungen ermöglicht. Und ich hoffe, dass der grundsätzliche Zugriff, den mich Musik lehrte, eine Gegenposition ahnen lassen könnte zu heute gängigen Denkmustern, welche die Prinzipien der Einfühlung, der Augenhöhe, der Ganzheitlichkeit ausblenden.

Zumeist sind die Texte als Ansprachen verfasst worden, setzten also den mündlichen Vortrag voraus. Sie sind somit »dialogisch« und lockerer aufgebaut als strenge, »monologische« Essays, welche auf die abgeschirmte Konzentration der einzelnen Lesenden vertrauen und das Innehalten und Zurückblättern als Möglichkeiten voraussetzen dürfen. Es wäre schön, wenn die spielerischere Dramaturgie dieser Rede-Texte im Sinne des Unterhaltungswerts die Lust an der Lektüre beförderte. Übrigens: Wir mussten uns bei der Herausgabe für eine Reihenfolge der Texte entscheiden. Verbindlich für die Chronologie der Lektüre aber ist allein die individuelle Lust und Laune der geneigten Leserinnen und Leser.

Zum Begriff Leidenschaft

»Leidenschaft«. Die phonetische Geste: ein weich ausholender Schwung und ein starker Stoß. Erst umhüllen klingende Konsonanten einen Diphtong, dann – um das helle a gruppiert – bündeln sie geräuschhaft Energie.

Ein Satyrspiel zu Beginn. Eine meiner Leidenschaften, besser: meiner harmloseren Obsessionen, ist die Herstellung von Anagrammen. Ich konnte es auch im Zusammenhang mit Leidenschaft nicht lassen.

Leidenschaft
fand Lichtsee.
Fladenteichs
Ende ist flach.

Flasche dient
Lichtes Faden.
Schaden feilt
Teefischland.

Da ist Fenchel,
da Schilfente –

Fand es leicht:
Eisnachtfeld.

Faden schielt
nach Festlied:
Schlaeft Dein
Ich edel, sanft?

Dachs entlief
Taschen fidel

So viel zum Begriff Leidenschaft hinsichtlich seines Buchstabengewandes und so viel zum Thema leidenschaftlich dilettieren und nun zur Sache: Der Raum, den das Wort »Leidenschaft« öffnet, ist groß. Das Wort klingt von weit her und gehört doch zur Alltagssprache. Zum Beispiel in sportlichen und künstlerischen Betätigungen erwarten wir Leidenschaft. In Bezug auf die Kunst – so könnte man bösartig unterstellen – vermag sie abzulenken vom Mangel an gesellschaftlichem Nutzen und Ausbleiben des kommerziellen Erfolgs.

In meiner Erinnerung war der magere und fahrige Jüngling etwa 15-jährig, als er mir vorspielte. Ich war damals verantwortlich für die Allgemeine Abteilung des Zürcher Konservatoriums und wurde am Samstagnachmittag von Jugendlichen besucht, die ein Musikstudium anstrebten. Falls ihr Vorspiel ihre Hoffnungen auf eine musikalische Laufbahn bestärkte, konnte ich eine direkte Einteilung zu einer Lehrerin oder einem Lehrer vornehmen und den Kandidatinnen und Kandidaten das Verharren auf einer Warteliste ersparen.

Ich habe vergessen, was ich zu hören bekam, ich weiß nur noch, dass mir das Klavierspiel des Jungen wirr und ungekonnt erschien und mich in keiner Weise überzeugte. Ich äußerte mich entsprechend und empfahl ihm, mit dem Musizieren weiterzumachen, möglicherweise einen Lehrerwechsel ins Auge zu fassen, sich aber ein Leben als Berufsmusiker aus dem Kopf zu schlagen. Dazu seien die Voraussetzungen nach all meinen Erfahrungen in keiner Hinsicht gegeben. Der Junge war erst sprach- und regungslos vor Wut, stand plötzlich auf, rannte zur Tür und rief mir auf der Schwelle etwas zu, dem ich nur das Wort »Gemeinheit« entnehmen konnte, dann krachte die Türe ins Schloss.

Sein Vater war mitgekommen. Ein sehr bleicher Mann, ganz korrekt, ganz steif, mit merkwürdig toten Augen. Er entschuldigte sich für seinen Sohn. Ich versuchte darzulegen, dass ich über den heftigen Abgang nicht ungehalten sei, im Gegenteil: Dieser Wutausbruch sei das Einzige, aber dafür deutliche Begabungszeichen gewesen, das ich wahrgenommen hätte. Und es würde mich freuen, wenn der Sohn mich ins Unrecht versetzen und zum Musiker würde. Wenn das feu sacré, die nötige Leidenschaft, vorhanden sei, sei alles möglich. Der Vater ging auf die Suche nach seinem Sohn.

Kunst und Leidenschaft gehören zusammen, es ist eine Binsenwahrheit. Gleichzeitig eignet dem Wort »Leidenschaft« etwas Altertümelndes an, was nicht recht zu einem aktuellen Diskurs über ästhetische Fragen passen will. Vielleicht werden Wahrheiten in derselben Zeit altbacken, in der sie sich auch in Binsen verwandeln, abgegriffen werden, wie das Sumpfgras glatt, knoten- und komplikationslos, so dass kein Interesse mehr beansprucht werden kann.

Jawohl, ich blättere im etymologischen Wörterbuch und stelle fest, dass die Binsenwahrheit eine Redensart aus dem 19. Jahrhundert ist (einer lateinischen Sentenz abgehört), während »Leidenschaft« etwas früher auftaucht, jedoch auch erst seit dem 17. Jahrhundert in der deutschen Sprache als Ersatzwort für die französische »passion« zuhause ist. Das Adjektiv »leidenschaftlich« findet noch später, im 18. Jahrhundert, in die deutsche Sprache.

Es scheint, dass ein zunehmendes Interesse am Individuellen den Begriff sich hat etablieren lassen, zusätzlich beeinflusst von christlichem Gedankengut. Was uns aus der Musik unter dem Etikett »Zeitalter der Empfindsamkeit«, aus der Literatur zum Stichwort »Sturm und Drang« vertraut ist, ist das Klima, in dem der Begriff Leidenschaft zur heutigen Bedeutung fand. Widerständigkeit gegen das bloß Rationale findet in ihm Ausdruck. Leidenschaft lässt Abgründe in der menschlichen Seele erahnen, spricht von Trennung und Rissen, nach deren Überwindung wir uns sehnen. Leidenschaftlichkeit fügt sich auch ein in die spätere Charakteristik eines bürgerlich-romantischen Künstlertums, bis zu dessen zugespitzter Variante, wo Genie und Wahnsinn kaum mehr unterschieden werden können.

In seiner reichhaltigen Sammlung »Die Weisheit auf der Gasse oder Sinn und Geist deutscher Sprichwörter« nennt Johann Michael Sailer, Bischof von Regensburg, noch 1810 unter dem Stichwort Leidenschaften einzig die sieben Todsünden. Leidenschaft und Sünde, Leidenschaft und Laster, Leidenschaft und Sucht sind da in eins gedacht. Auch da gibt es durchaus eine direkte Linie zum Künstlertum, zum »poète maudit«, harmloser zur Boheme. Widerstand wird hier aus Leidenschaft nicht nur gegen die Ratio geleistet, sondern gegen die bürgerliche Ordnung insgesamt, also auch deren Moralvorstellungen.

Anderthalb Jahrhunderte später schreibt ein deutscher Dichter (in seiner Jugend ein Enfant terrible, heute der gepriesene Sohn der Vaterstadt Augsburg):

Anmut sparet nicht noch Mühe,
Leidenschaft nicht noch Verstand,
daß ein gutes Deutschland blühe
wie ein andres gutes Land.

Von jeglicher Sünde gereinigt, keineswegs verwirrt und verwirrend, gelöst und leichtfüßig tritt uns hier der Begriff Leidenschaft entgegen. Die Kinderhymne Bertolt Brechts (und Hanns Eislers), die schönste aller mir bekannten Landeshymnen (die diesen Status allerdings nie zugesprochen bekam), nutzt das Gegensatzpaar Leidenschaft und Verstand als eine zweite Koordinate neben Anmut und Mühe, wobei der Begriff Leidenschaft hier nicht auf Emotion und Konfrontation mit der Vernunft beschränkt ist, sondern als Antriebskraft in schöpferisch-geistigen Belangen gesehen wird. Leidenschaft gehört in der Brecht'schen Dialektik zu den gestaltenden Energien.

Lassen Sie mich bitte noch einen Faden auslegen: »Leidenschaftlich, kräftig« lautet die Spielanweisung zum ersten der Lieder im Zyklus, welchen Robert Schumann Gedichten des schwäbischen Dichters Justinus Kerner widmet. »Lust der Sturmnacht« ist der Titel des Gedichts. Als die ehrenvolle Anfrage mich erreichte, zum Schmerzsymposion einen Beitrag zu leisten, die ich in der Hoffnung verdanke, mein Referat möchte nicht als Fadenknäuel ohne Anfang und Ende sich erweisen und in die Binsen gehen, beschäftigte ich mich gerade mit diesen Liedern Robert Schumanns.

Die Verbindung von »leidenschaftlich« und »kräftig« zeigt eine neue Nuance, weist auf die körperliche Dimension der Leidenschaft hin, auf eine Heftigkeit, die mit unseren Sinnen zu tun hat. Zudem meine ich erkannt zu haben, dass Schumann in diesem Zyklus eine provokante Parallele zwischen dem Leiden des bürgerlichen Individuums in Gestalt des Künstlers und der Passion Christi behauptet. Er zitiert in den Kerner-Liedern wiederholt aus der Johannes-Passion Johann Sebastian Bachs, welcher er im Jahr der Entstehung des Kerner-Zyklus in einer Aufführung begegnet war. Leidenschaft und Passion: Die beiden Begriffe finden da zueinander.

»Leidenschaftlich, kräftig« ist mir nicht nur eine Spielanweisung für das einzelne Lied, hinter den beiden Worten sehe ich einen Wegweiser, den Schumann für einen möglichen Umgang mit Kunst aufgestellt hat. »Ohne Enthusiasmus wird nichts Rechtes in der Kunst zuwege gebracht«, schreibt er in seinen Musikalischen Haus- und Lebensregeln. Enthusiasmus, Ergriffenheit durch das Göttliche, wird heute durchaus ähnlich wie Leidenschaft als Begeisterung begriffen, weit weg von Besessenheit, die in der Umgangssprache nicht einmal mehr im Wort »Obsession« Angst auslöst.

Ich beschloss, eine persönlich gefärbte, feuilletonistische und spekulative Ausleuchtung des Begriffes »Leidenschaft« zu versuchen und ein kleines Plädoyer für Leidenschaft im Umgang mit Kunst zu verfassen. Spätestens wenn es mir gelingen sollte, den Zusammenhang zwischen Leidenschaft und Verletzlichkeit deutlich zu machen, müsste der Bezug zur Schmerz-Thematik (und damit die Berechtigung meines Entscheides) sichtbar werden.

Vorerst blättere ich weiter im Herkunftswörterbuch. In »-schaft«, im starken Stoß, verbirgt sich zweierlei Herkommen: »Gestalt« und »Beschaffenheit« sowie »Schöpfung, Geschöpf«. Ich gestatte mir, die etymologische Betrachtungsweise zu strapazieren, wenn ich mit Bezug zum Kunstgespräch auf den Nachhall von Schöpfung und Beschaffenheit im Begriff Leidenschaft hinweise. Ich bin überzeugt, dass der drängende, aktive Anteil in »Leidenschaft« uns allen (und nicht nur Brecht) gegenwärtig ist. Dabei kann auch die Negation des Schöpferischen, die Zerstörung, Folge dieser Leidenschaft sein: Hier spielt der körperliche Aspekt der »Begeisterung« bedrohlich mit.

Die in »-schaft« gefasste Bedeutung »Beschaffenheit« insbesondere führt in Zusammensetzungen zu abstrakten Subjekten wie Freundschaft, Botschaft und dann zu Begriffen mit bündelnder, gleichsam kollektivierender Bedeutung: Bruderschaft, Landschaft. Späteren Datums endlich sind Ableitungen von Verbformen, die sich mit »-schaft« verbinden und gleichfalls Abstrakta ergeben wie Gefangenschaft oder eben Leidenschaft.

Auf der Suche nach der Herkunft des Verbs »leiden« erwartete ich einen deutlichen Verweis auf Schmerz zu finden. Aber ich stieß zuerst auf die Bedeutung »gehen, fahren, reisen«. Leiden heißt in Bewegung sein, und erst über das »er-fahren« drängt Schmerzempfindung ins Feld möglicher Bedeutungen von »erleiden« ein. Verstärkt wird diese Tendenz durch die Nähe des Verbs »leiden« im Sprachgebrauch zum hinsichtlich der Herkunft nicht verwandten Wort »Leid« im Sinne von »Schmerz, Krankheit, Widerwärtigkeit«.

Aber auch die christliche Weltsicht prägt das Verständnis von Fahren und Erfahrung, von Reisen und Erleiden: Die Lebensreise wird als Gang durch das irdische Jammertal gesehen und in Bezug gesetzt zur Leidensgeschichte des Erlösers. Der Stationenweg der Passion verbindet sich mit dem »Leiden« und der »Leidenschaft«. Gleichzeitig wird über die »Passion« der Aspekt der Hingabe, des Opfers, der Vision und der Schwärmerei in den Leidenschaftsbegriff getragen, so dass dem passiven Dulden die aktive Begeisterung gegenübergestellt wird.

Die Patientin und der Pathetiker reichen sich die Hände, die Liebhaberei in allen Spielformen und die Kränkung in allen Abstufungen sind auf eigentümliche Weise nachbarschaftlich aufeinander bezogen. Schumanns erwähnte Parallelsetzung des einsamen »Schmerzensmanns« Künstler/Christus erscheint so nicht mehr fast blasphemisch, sondern im Ursprung des Begriffes Leidenschaft vermittelt.

Ich greife vor, wenn ich die ebenso eigenartige Nähe von Labung und Verwundung in den Wurzeln des Begriffes »Verletzung« hier als vergleichbar in den widersprüchlichen Konnotationen zitiere, und schließe das Wörterbuch in der Meinung, den großen Raum des Begriffes »Leidenschaft« durch die kunterbunte Nennung vielfältiger Aspekte seiner Herkunft angedeutet zu haben.

Das Schillern des Begriffes (möglicherweise ist das linguistisch eine völlig unhaltbare These) scheint mir aus der Verzweigung des Wurzelwerkes erklärbar zu sein. Wie auch immer: Beim genauen Hinhören sind uns die genannten Aspekte in »Leidenschaft« vertraut. Was wäre solchem Schillern, solcher widersprüchlichen Vielfalt zu entnehmen, um dazu zum heutigen Kunstverständnis eine brauchbare Anregung zu entnehmen?

Ich erinnere mich an ein brillantes, witziges Essay von Nicholson Baker, »Wie groß sind die Gedanken« von 1991. Er stellt fest: »Große Gedanken hängen stärker von kleinen Gedanken ab, als man meinen könnte. Auch große Gedanken werden, der kleinen Gedanken, die ihre Oberfläche auflockern, entzogen und beraubt, glatt und unverdaulich. Denken Sie nur an die unendlich winzigen Häkchen an einem Pferdehaar, die der Cellosaite ihre verschwenderischen Töne entlocken; ...« Was Baker über große Gedanken sagt, lässt sich vielleicht auf »große« Begriffe übertragen.

Wenn ich jetzt auf die Suche nach den kleinen Widersprüchlichkeiten, Widerborstigkeiten und Vielseitigkeiten gehe, die ich im Vorfeld zum Begriff Leidenschaft angedeutet habe, so geschieht es, um den Begriff im Rahmen einer Reflexion zur Kunstproduktion hier und heute zum Klingen zu bringen. Die Behauptung wäre, dass sich im Begriff Leidenschaft in vielfältiger Weise und weit über aalglatte Binsenwahrheiten und meine banale Alltagsgeschichte hinaus Voraussetzungen verbergen, die sich anbieten, um nach den Bedingungen der künstlerischen Tätigkeit zu fragen. Es ist deutlich, dass solches nur in gewissem Widerspruch zu einer postmodern-indifferenten Haltung oder einer Behauptung schnittiger Coolness geschehen kann. Leidenschaft, wie auch immer verstanden, stellt Verbindungen her zwischen mir und anderen, zwischen mir und den Dingen und – in meinem Fühlen und Handeln – zwischen diesen Dingen. Leidenschaft provoziert Bekenntnisse. Wo Leidenschaft wirkt, werde ich in Mitleidenschaft gezogen.

Ich beginne mit dem Ausgangspunkt zu diesem Referat, nämlich mit Robert Schumanns erstem Kerner-Lied »Lust der Sturmnacht«. Das Gedicht redet von der Lust, von der Fleisch gewordenen Leidenschaft (sowohl als Erwartung als auch in ihrer Erfüllung). Wenn Robert Schumann seiner Vertonung die Worte »leidenschaftlich, kräftig« voranstellt, so weist er der geforderten Leidenschaftlichkeit der Interpreten den Weg vom Gemützustand zum Körper.

Schumanns Verknüpfung leuchtet ein: Leidenschaft ist eine Bewegung des Gemüts, welche den Körper einbegreift. Die Lust, die das Gedicht anspricht, ist zuerst und hauptsächlich körperlich. Der Sturm leidenschaftlicher Gefühle erfasst uns ganz.

Wenn durch Berg und Tale draußen
Regen schauert, Stürme brausen,
Schild und Fenster hell erklirren,
Und in Nacht die Wandrer irren,
Ruht es sich so süß hier innen,
Aufgelöst in sel'ges Minnen;
All der goldne Himmelsschimmer
Flieht herein ins stille Zimmer:

Reiches Leben, hab Erbarmen!
Halt mich fest in linden Armen!
Lenzesblumen aufwärts dringen,
Wölklein ziehn und Vöglein singen.
Ende nie, du Sturmnacht, wilde!
Klirrt, ihr Fenster, schwankt, ihr Schilde,
Bäumt euch, Wälder, braus, o Welle,
Mich umfängt des Himmels Helle!

Kräftig: Was bedeutet dieser Bezug auf den Körper für Schumanns Partitur? Wir sind gewohnt, Musik in Analogie zu körperlichen Vorgängen und räumlicher Vorstellungen zu beschreiben: Die Vokallinie schwankt, bäumt sich, drängt aufwärts. Linke und rechte Hand in der Klavierbegleitung alternieren im raschen Wechsel pulsierender Sechzehntelnoten. Der Sturm braust in der Tiefe, für die Liebesnacht werden hellere Klangräume auf-

gesucht, dynamische Wellen durchziehen das Stück und synko-
pierende Akzente geben dem Klavierpart körperliche Unmittelbarkeit.

In seinem Essay »Rasch« schreibt Roland Barthes vom
»Schlagen« des Körpers, im Schumann'schen Klaviersatz. Ich zitiere stark kürzend aus diesem Aufsatz:

»Was tut der Körper, wenn er (musikalisch) aussagt? Und
Schumann antwortet: Mein Körper stampft, mein Körper ballt
sich zusammen, er explodiert, er schneidet sich, er sticht oder …
er streckt sich, er webt zart … Es gelingt mir nicht immer, diese Figuren des Körpers, die musikalische Figuren sind, zu benennen. Denn für dieses Unternehmen ist ein metaphorisches
Vermögen erforderlich (wie könnte ich meinen Körper anders
ausdrücken als in Bildern?) … Ich ringe, um zu einer Sprache,
einer Benennung zu gelangen … Die Musik wäre das, was mit
dem Schreiben ringt. Wenn das Schreiben triumphiert, löst es
die Wissenschaft ab, die unfähig ist, den Körper wiederherzustellen: Nur die Metapher ist genau; wir bräuchten nur Schriftsteller zu sein, und schon könnten wir von diesem musikalischen
Wesen, diesen körperlichen Schimären, auf vollkommen *wissenschaftliche* Weise berichten … ›Seele‹, ›Gefühle‹, ›Herz‹ sind ro-
mantische Namen für den Körper. Alles wird im romantischen
Text anschaulicher, wenn man den verströmenden, moralischen
Begriff durch ein körperliches triebhaftes Wort übersetzt.«

Die letzten Sätze lassen sich in unserem Zusammenhang
so lesen: Die Auseinandersetzung mit Leidenschaft – dem Begriff, der uns zur Hauptsache im Zusammenhang mit dem, was
Barthes den »romantischen Text« nennt, vertraut ist – kann als
Auseinandersetzung mit unserem Körper Aktualität gewinnen.
Dieser Körper ist dabei in seiner Anbindung an die Leidenschaft immer ein konkreter, individueller. Jean Paul, ein Lieb-
lingsdichter Robert Schumanns, schreibt in seinen Merkblättern
1820: »Das Wichtigste in einer Autobiographie eines Autors ist
eigentlich das seines Schreibens, der Schreibstunde, seiner kör-

perlichen Verhältnisse zu seinen Arbeiten – Angewohnheiten das Unbedeutendste.«

Ich meine, dass der Körper und unsere Körpererfahrung stets von neuem ebenso verbindliche wie zeitgemäße Ansatzpunkte anbieten, um ein erhellendes Gespräch über Musik und – ich hoffe behaupten zu können: – Kunst überhaupt zu führen, um zu Einsichten über die künstlerische Arbeit zu gelangen. Medien und insbesondere die Neuen Medien faszinieren. Sie erlauben beispielsweise die »Kultivierung« des Körpers, verzichten aber auf dessen unmittelbare Präsenz. Dabei kann nicht nur die Heftigkeit des Körpers vergessen gehen, sondern in erster Linie auch seine Verletzlichkeit und Hinfälligkeit.

Leidenschaft ruft den Körper in Erinnerung, will seine Präsenz, erinnert an das Panoptikum der Lust und die vielfältigen Varianten der Unlust, an Genuss und Wagemut, Ekel und Angst. Auseinandersetzung mit dem Körper ist Auseinandersetzung mit der eigenen Wirklichkeit. Im Gespräch über den Körper kann zusätzlich faszinieren, dass Spezialistinnen und Spezialisten sich einbringen können, die aus Eliten herkommen, die in ganz anderen gesellschaftlichen Strukturen sich gebildet haben als jene der meisten Kunstfachleute. Ein Gespräch rund um die Kunst, welches den Körper stets mitzudenken sucht, öffnet sich Impulsen, wie sie im kunsttheoretischen Diskurs nicht immer üblich sind.

Barthes misst der Beschäftigung mit dem Körper eine zweite, mit der letztgenannten Überlegung verknüpfte und für die Beschäftigung mit Kunstfragen entscheidende Bedeutung zu. Die wissenschaftliche Sprache, die sich auf die Dimension des zu verallgemeinernden Faktischen beschränkt, geht in diesem Zusammenhang am Wesentlichen vorbei. Die Rede, die sich auf den Körper bezieht – so verstehe ich Barthes –, kann nur über Metaphern zu treffenden Aussagen gelangen. Wir können in Bezug auf den Körper niemals nur von Erkenntnis oder Einsicht sprechen, sondern beziehen Erfahrung immer mit ein. Und das wäre im künstlerischen Diskurs wesentlich.

Erfahrung ist immer etwas Vereinzeltes, das in Zusammenhänge gestellt werden muss, um allgemein zugänglich zu werden. Diese Verknüpfung kann nicht durch Verallgemeinerung hergestellt werden, sondern bestenfalls im Vergleich durch Analogien, in der Sprache selbst durch Metaphern. Die Metapher verbindet durch Verweise. Nur der Schriftsteller mit seiner »künstlerischen« (ihrem Wesen nach verweisenden) Sprache kann gemäß Barthes der Musik ihre Geheimnisse abringen.

Ich lese bei Barthes die Aufforderung, im interpretierenden, kommentierenden und forschenden Umgang nicht nur mit Musik allein, sondern mit Kunst insgesamt eine »künstlerische« Sprache zu entwickeln, welche beispielsweise über die Dimension der Metapher zu einer eigenen »Wissenschaftlichkeit« und damit zu ebenso authentischen wie präzisen Aussagen zur Kunst gelangen könnte. Ich meine, dass ein Nachdenken, ein Forschen über Kunst zwischen all den Eckpfeilern, die Namen tragen wie Grundlagenforschung und Anwendungsorientierung, Natur- und Geisteswissenschaft, sich ein eigenes Terrain schaffen kann und muss, um zu relevanten Erkundigungen, zu wegweisenden Erkenntnissen vorzustoßen.

Zu diesem Terrain gehört eine eigene Sprache. Ich bin überzeugt, Barthes meint eine Sprache neben jener der historisch-systematischen Kunstwissenschaft (gegen die nichts einzuwenden ist), und neben der analytisch-materialbezogenen Sprache der Kunsttheorie (ich bewundere die Klarheit und Brauchbarkeit musiktheoretischer Darlegungen), nämlich eine Sprache einer künstlerischen Wissenschaft. In ihr könnte ein transdisziplinärer Ansatz – der verschiedene Erfahrungen verschiedener Künste einbezieht und weit darüber hinausreicht – Barthes' Metaphern-Wunsch erfüllen und die Geste des Verweises als konkrete Erfahrung präzisieren. Im Transdisziplinären wäre der umfassende Antrieb der Leidenschaft gleichsam strukturell aufgehoben. Sprechen meine Kronzeugen Jean Paul, Roland Barthes, Nicholson Baker nicht längst eine solche Sprache?

Eine Figur des Verweises übrigens wird in Justinus Kerners Liebesnachtsgedicht selbst sichtbar. Das Toben des Sturms draußen, Nacht und Chaos, treibt die Liebenden im goldschimmernden Zimmer an. Der leidenschaftliche Ausbruch der Natur findet seine Entsprechung in der Leidenschaft des »seligen Minnens«. Außenwelt und Innenwelt spielen ineinander. Die »Lust der Sturmnacht« lässt die Einmaligkeit der »unio mystica« im Liebesspiel ahnen. »Ende nie, du Sturmnacht, wilde!« Der Wunsch, die Korrespondenz von innen und außen möge von Dauer sein, ist unerfüllbar. Diese Sehnsucht – das leidenschaftliche Begehren nach Überwindung dieser Spaltung – ist ebenso eines der Leitmotive künstlerischen Schaffens, wie der Traum, das Kunstwerk vermöge über das Verweisen hinaus zu einer eigenständigen Realität finden.

Ich kehre zur Körperthematik zurück. Die Behauptung steht im Raum, dass die Thematisierung der Körperwahrnehmung einem aktuellen Kunstgespräch Unmittelbarkeit und Verbindlichkeit verleihen könnte, welches nicht auf Erkenntnis und Einsicht allein ausgerichtet wäre, sondern um die Formulierung von Erfahrung ringen würde. Das Stichwort »Erfahrung« ist uns aus dem Seitenblick ins Herkunftswörterbuch vertraut. »Leidenschaft« ist nicht nur eine individuelle Gemütsbewegung, sie gründet in der jeweils einzigartigen existenziellen, lebensbestimmenden Erfahrung der Persönlichkeit. Leidenschaften sind Bewegungen, ausgehend und angetrieben von den inneren und äußeren biographischen Bewegungen. »Wenn jemand eine Reise tut, / So kann er was erzählen.« So schreibt Matthias Claudius in seinem Gedicht »Urians Reise um die Welt«. Natürlich liegt auch der Reise eine körperliche Erfahrung zu Grunde: Reisen ist erst einmal eine Fortbewegung des Körpers von A nach B. Immerhin meine ich, dass Matthias Claudius durchaus auch die virtuelle Reise, die Reise in Gedanken, die Begegnung mit anderen Planeten in Gestalt anderer Persönlichkeiten als bereichernd für die Erzählung, den Bericht, wie es einem beim Gehen, bei der Begehung ergangen ist, auffasst. »Erzählung« ist eine Chiffre für künstlerische Arbeit. Und hinterlegt sind diese Erzählungen durch die Lebensreise. So lege ich mir das Claudius-Zitat zurecht. Der Literaturkritiker Heinz Schafroth zitiert aus den Grazer Vorlesungen des Schweizer Autors Urs Widmer: »Jedes einzelne Wort ist durch eine nur dem Autor bewusste Nabelschnur mit einer wirklichen Erfahrung verbunden.« Und: »Die Phantasie ist ein besonders gutes Gedächtnis für das Wirkliche.«

Die Erfahrung nimmt die Entfernung zurück, das Fremde wird Eigenart. Dies geschieht, wenn wir leidenschaftlich Reisende sind, fahrend erfahren, wandernd erleiden. Wir lassen zu, dass uns das Durchlebte unter die Haut geht. Wir riskieren die Enttäuschung unseres Begehrens – was den Mut zu großer Begehrlichkeit voraussetzt. Wo der Einsatz der Person geleistet wird, hat die Erfahrung als Beleg Wert.

Wir sind zwar unter anderem darum alle Künstlerinnen und Künstler, weil die Betrachtungsweise darüber entscheidet, ob ein Objekt ein Kunstobjekt sei oder nicht. Auch kann jede unserer Handlungen im Auge der Betrachterin und des Betrachters als künstlerischer Akt oder Alltagsbesorgung gelesen werden. Was aber das Subjekt »Künstlerin, Künstler« in seinem Wesen angeht, so meine ich, dass die Anschauung ebenso wenig ausreiche wie die Berufung, sondern dass der Beruf eine wesentliche Rolle spielt. Wenn ich mein Künstlerleben »aufs Spiel setze«, muss ich, um zu exemplarischen Erfahrungen zu gelangen, ein leidenschaftlicher Spieler sein; es lässt sich nicht nur sonntags erledigen. Thomas Hürlimann hat es einmal im Gespräch formuliert: Der leidenschaftliche Spieler spielt letztlich, um zu verlieren.

»Ich mag den Menschen nicht, dessen Leben mit seinen Werken nicht in Einklang steht.« Man kann diese Sentenz Robert Schumanns für unbrauchbar moralisierend halten. Nützlicher ist es, »Einklang« nicht als eine inhaltliche Übereinstimmung in ethischen Fragen, sondern als eine Art Lebensführung, die auf das künstlerische Wirken hin angelegt ist, zu lesen. Dann wäre die Lebensführung ein Filter, durch den die Welt beispielsweise im Hinblick auf die künstlerische Erzählung wahrgenommen wird. Zum Kunstberuf gehört es, Erfahrungen zu machen um der Erfahrung willen.

Diese »existenzielle Dimension« in der künstlerischen Arbeit, besser: die Lebenswichtigkeit, ist auch in Auseinandersetzung mit der beschleunigten technologischen Entwicklung zu beachten. Die Besinnung auf das unverwechselbar Eigene scheint mir dabei nicht ohne Aktualität zu sein. Aktuelle Technologien lassen einen spielerischen Umgang mit den Begriffen Original und Kopie ebenso zu, wie sie kollektiver Kreativität Vorschub leisten, machen Informationen in undenkbaren Größenordnungen global zugänglich und verändern unser Bewusstsein. Das virtuelle Leben diktiert den Alltag mindestens ebenso wie materielle Veränderungen. Es öffnen sich auf dem Gebiet der Künste neue, unendlich anregende Arbeitsfelder. Der Austausch quer durch die gesellschaftlichen und geographischen Räume wird in ermutigender Weise befördert.

Damit diese technologisch-innovativen Entwicklungen nicht nur in der Statistik oder der Berichterstattung fassbar werden, bedürfen sie einer reflektierten Verarbeitung in unserem Erleben, in Bereichen der Rezeption und der Kreation. An unserem Potenzial ist das technologische Potenzial auf seine Anwendbarkeit hin zu überprüfen. Sonst bleiben wir beim Staunen stehen und müssen auf planende Eingriffe verzichten.

Der Gegensatz global-lokal wird oft zitiert. In diesem Zusammenhang geht es um die Verortung der allgemeinen Entwicklung. Sie bedarf im konkreten künstlerischen Schaffen der Benennbarkeit, der Bezugnahme »vor Ort«, einer Art Individualisierung. Ich will mir bewusst werden, wo was abgeht und was ich damit zu tun habe. Ich versuche zu verstehen, zu analysieren, zu antworten. Ich muss versuchen, meine Verantwortung wahrzunehmen. Das Medium ist die Botschaft. Als Erzähler muss mich die Botschaft interessieren. Und da das Ziel die Mittel nicht heiligt, soll ich mich der Mittel kritisch vergewissern. Ein »leidenschaftliches« Verhältnis zu den Mitteln, die ich einsetze, verbindet mich mit ihnen. Durch mein Lebendgewicht werden sie fassbar, greifbar und angreifbar. Ich liefere mich nicht aus, sondern ich behaupte mich – und sei es angesichts einer Übermacht.

Es gibt noch eine weitere Variante leidenschaftlich sinnlicher Erfahrung, welche nahe bei den Mitteln und Medien ist (manchmal identisch mit diesen). Ich rede von der Leidenschaft der Künstlerin und des Künstlers für das Material, den Stoff, ja: das erwähnte Medium selbst. Es gibt eine Lust an sprachlichen, textuellen, tektonischen, visuellen, klanglichen Strukturen, welche einer der Hauptantriebe künstlerischen Schaffens ist.

Dabei ist es ein Grundantrieb künstlerischen Schaffens, eine Verbindung herzustellen zwischen der Erzählung, dem verwendeten Stoff und dem eingesetzten Medium. Wenn im Gedicht die Sprache spricht, wenn in der Musik »es« singt, wenn die »peinture« selbst die Geschichte erzählt, geht ein großer Wunsch in Erfüllung. Wenn der Bezug von der Materialität, der stofflichen Erscheinungsform, zur Erzählung evident wird, entwickelt sich eine Resonanz, welche der gleichsam klingende Beweis dafür ist, dass der Verweis auf das Andere, welches im Kunstwerk nicht Realität werden kann, gelungen ist.

Ein analoges Gelingen bezüglich der Struktur formuliert der schon erwähnte Dichter Urs Widmer sehr einleuchtend in einem Gespräch mit Hans-Jürgen Heinrichs: »In der Literatur wird nicht gesiegt. Aber es gibt durchaus ein Gefühl von, ja wie soll ich sagen, Triumph. Nämlich wenn Sie für eine schwierig zu bewältigende Geschichte eine Form gefunden haben. Das Finden einer Struktur ist etwas außerordentlich Befriedigendes und kann als eine Art Sieg über die widrigen Umstände erlebt werden.« Urs Widmer sagt nichts von Konstruktion, er spricht vom Finden der Struktur. Ein Nachdenken im Zusammenhang mit einer solchen Überwindung widriger Umstände, die ich als ein Widerhallen der Erzählung im Stoff schilderte, kann das Bewusstsein für die eigene Position schärfen.

Die Leidenschaft für den stofflichen Aspekt provoziert eine Art »ökologische« Fragestellung. Es geht nicht um Regeln und Ausschluss. Zum Charakter der Leidenschaft gehört es, Grenzen nicht zu akzeptieren, den Rahmen zu sprengen. Es geht nur um die Bedeutung einer fasziniert-leidenschaftlichen Wahrnehmung des Materials (das eine Wirklichkeit ausmacht wie der erwähnte Körper der Autorin, des Interpreten und des Publikums).

Auch im Verhältnis zu den Eigengesetzlichkeiten des Materials, des Stoffes, des Mediums stellt künstlerische Leidenschaft sowohl im Schaffensprozess wie in der Wahrnehmung Verbindlichkeit her. Die Lust am Stoff ist ähnlich wie die Lust am Körper eine Erfahrung, welche den künstlerischen Diskurs von vielen Seiten her zugänglich macht.

Diese Wahrnehmung der Ressourcen soll nicht vor vorzeitigem Verbrauch schützen (die künstlerischen Mittel sind unbegrenzt verfügbar), sondern eine resonanzarme Beliebigkeit unterbinden. Die sinnlichen Dimensionen in Bezug auf meinen Körper und das Medium, in dem das Kunstwerk aufscheint, die Mittel und die Materialien, gehören alle in den Bereich der Erfahrung der Kunstreisenden. Diese machen sich »leidenschaftlich, kräftig« oder »leidenschaftlich innig« die Welt zu eigen. Wenn wir vom Erdulden und Erfahren, der Bewegtheit in der Bewegung auf die andere Seite des Begriffsfeldes wechseln, zur Passion als aktiver Begeisterung, als Hingabe, finden wir eine letzte Handvoll Hinweise auf einen anregenden Umgang mit dem Begriff Leidenschaft.

Wer leidenschaftlich handelt, macht sich erkennbar. Noch hinter der kühnsten Konstruktion steckt die Energie individueller Lebhaftigkeit. Es kann nicht um Überwältigung gehen, sondern immer um Auseinandersetzung. Der gesunde Menschenverstand weiß es: Wer sich hingibt, legt auch seine Schwächen offen, wer sich erkennbar macht, zeigt auch seine Verletzlichkeiten. »›Ich schreibe viel bessere Bücher als deine Cecile,‹ schrie ich, ›Sie mögen erfunden aussehen, aber jedes Wort ist die schmerzvolle Erinnerung an etwas Wirkliches‹«, heißt es in Urs Widmers »Das Paradies des Vergessens«.

Es liegt eine große Verletzung in der Erfahrung, dass etwas fehlt, dass das Wichtigste nicht da ist, dass diejenigen keine Sprache haben, die ihr am meisten bedürften, und dass es den Sprachbegabten nicht gelingt, ihnen das Wort zu reden. Nur die Leidenschaft weiß auch um diese Verletzung. Wir erinnern uns: »Anmut sparet nicht noch Mühe, Leidenschaft nicht noch Verstand.« Diese gleichsam schlanke Form von Leidenschaft ist in diesen Zusammenhängen zu verstehen. So wie die Anstrengung durch Grazie geadelt wird, konkretisiert sich das Vernünftige durch die Leidenschaft. Solche Visionen – und das Visionäre gehört den Passionierten zu – haben auch in politischer Hinsicht eine künstlerische Entsprechung. Der Kreis mag sich runden, wenn ich als Gegenstück zu Brecht Robert Schumann zitiere: »Wir wären am Ziel? – wir irren! Die Kunst wird die große Fuge sein, in der sich die verschiednen Völkerschaften ablösen im Singen.«

So wie die Reise-Erzählung durch die Erfahrung der Autorin beglaubigt wird, gewinnt die Vision durch die Verletzlichkeit des Propheten so etwas wie Wahrheit. Im Juni 2008 ist Peter Rühmkorf gestorben. »Bleib erschütterbar und widersteh«: Seine Formulierung ist für eine ganze Generation zum geflügelten Wort geworden. Bischof Sailer hätte es in seine Sammlung aufgenommen. In der Umkehrung »Du kannst widerstehen, weil Du erschütterbar bist« soll es ein erstes Fazit dieser Suche nach dem Begriff Leidenschaft sein. Die Reisebewegung des Körpers und die emotionale Bewegtheit finden zusammen.

Der junge Mann, den ich einst so wütend gemacht hatte, redete mich ein Dutzend Jahre nach unserer ersten Begegnung an. Unsere Wege hatten sich ganz zufällig gekreuzt. Er hatte mich erkannt und als Musikjuror in Erinnerung behalten. Ich erfuhr nur wenig von ihm, aber das Wenige ließ auf einen schwierigen Lebensweg schließen, der an vielen Abgründen vorbeigeführt hatte. Zurzeit aber sei er guten Mutes, berichtete er. Und: Er habe ein naturwissenschaftliches Studium begonnen. Warum er mich anspreche, sei, weil er mir danken wolle für die Offenheit damals. Sie sei ihm – nach Verklingen von Verletzung und Ärger – hilfreich gewesen, sich nicht weiter hinter einem vagen Traum von Musik zu verstecken. Ich bin nicht stolz auf meine Geschichte. Der Sachverständige hat korrekt gehandelt und ein Lob eingeheimst. Aber der Prediger der Leidenschaft hatte offensichtlich kein Gespür für Verletzlichkeit. Mein Leidenschaftsverständnis war sehr platt gewesen. Ich war auf dem Allgemeinplatz verblieben, beim Ohrwurm, statt dort hinzuhören, wo es etwas leiser und vielstimmiger zugeht. Eine einigermaßen einfühlsame Nachfrage nach der Diskrepanz zwischen dem Wunsch nach Musik als Lebensraum und der öden musikalischen Lebenswirklichkeit im Musizieren des Adoleszenten hätten meiner Leidenschaft als Musiker, Lehrer, Administrator ein besseres Zeugnis ausgestellt. Statt des Weckerläutens wäre meiner Intervention möglicherweise eine wichtigere Funktion zugekommen. Wäre ich heute, nachdem ich einen Vortrag zum Thema verfassen durfte, hellhöriger? Würde ich heute begreifen, dass mein Lob der Leidenschaft als gelebte Verletzlichkeit wesentlich authentischer gewesen wäre? Macht man in der Praxis Fortschritte, wenn man nachdenken muss?

Wie in dieser kleinen Geschichte geht es mir im Kunstgespräch heute nicht um das Ganze und Große, sondern um die Einzelheiten. Ich habe keine ästhetischen Dogmen zu verteidigen, und auch die Erneuerung, das nie Dagewesene ist kein wirklich zureichender Grund mehr für mein Interesse. Das Verharren des künstlerischen Schaffens in der unmittelbaren Stellungnahme und der ausgreifenden Vision scheint mir rasch von meinem spezifischen Vermögen wegzuführen und ist – angesichts der Weltlage – durch mein Wirken lachhaft schwächlich untermauert.

Virtuosität erfreut wie stets und ist doch kein Hauptgang, sondern bestenfalls Beilage, genau wie – um beim Kulinarischen zu bleiben – die kühne Mischung, das Crossover, die Transdisziplinarität als Prinzip nicht ausreichen, sondern ihre Kraft nur aus den Ingredienzen beziehen können. Die Mehrheitsfähigkeit war nie ein Maßstab, aber der Versuch, ins Allgemeine zu wirken – und sei es auch nur im Ringen um Fasslichkeit –, immer eine Verpflichtung. Das schiere Amusement ist so erfolgreich wie für jegliche Entwicklung folgenlos. Die fundamentalistische Behauptung andererseits ist der Gegenort jeglicher künstlerischer Tätigkeit: Sie ist nie Verweis, sondern immer Gebot oder Verbot und damit hier kein Thema.

Ich sehe keine Allgemeinheiten, sondern einzelne Wege, die bestenfalls exemplarische Aspekte aufweisen. Der einzelne Weg bedarf – anders als der Mainstream – der steten Erläuterung, und der eingeschlagene Kurs muss sich immer wieder Korrekturen gefallen lassen. Das heißt aber auch, dass die Erzählung immer wieder zum Gespräch wird. Der Pfad ist umständlich, manchmal schwer begehbar, aber keineswegs nur unangenehm. Er ist reizvoll, abwechslungsreich, voller Anregungen, kann in Neuland führen. Anstrengend ist er in jedem Fall.

Die Kraft, sich auf diese Reise zu begeben und sie durchzustehen, kann einem aus einem Element dessen zukommen, was ich in diesem Versuch immer wieder als »Leidenschaft« bezeichnet habe und auch als Verletzlichkeit hätte bezeichnen können. Der Kerner-Zyklus von Robert Schumann schließt auf eigenartigste Weise. Die beiden letzten Lieder gehören den Gedichten »Wer machte dich so krank?« und »Alte Laute«. Schumann verwendet, wie er schreibt, »dieselbe Weise«. »Langsam, leise« ist die Spielanweisung zum vorletzten Lied. »Dass ich trag Todeswunden, das ist der Menschen Tun«, heißt es da. »Noch langsamer und leiser« soll das letzte Lied vorgetragen werden. »Die Tage sind vergangen, mich heilt kein Kraut der Flur; und aus dem Traum, dem bangen, weckt mich ein Engel nur.« Die Musik ist eine Art Pastorale in Zeitlupe, choralmäßig begleitet. Der Zyklus thematisierte Trennung, Abschied, Verletzung. Die Lust der Sturmnacht ist weit weg. Geblieben ist der Schmerz.

Humor in der Musik

Sehr verehrte Damen und Herren

Gestatten Sie mir zur Einführung den Schlusschor von Verdis
»Falstaff« einzuspielen. Der Text von Arrigo Boito lautet in schöner, freier, aber nicht sinnentstellender deutscher Übersetzung:

> *Alles ist Spaß auf Erden,*
> *Der Mensch ein geborener Thor;*
> *Und glauben wir weise zu werden,*
> *Sind dümmer wir als zuvor.*

> *Lauter Gefoppte! Weil Einer*
> *Den Andern zum Narren macht;*
> *Doch besser fürwahr lacht keiner*
> *Als wer am Ende lacht.*

Wir befinden uns auf einer Erkundigungsreise. »Humor in der
Musik« ist, wonach wir suchen. Wir suchen erst einmal und zur
Hauptsache danach im Umgang mit Musik, als Hörende, als Sin-
gende und Spielende, manche eine ganze Woche lang hier in
Braunwald, andere anlässlich einzelner Konzerte. Wir suchen

angeregt in unseren Erinnerungen nach anderen Musik- und Konzerterlebnissen, nach Aufnahmen, denken dabei an das häusliche Musizieren, an den Musikunterricht. Wir erzählen uns davon, tauschen uns darüber aus bei Gesprächen, sei es auf Wanderungen oder beim geselligen Beisammensein. Vielleicht lesen wir zum Thema in Sachbüchern oder suchen nach amüsanten Musikgeschichten, Anekdoten, schauen uns Noten an von Stücken, die uns erheitern, blättern in Cartoon-Büchern über Musikerinnen und Musiker. Der Phantasie für diese Reise ist keine Grenze gesetzt. Oder wir setzen uns in einen Vortrag zu unserem Thema. Das ist eine riskante Lösung. »Wiz weidet auf allen Fluren, die Stallfütterung nur fürs Rindvieh.« So schreibt Jean Paul, der uns in der Folge noch einige Male begleiten wird. Wären Sie nicht besser spazieren gegangen?

Am schlechtesten beraten, wenn es darum geht, sich nach »Humor in der Musik« umzusehen, ist zweifellos derjenige, der sich anschickt, darüber einen Vortrag zu halten. Da hört der Spaß vermutlich auf, bevor er anfängt. »Ich fange immer von vornen an, dum zu sein«, schreibt Jean Paul, und für einmal gestatte ich mir, mich ihm gleich zu fühlen.

Kennen Sie Menschen, die erklären, warum welcher Witz lustig ist? Ja? Ich glaube Ihnen. Es gibt sie wirklich, die Witzerklärer. Sie sind unerträglich. Gehört der Referent zum Thema »Humor in der Musik« nicht notwendiger Weise zu dieser Spezies? Das ist keine ermunternde Vorstellung. Sie erzeugt zwangsläufig eine Hemmung, die man als Schreibstau kennt. Wenigstens weiß Jean Paul etwas zu sagen. Er scheint mich zu kennen: »Dieser Musiker ist eine ewige Pause des Denkens.«

Angesichts seiner steten Einmischung scheint es Zeit, ihn ordentlich vorzustellen. Die Meisten allerdings kennen ihn bereits: Johann Paul Friedrich Richter, Jean Paul genannt (1763–1825), ein deutscher Dichter der Romantik, der ein gewaltiges Werk hinterlassen hat, einer der größten Humoristen der Weltliteratur (wobei ich mir bewusst bin, dass ich die Definition des

Humoristen bislang schuldig geblieben bin). Für Robert Schumann, aber auch andere Komponisten waren seine Werke und seine Ästhetik wegweisend. Jean Paul schreibt über sich: »Wenn ihr wüsstet, wie wenig ich nach J. P. F. Richter frage; ein unbedeutender Wicht; aber ich wohne darin, im Wicht.« Und er hilft mir aus der Patsche: »Fremde Ideen sind die Insekten, die den Samenstaub von einem Gedanken in uns zum anderen tragen und dadurch befruchten.« Wo mir die zündenden Ideen fehlen, suche ich nach Vorbildern. Ich bin zweifellos nicht der Einzige, der sich am Thema »Humor in der Musik« die Zähne ausbeißt.

Mit Jean Paul selber werde ich mich selbstverständlich noch auseinandersetzen, aber um anzufangen, ist mir sein Denken doch zu kraus. Vorerst halte ich mich an einen seiner Zeitgenossen: Christian Friedrich Michaelis (1770–1834), musikalisch ausgebildet, Philosoph und gewichtige Stimme in der ästhetischen Diskussion seiner Zeit. Er schrieb in der Allgemeinen musikalischen Zeitung vom 12. August 1807 einen Aufsatz: »Über das Humoristische oder Launige in der musikalischen Komposition«. Er beginnt folgendermaßen: »Es gibt eine eigne Weise, seine Gedanken und Empfindungen auszudrücken, welche man, in Rücksicht auf die dabey vorausgesetzte Laune des Schriftstellers oder Künstlers, die launige oder humoristische zu nennen pflegt.«

Das Wort Laune übrigens stammt von »luna« her, dem lateinischen Mond. Wechselhaft wie der Mond, das sind die launischen Menschen. Mit Humor, »humores«, sind ursprünglich die Säfte gemeint, das Feuchtigkeitsklima, aus welchen den Menschen ihre Gestimmtheit zukommt, ähnlich etwa wie Temperament (hier ist statt der Luftfeuchtigkeit der Wärmegrad maßgebend) oder eben Laune.

Die Hinneigung von Humor zur guten Laune vollzog sich laut etymologischem Wörterbuch unter dem Einfluss einer literarischen Gattung im England des 17. und 18. Jahrhunderts, »humour« genannt, welche der Darstellung heiterer Geschichten gewidmet war. So steht denn im Duden Herkunftslexikon als Definition: Humor, Gabe eines Menschen, der Unzulänglichkeit der Welt und der Menschen, den Schwierigkeiten und Missgeschicken des Alltags mit heiterer Gelassenheit zu begegnen. Wenn wir uns wieder dem Aufsatz des Herrn Michaelis zuwenden, werden wir bemerken, dass damals offensichtlich nicht genau dieses Verständnis des Begriffes Humor üblich war. Auch Begriffe haben ihre Geschichte, unser Verständnis wandelt sich. Trotzdem – oder gerade deshalb – lohnt es sich, im erwähnten Aufsatz weiterzulesen: »Eine gewisse Gewandtheit der Urtheilskraft, ein reizbares Gefühl und eine lebhafte Imagination scheinen in dem witzigen, humoristischen und launigen Kopf zusammenzuwirken, um die sonderbare Zusammensetzung von Gedanken, die überraschenden Vergleichungen, und die eigenen Wendungen und Schattierungen des Ausdrucks hervorzubringen, welche den launischen Stil auszeichnen.«

Zu meinem Schrecken spricht Michaelis hier nicht vom Humor in der Musik, sondern eher vom notwendigen Humor im Kopfe dessen, der sich anschickt über Humor zu dozieren. Humorvoll sein hieße in unserer heutigen Sprache also etwa: einen beweglichen, präzisen Verstand, hohe Sensibilität und viel Phantasie zu haben, um eigen- und einzigartige, überraschende und vielseitige Gedanken zu formulieren. Ich darf nicht annehmen, dass ich diesen Ansprüchen genüge. Statt der erwarteten Hilfe kommt mir zusätzliche Ernüchterung zu.

Dabei muss ich zu meiner Ehrenrettung anführen, dass ich durchaus einen eigenen Ansatz – den ich in lapidarer Weise originell hielt – mir vorgenommen hatte. Das geflügelte Wort »Humor ist, wenn man trotzdem lacht« wollte ich um des »trotzdem« willen als Ausgangspunkt nehmen. Dieser Schritt zurück, der im »trotzdem« steckt, diese Distanzierung faszinieren mich und scheinen mir Wesentliches zum Thema zu beinhalten. Ich hielt das für einen zwar simplen, aber charmanten und unkonventionellen und unprätentiösen Einstieg. Ich wollte aber im

Vorfeld wissen, wer die Sentenz in Umlauf gebracht hat. Ich ging ins Internet. Der Satz wird einem deutschen Dichter des Fin du siècle (um 1900), Otto Julius Bierbaum, zugeschrieben. Ich war über den Fund nicht begeistert. Denn ich dankte ihn Wikipedia, wo die ganzen Erläuterungen zum Stichwort Humor unter einem originellen Motto standen: »Humor ist, wenn man trotzdem lacht.« Mir war nicht ums Lachen. Auch nicht trotzdem. »Kommt Zeit, kommt Unrat«, würde Jean Paul sagen. Zurück also auf Feld eins beziehungsweise zu meinem neuen Gewährsmann und Retter in der Not Michaelis: »Nach der Analogie mit dem besonderen Charakter gewisser poetischer und prosaischer Werke hat man nicht mit Unrecht auch einer bestimmten Gattung von musikalischen Kompositionen die Eigenschaft des Humoristischen beygelegt.«

Gottlob: Die Rede ist endlich von Musik. Es ist ein bekanntes Phänomen: Die Theoriebildung in der Musik, die Prägung von Stilbegriffen, die Grundlagen der Analyse und Interpretation beziehen wir Musikerinnen und Musiker notgedrungen von den wortgewandten Philosophinnen und Literaten, welche (anders als wir) mit Begriffen umgehen (und nicht nur mit Zeichen, die letztlich von sich selber sprechen). Wortkünstlerinnen und -künstler bestimmen, wovon die Rede ist, während wir uns höchstens nuanciert zur Art und Weise der Rede äußern können. Die Bestimmung des Humoristischen in der Musik versucht Michaelis also aus einem Übertrag aus der Literatur zu gewinnen. Wir wollen ihm ein Stück des Weges folgen. Denn es scheint mir sinnvoll, die Spurensuche nach Humor in der Musik so anzulegen, dass wir einerseits gewisse Umgebungen entdecken beziehungsweise benennen lernen, welche der Entwicklung des Humoristischen in der Musik günstig sind. Andererseits wäre in diesem Zusammenhang dann vor Ausflügen in Gegenden zu warnen, wo kaum gescherzt werden dürfte. Dabei geht es keineswegs um die Behauptungen, Musik habe humorvoll zu sein oder: nur humorvolle Musik sei gute Musik. Es geht darum, für etwas Spezifisches, eben das Humorvolle, unser Ohr zu spitzen und zu bedenken, welche Konsequenzen dieses Spezifische für uns als Hörerinnen und Hörer und vielleicht darüber hinaus: als gesellschaftliche Wesen insgesamt haben könnte.

»Die Musik ist humoristisch, wenn die Komposition mehr die Laune des Künstlers, als die strenge Ausübung des Kunstsystems verrät«, so schreibt dezidiert Christian Friedrich Michaelis. »Die musikalischen Gedanken … überraschen durch ganz unerwartete Wendungen und Übergänge, durch ganz neue, sonderbar zusammengesetzte Figuren.« Wir beginnen zu erkennen, dass für Michaelis das Humoristische zuerst einmal gar nicht so sehr mit dem Heiteren verknüpft wird, sondern mit dem Charakteristischen.

Dass er die »Überraschung« als Beispiel des Humoristischen nennt, überrascht uns nicht, es ist vielleicht das Erste, was uns im Zusammenhang mit musikalischem Humor in den Sinn kommt. Die »Überraschung« meint hier aber gleichzeitig ein Regelverstoß. Und wenn wir – mit dem Blick auf die heute geläufige Verbindung von Humor und Lachen – Michaelis' Gedanken weiterspinnen, führt er uns zu einer Kategorie des Lachens, oder des Humoristischen, die man gerne vergisst: Es ist das rebellische Lachen. Im Lachen steckt auch eine Auflehnung gegen herrschende Systeme, gegen erstarrte Ordnungen. Nicht umsonst ist Humoristisches den Machthabern in totalitären Systemen verhasst. Der »Trotz« leuchtet aus dem kleinen »trotzdem« in Bierbaums Definition verheißungsvoll hervor. Wir werden zum Schluss dieses Rundblicks die Fähigkeit zur Distanz als gesellschaftspolitische Konstante des menschlichen Zusammenseins preisen. Schön ist es, wenn uns der Text von Michaelis zu Beginn eine politische Dimension aufzeigt. So wird sich ein großer Bogen schlagen lassen.

Das aufbegehrende Lachen, das anarchische Lachen – wir kennen es zum Beispiel von den großen Komikern des Films: Die Marx Brothers sprengen die Regeln der feinen Gesellschaft und der hohen Kunst. Wir kennen das »antiautoritäre« Lachen auch aus der Literatur (von François Rabelais über Graham Swift bis Günter Grass), es ist fester Anteil jeglicher Satire. Wir haben es aber auch im Umgang mit Musik erfahren: bei der Begegnung mit grimmigen Sequenzen bei Schostakowitsch – wir sprechen ja auch vom grimmigen Humor –, in Béla Bartóks »Der wunderbare Mandarin« oder seiner unterbrochenen Serenade, und es hallt auch in Beethovens Capriccio »Die Wut über den verlorenen Groschen« nach – um nur wenige Beispiele zu nennen.

Das Capriccio ist für Michaelis neben dem Scherzo eines der beiden Genres humoristischer Musik. Scherzo ist übrigens als musikalischer Fachausdruck erst ab dem 18. Jahrhundert gängig und geht italienisch wie deutsch von »scherzen« aus, was im Mittelhochdeutschen noch ganz unmittelbar »lustig springen, hüpfen, sich vergnügen« bedeutete, wie auch hinter dem Capriccio, der Laune, wohl die Kapriole, der Bocksprung, steckt. Ich zitiere: »Das Erste [Michaelis redet hier vom Scherzo] wird fast zu allen Zeiten Jedermann gefallen, das Andere [also das Capriccio] erfordert mehr eine analoge Gemüthsstimmung in dem Zuhörer, und ist nur für die Wenigen, welche dem eigenen Gange des ernsten Humoristen zu folgen Bildung und Lust genug haben.« Das Stichwort »ernster Humorist« lässt aufhorchen. Michaelis fährt weiter: »Bey den alten Komponisten war das Humoristische etwas sehr Seltenes, weil sie sich gern an die strenge Regelmäßigkeit banden, und ihre Imagination noch nicht so leicht den kühnen Schwung nahm, die sie über das Hergebrachte erhob. Händels ideenreiches Genie gehörte vielleicht zu den vorzüglichsten, die einen freieren Flug wagten und der Musik bisweilen den interessantesten Ausdruck des Launigen gaben.«

Ich wende nur kurz ein, dass Christian Friedrich Michaelis viel Musik der Vergangenheit nicht kennen konnte und deshalb zu diesem Urteil kam, und hake lieber noch einmal beim Regelverstoß gegen das »strenge Kunstsystem« ein. Die Beobachtung überzeugt: Wo die Kunstfertigkeit, die Strenge der Konstruktion, die Systematik der Durcharbeitung im Zentrum steht, hat das Humoristische wenig Platz. Zwar müssen wir Bachs »Musikalischem Opfer«, dem »Konzert« Weberns keineswegs mit finsterer Miene folgen, aber das Lächeln, welches dazu durchaus passend sich einzustellen vermag, hat mit Heiterkeit weniger zu tun, als mit einem Gefühl einer Art Glück, welches die Begegnung mit dem Gelungenen, dem Erfüllten, dem Schönen in uns auslösen kann.

Das »strenge Kunstsystem« ist auch in einem anderen Sinne wohl nicht der Ort in der Musik, der dem Humor viel Raum lässt. Ich meine die Musikstücke, welche einer übergreifenden Idee im Sinne beispielsweise des Gesamtkunstwerkes oder der Deklaration einer ganz bestimmten Ästhetik zudienen. Es hängt das mit der erwähnten Unverträglichkeit des Humors mit »totalitären«, umfassenden Ansprüchen zusammen.

Alexander Skrjabins große Orchesterwerke oder Richard Wagners »Ring der Nibelungen« sind nicht, was wir humorvolle Musik nennen mögen. Vielleicht wendet jemand ein, dass Wagner durchaus lustig sein könne, karikierend, komisch – man denke nur an die »Meistersinger«. Ich würde entgegnen, dass diese Lustigkeit nach meinem ganz eigenwilligen Geschmack aus einem zu groben Holz geschnitzt sei und der »gelassenen Heiterkeit«, die wir mit der Vorstellung von Humor verbinden, nicht entspricht. Etwas genauer: Die Kraft der Musik Wagners kommt oftmals aus der Verdoppelung: Die sprachliche Geste wird musikalisch prägnant nachvollzogen, die Dynamik und Instrumentation betonen das entsprechende emotionale Klima, ein parallel vorgetragenes Leitmotiv verknüpft den Moment mit der zutreffenden inhaltlichen Ebene der Geschichte: Zuhörerin und Zuhörer werden umfassend beeindruckt und ergriffen, um eine einzige Lesart der jeweiligen Sequenz durchzusetzen. Es bleibt kein Raum für die eigene Phantasie, individuelle Auslegungen, Mehrdeutigkeiten, es gibt keine Chance, Distanz zu nehmen, die

Distanz, die ich im Wort »trotzdem« als zentral für das Humoristische zu erkennen meine.

Der Maler und Zeichner Thomas Müllenbach schreibt in seinem »Nachtbuch« 2005: »Ein Gesamtkunstwerk als oder in Aquarell ist nicht vorstellbar – eben: fett, ölig und pompös ist das Gesamtkunstwerk, maßlos und daher ungenau in seiner Verwechslung von Komplexität und Kompliziertheit. Welcher Wagner würde wagen, dünnes Aquarell zu malen?« Das ist scharf pointiert und sicherlich mit Überzeugung unausgewogen, aber in unseren Zusammenhängen sehr hilfreich. Müllenbach spricht von der durchsichtigen und damit durchschaubaren Farbe des Aquarells. Ich zitiere: »Es lebe die Klarheit, die Rationalität und das Licht.« Ich meine, dass Humor und Transparenz in der Musik durchaus etwas miteinander zu tun haben. Humor ist in mancher Hinsicht und nicht nur im musikalischen Zusammenhang erhellend. Humorvolle Musik ist nicht darauf aus, mich mit Haut und Haar zu packen, sondern lässt mir meinen jeweils eigentümlichen Standpunkt und gewährt mir Einblick in ihr Regel- und Räderwerk – auch um mich zu amüsieren.

Ich kehre zu Michaelis zurück, welcher den alten Meistern zu Unrecht kaum Humoristisches zutraut (sie als akademisch verkennt), zu Recht aber in seinem Sinne – er betont im Humoristischen das Charakteristische – der zu seiner Zeit neuen Musik diese Qualität zuschreibt: »Hingegen ist unsere neueste Musik großentheils humoristisch, besonders seitdem Joseph Haydn, als der größte Meister in dieser Gattung, vorzüglich in seinen originellen Sinfonien und Quartetten, den Ton dazu angab.«

Wenn Michaelis dann insbesondere Kammermusik als Gattung für das Humoristische nennt und auf Ignaz Josef Pleyel, Muzio Clementi, Beethoven und andere verweist, wird deutlich, dass die motivische Durcharbeitung der Partitur und die persönliche Handschrift im Sinne des klassischen Stils für den Autor der Ausgangspunkt sind, »eine reiche Quelle jenes Humors fließen lassen, der bey den einen mehr zum schalkhaften Scherz, bey den anderen mehr zum schwärmerischen Ernst sich hinneigt.«

Ich gestatte mir einen Seitenblick auf Jean Paul, der über die Poesie schreibt: »... alles muss romantisch, d. h. humoristisch werden ...« Es wird in der Gleichsetzung nicht etwa von klassisch und humoristisch, sondern romantisch und humoristisch evident, wie historisch auf verschiedenartigste Weise vermittelt das Humoristische uns begegnet. Welches aber sind die konkreten Hinweise bei Michaelis auf humoristische Charakterzüge in der Musik? »Der humoristische Komponist zeichnet sich durch sonderbare Einfälle aus, die zum Lächeln reizen, er setzt sich über das Hergebrachte hinweg, und ohne die Regeln der Harmonie zu verletzen, ja oft bey der feinsten Ausübung kontrapunktischer Künste, treibt seine Imagination ein so unterhaltendes Spiel mit der Melodie und Begleitung, dass man sich über das Neue, Eigne, Unerwartete verwundert.«

Die sonderbaren Einfälle, die zum Lächeln verführen, leuchten als Merkmale humoristischer Musik ein. »Mancher wizige einfal sticht gleich den Bienen nur einmal«, schreibt Jean Paul. Das heißt, dass die Sonderbarkeit auch eine gewisse Einzigartigkeit beansprucht. Drei Abschiedssinfonien hätte Joseph Haydn nicht schreiben können. Die Erwähnung der »feinsten Ausübung kontrapunktischer Künste« ist als Forderung zu lesen, dass Humoristisches niemals plump vorgetragen werden kann, dass es der Kunstfertigkeit bedarf, uns zu überraschen, und auch der Imagination, einer reichen Phantasie. Verweilen wir einen Moment bei dieser Form von Virtuosität. In sehr verschiedener Art und Weise, aber verbunden durch höchstentwickeltes Handwerk und eine überbordende musikalische Phantasie haben beispielsweise Richard Strauss, Igor Strawinsky und Paul Hindemith Humor in ihrer Musik realisiert.

Überrascht und unterhält bei Strauss die Fähigkeit einer Art umfassender Mimesis, der treffend musikalisch nachahmen-

den Gestaltung jeglicher akustischen oder gestischen Phäno-
mene, so gelingt es Strawinsky, bei der virtuosen Einvernahme
einer gewaltigen Palette von Musikstilen aus dem Kontrast zwischen dem Tradierten und dem Eigenen humoristisches Kapi-
tal zu schlagen. Hindemith endlich unterhält nicht nur durch
Spielfreude, sondern durch den kühnen, witzigen, ironischen
und manchmal parodistischen Umgang mit Genres. Dabei geht
es auch bei diesen Beispielen in den seltensten Fällen um ganze Werke, sondern um einzelne Werkteile, Ausschnitte, Sequenzen. Es ist heikel, ein ganzes Werk dem Humoristischen zu widmen, auch wenn es kein Gesamtkunstwerk ist. Denn, wenn das
Humoristische als solches nicht mehr überraschen kann, weil
es angekündigt ist, verflüchtigt es sich plötzlich.

Das Sprichwort »In der Kürze liegt die Würze« soll allen auf
dem Podium Auftretenden immer wieder nahegebracht werden.
Es gilt aber ganz besonders für künstlerische Formen, die humoristischen Äußerungen gewidmet sind. Humoristisches soll
neu, eigen und unerwartet sein. Wir sollen darüber in Verwun-
derung geraten, ins Staunen. Dieses Staunen lässt sich nicht un-
beschränkte Zeit aufrechterhalten.

Wiederholung widerspricht dem Wunsch nach dem Un-
erwarteten, wobei der »running gag« als Ausnahme genannt sei,
ebenso wie grundsätzlich die Tatsache, dass wenn häufige und
sinnwidrige Wiederholungen vorgezeigt werden, eine eigene
Komik sich entfalten kann. Grundsätzlich aber gilt: Humoristische Musik soll ein unterhaltsames Spiel entwickeln, und Langeweile dient nie der Unterhaltung. Ich erinnere ans rasch hin-
geworfene Aquarell im Gegensatz zum Ölbild im kleinen Text
von Thomas Müllenbach.

Michaelis schreibt weiter: »Die humoristische Musik ist bald
komisch und naiv, bald ernsthaft und erhaben. Die Abweichung
vom Hergebrachten, die sonderbare Verbindung des Fremdar-
tigen und Entfernten, die Umkehrung der Figuren, die ungewohnte Art des Anfanges, der Übergänge oder Schlüsse und der-

gleichen mehr hat Anfangs den Anschein von Ungereimtheit; …
weil sie im Verfolg und im Überblick des Ganzen sogleich auf-
hört Ungereimtheit zu seyn, so macht diese Musik den Eindruck des Komischen und kann zum Lachen reizen.«

Im Zusammenhang mit Jean Paul werden wir wieder auf
das Stichwort Erhabenheit, eine Vokabel aus dem Wortschatz des
deutschen Idealismus bei Kant und seinen Nachfolgern, noch
zu sprechen kommen. Jetzt interessiert noch einmal die Überraschung. Wo kann sich die Überraschung am ehesten zeigen? Michaelis weiß es genau: bei Anfängen und Enden und an Schnittstellen. Hier kann am deutlichsten mit der Differenz zwischen
Erwartung und Realität gespielt werden. Aber auch im Kontrast
zwischen Verschiedenartigem und in überraschenden Variationen
des Materials. All diese Widersprüche und Abweichungen müssen
aber aufs Ganze gesehen in einem gewissen Gleichgewicht stehen, als Abweichungen vom Hergebrachten noch lesbar sein, sich
gleichsam reimen, um die Einfühlung und den Eindruck des Komischen im Unterschied zum Gewohnten, gleichsam Ernsthaften
möglich zu machen. Kontrast, Überraschung, Umkehrung, ungewohnte Anfänge und Schlüsse, unerwartete Übergänge, knappe,
kunstfertige, möglicherweise virtuose Formulierungen, Transparenz, unterhaltsame Dramaturgie, einzigartiger Personalstil, Phantasie und die Bereitschaft zum Regelverstoß: Ich verzichte auf
ein kommentierendes Fazit in Worten zur Halbzeit, welches diesen Stichworten gewidmet wäre, und präsentiere lieber von Michaelis' Kronzeugen Joseph Haydn das Finale der hundertsten,
der »Militär«-Sinfonie aus dem Jahre 1794 (Joseph Haydn, Sinfonie Nr. 100, G-Dur, 4. Satz Finale Presto), in einer interpreta-
torisch von Christopher Hogwood verantworteten Fassung für
fünf Kammermusiker. Johann Salomon, der Londoner Konzert-
veranstalter, welcher Haydn nach England brachte, hat sie damals
hergestellt und einen Verkaufshit gelandet. Hier finden Sie alle
erwähnten Elemente kompositorisch realisiert. Es ist bei weitem
viel eindrücklicher als Worte.

Am 12. August 1804 (zehn Jahre nach der ersten Aufführung der Militärsinfonie Haydns und auf den Tag genau drei Jahre vor dem Erscheinen von Christian Friedrich Michaelis' Aufsatz in der Allgemeinen Musikzeitung) schreibt Jean Paul das Vorwort zur ersten Auflage seiner »Vorschule der Ästhetik« (1804). Im siebten Programm unter dem Titel »Über die humoristische Poesie« im § 33 »Die vernichtende oder unendliche Idee des Humors« steht ein eigenartiger Satz zu Haydns Musik: »Etwas der Keckheit des vernichtenden Humors Ähnliches, gleichsam einen Ausdruck der Welt-Verachtung kann man bei mancher Musik, z. B. der Haydnschen, vernehmen, welche ganze Tonreihen durch eine fremde vernichtet und zwischen Pianissimo und Fortissimo, Presto und Andante wechselnd stürmt.«

Die Schilderung des charakteristisch Humorvollen bei Haydn, auch der kleine Hinweis auf das Stürmen und Drängen: Es leuchtet uns nach all dem Gehörten ein, und der Kontrastreichtum seiner Musik ist exakt beobachtet. Was aber bedeuten »vernichtender Humor« und »Welt-Verachtung«. Zu beachten ist, dass sich Jean Paul mit seiner Ästhetik in die Diskussion der Philosophen des deutschen Idealismus einlässt und auf Kants Setzungen reagiert. Dabei übernimmt er auch das einschlägige Vokabular. Mit »Vernichtung« ist im heutigen Sprachgebrauch eher Überwindung gemeint, mit »Welt-Verachtung« zuerst eine Art Relativierung. Der Humor wird dem »Erhabenen« gegenübergestellt (die Vokabel ist uns bei Michaelis schon begegnet).

Der Humor ist, schreibt Jean Paul, ein umgekehrtes Erhabenes: »… seine Höllenfahrt bahnt ihm die Himmelfahrt.« In seiner humoristischen Sprache führt Jean Paul diese Orientierung am Himmlischen wunderhübsch aus: »Er [der Humor] gleicht dem Vogel Merops, welcher zwar dem Himmel den Schwanz zukehrt, aber doch in dieser Richtung in den Himmel auffliegt. Dieser Gaukler trinkt, auf dem Kopfe tanzend, den Nektar *hinaufwärts.*« Im § 32 »Humoristische Totalität« hat Jean Paul formuliert: »Der Humor, als das umgekehrte Erhabene vernichtet nicht das Einzelne, sondern das Endliche durch den Kontrast mit der Idee.« Ich übersetze vereinfachend in meine Sprache: Der Humor ist umfassend. Es geht nicht um einzelne Späße, es geht darum, die Begrenztheit – die »Eitelkeit« würde man im Christentum sagen – alles Endlichen bewusst zu machen. Jean Paul schreibt weiter: »Es gibt für ihn [den Humor] keine einzelne Torheit, keine Toren, sondern nur Torheit und eine tolle Welt; er hebt – ungleich dem gemeinen Spaßmacher mit seinen Seitenhieben – keine einzelne Narrheit heraus, sondern er erniedrigt das Große, aber – ungleich der Parodie – um ihm das Kleine, und erhöhet das Kleine aber ungleich der Ironie – um ihm das Große an die Seite zu setzen und so beide zu vernichten, weil vor der Unendlichkeit alles gleich ist und nichts.«

Der zweite Satzteil ist so kunstvoll gebaut, dass eine Analyse sich lohnt. Ich zerlege ihn schulmeisterlich in seine Bestandteile:

1A — Der Humor erniedrigt das Große, um ihm das Kleine zur Seite zu setzen, die Relationen zu zeigen, die angesichts des Unendlichen zu beachten sind: Was ist schon groß? 1B — Die Parodie macht nur den ersten Schritt: Sie demaskiert die Größe. Die Aufwertung des Kleinen interessiert sie nicht.

2A — Der Humor wertet das Kleine auf und vergleicht es mit dem Großen. Der Unterschied ist nicht gar so überwältigend. Gehupft wie gesprungen: Es ist alles eigentlich zum Lachen. 2B — Die Ironie bläht das Kleine auf, um es in seiner Kläglichkeit deutlich zu machen. Auch sie bleibt beim ersten Schritt: Der Bezug zur Größe, zum Großen und Ganzen interessiert sie nicht.

Endlich ist es Zeit, sich der Schlussfuge in Verdis »Falstaff« zu erinnern:

Alles ist Spaß auf Erden,
Der Mensch ein geborener Thor;
Und glauben wir weise zu werden,
Sind dümmer wir als zuvor.

Lauter Gefoppte! Weil Einer
Den Andern zum Narren macht;
Doch besser fürwahr lacht keiner
Als wer am Ende lacht.

Das ganze Spiel auf Erden – im Falstaff: das Spiel um Eifersucht und Liebe, um Gockelstolz, Macht und Status, aber auch die blinde Pflege von Illusionen (Sicherheit, Behütetsein, Auserwähltsein) –, dies ganze Treiben ist zum Lachen, bestenfalls ein Spaß, und wir die Spaßmacher, die Narren, die sich einbilden, klüger zu werden und nur immer ahnungsloser sind und nur eine Rettung haben: ins Lachen einzustimmen, am Ende noch lachen zu können.

Verdi vertont dieses größte der Narrenlieder humoristisch als kunstvolle Fuge, kontrastiert das Lächerliche, die Erkenntnis der eigenen Dummheit mit dem Inbegriff der Kunstfertigkeit der westeuropäischen Musiktradition. Jean Paul hat uns nun die Theorie nachgeliefert. Und er bringt im erwähnten § 33 die ganze Weisheit des alten Verdi und seines kongenialen Textdichters Arrigo Boito (Shakespeare lässt natürlich herzlich grüßen) auf den Punkt und offeriert uns die vielleicht schönste Erläuterung des Bergriffes Humor: »Wenn der Mensch, wie die alte Theologie tat, aus der überirdischen Welt auf die irdische herunterschauet: so zieht diese klein und eitel dahin; wenn er mit der kleinen, wie der Humor tut, die unendliche ausmisset und verknüpft: so entsteht jenes Lachen, worin noch Schmerz und Größe ist.«

Jean Paul kann es auch deutlicher, beziehungsweise konkreter sagen: »Wie lächerlich die menschliche Gravität! Ihr habt sie blos von Priestermänteln und Staatsröcken! Was seid ihr denn wichtig, wenn ihr pißt? Müsst ihr nicht kleine Dinge thun und den halben Tag lang denken? – Treibt euch denn nicht die Natur selber zum Lachen, also zum Unwichtigen? Seid ihr nicht doppelter Natur? Also gebt jeder ihr Recht!« Und damit leitet er freundlich über zum Niveau, auf dem ich endlich meinen Wahlspruch »Humor ist, wenn man trotzdem lacht« kommentieren darf. Ich habe es angedeutet: Mich fasziniert das »trotzdem«, die Distanzierung, die sich darin manifestiert, der Schritt zurück oder beiseite. Es ist, wie es ist, aber ich vermag trotzdem zu lachen, ich lasse mich nicht vollends vereinnahmen von der Realität. Zuerst nicht vom realen Ich: Ich bin nicht so sehr eingenommen von mir, dass ich mich nur als Festredner feiere, ich weiß auch, dass es nach einer Stunde Zeit ist, seine Notdurft zu verrichten oder eine Zigarette zu rauchen. Mein Leben besteht zur Hauptsache aus dem, was ich eigentlich als unwichtig bezeichnen würde, sowie mein Körper zu über neunzig Prozent aus Wasser besteht und mein Stolz auf meine grauen Zellen und die blauen Augen eher einem Luftgespinst gilt.

Ich sehe die doppelte Natur. Dieses Zur-Kenntnis-Nehmen des »Sowohl-als-auch« ist vielleicht die tiefste Erfahrung, die uns Humor vermittelt. Vielleicht ist deshalb für mich Mozart und da Pontes »Cosi fan tutte« der Inbegriff der humorvollen Oper. Das »Quid pro quo«, das Eine steht für das Andere, echte Liebe und vorgetäuschte Liebe klingen gleichermaßen wunderschön, das Schuldigwerden und das Schuldgefühl arbeiten einander zu: Unser Fühlen, unser Denken, unsere Existenz kennen keine Eindeutigkeiten, nur Zweideutigkeiten, besser – um nichts Anrüchiges zu behaupten – Vieldeutigkeiten. Das »trotzdem« schafft Raum für meinen Schritt in meine kleine Freiheit. Um die Verhältnismäßigkeit zu prüfen, muss ich Abstand nehmen können: zu mir, zur Welt. Humor in der Musik – ich kann es jetzt etwas genauer darlegen – schafft zweierlei Abstand: Sie lässt mich – und sei es auch nur um wenige Millimeter – immer etwas außen vor, nimmt mich nicht gänzlich in Beschlag, lässt mir Raum, mich zwischen »sowohl« und »auch« zu bewegen. Sie wird nie in einseitiger Weise extrem sein können: geballte Klangmasse, pure Emotion, äußerste Virtuosität, perfekte Konstruktion. Sie muss mich anziehen, interessieren, unterhalten, meiner Aufmerksamkeit sich versichern, aber sie muss mir neben der Faszination, mit der sie mich in Bann schlägt, einen kleinen Rest belassen, ein wenig kühlen Kopf, um genussvoll vergleichend bedenken oder nachdenklich abwägend genießen zu können, was ich höre.

Die Theorie der »Verfremdung«, die wir von Bertolt Brecht für das Theater kennen, wäre in diesen Zusammenhängen als eine humoristische Theorie zu identifizieren. Daher ist auch verständlich, wenn der politische Künstler Brecht deklarieren kann: »Die Künste gehören zu den Lustbarkeiten« und seine musikalischen Mitarbeiter – so zum Beispiel Hanns Eisler oder Kurt Weill – haben eigenwillige, höchst unterschiedliche und sehr überzeugende Formen musikalischen Humors geschaffen, nicht nur in textbezogener Musik, sondern auch in rein instrumentalen Formen. Ihre Partituren halten das Publikum immer wieder auf Distanz und sind Ergebnis auch einer vielfältig reflektierenden Kompositionsweise.

Was wären neben der Reflektion konkrete Merkmale in Musikwerken, welche Hörerinnen und Hörern im Umgang mit humoristischer Musik das Abstandnehmen ermöglichen? Ich meine eine Art Distanz oder Raum oder Luft in humoristischen Partituren selber zu erkennen, wo sich der Platz konkretisiert, den ich »distanziert« einnehmen kann, wo sich Heiterkeit entfalten darf.

Distanz gewinne ich beispielsweise an den Bruchstellen zwischen kontrastierenden Teilen (ich denke an Haydn) oder stilistischen Ebenen (ich denke an Sergej Prokofjew). Die Widersprüche öffnen meinen Ermessungsspielraum zwischen dem

Riesigen und dem Winzigkleinen, dem Merkwürdigen und dem Üblichen, dem Großartigen und dem Banalen. Das »Sowohl-als-auch« konkretisiert sich in den Partituren oft als ein »Als-ob«.

Transparenz hat Thomas Müllenbach angemahnt. Humor in der Musik setzt eine Art Transparenz voraus und nimmt mich damit als Hörerin und Hörer ernst als ein Publikum, dem die Fähigkeit des »Durchschauens«, des Erkennens zugemutet wird. Humor ist mit dem Vertrauen auf die Mündigkeit der Menschen – einem der großen seinem Gehalt nach nicht fundamentalistischen Glaubenssätze – gerade auch um der Diagnose der Nichtigkeit willen: Nichts wäre so großartig, dass es mir nicht die Möglichkeit gäbe, »trotzdem« zu sagen – und zu lachen.

Bevor ich abschließend das Loblied der Distanz singe, sei auf eine grundsätzliche Beschränktheit meines Referats hingewiesen, die ich nicht zu ändern vermag, die ich aber zumindest als gewaltige Einschränkung erwähnen möchte. »Humor in der Musik« habe ich ausschließlich auf die Tradition unserer westeuropäischen Kunstmusik bezogen kommentiert. Wie viel Anderes, mit großer Wahrscheinlichkeit mindestens so Einleuchtendes, vielleicht Überzeugenderes wäre zu sagen gewesen, hätte ich mich unserer Volksmusik oder der Popmusik, dem Jazz oder außereuropäischer Musik zugewandt. Ich weiß zu wenig darüber. Die Erwähnung anderer Musiken hier soll uns ermutigen, in diesen Tagen die Netze auszuspannen, Beispiele für Humor in der Musik einzufangen, wenn wir am Wegrand einer Ländlerchilbi begegnen oder am Radio ein Lied von Tom Waits gesendet wird.

Der französische Denker Roland Barthes hat in einer Umfrage über die Intellektuellen in Frankreich abschließend folgende Sätze zu Protokoll gegeben: »Was wäre eine Gesellschaft wert und was würde aus ihr, wenn sie darauf verzichtete auf Distanz zu gehen? Und wie soll man sich anders betrachten, als indem man miteinander spricht?« Er spricht von der Aufgabe der Intellektuellen, als Mitglieder der bürgerlichen Gesellschaft – deren Sprache die einzige ist, die ihnen zur Verfügung steht – diese Gesellschaft und deren Sprache kritisch zu betrachten und dabei sowohl Schwierigkeiten zu analysieren wie ihre verrückten Wünsche zu beschreiben. Warum zitiere ich hier diese Gedanken? Weil es um das Lob der Distanz geht. Die Fähigkeit der Einzelnen, auf Distanz zu gehen – es wurde gesagt: zu sich selbst, zu den Anderen, zur Welt –, ist eine grundlegende Voraussetzung für das gesellschaftliche Zusammenleben. Zugespitzt könnte man sagen: Erst aus der Distanzierung kann auch Einfühlung möglich werden. Indem ich Abstand nehme, bin ich fähig, mich mit anderen zu verständigen, über unser Befinden, unser Handeln, unsere Welt. Wenn ich mich vom Humor leiten lasse, nehme ich eine mögliche distanzierte Haltung ein. Ich öffne mich dem Angenehmen, der Heiterkeit, der Erkenntnis der Nichtigkeit, dem Lachen, »wo Schmerz und Größe ist«, und dem Gespräch. Humor ist eine gesellschaftliche Notwendigkeit.

Am 21. April 1918 dirigierte Sergej Prokofjew in Petersburg die Premiere seiner ersten Sinfonie. Prokofjew erklärte dem anwesenden marxistischen Kulturpolitiker Anatoli Lunatscharski, er wolle ins Ausland gehen: »Ich möchte ein bisschen frische Luft schöpfen.« Lunatscharski: »Finden Sie nicht, dass wir jetzt genug frische Luft haben?« »Ja, aber ich meine die physische Luft der Meere und Ozeane.« Wieder Lunatscharski: »Sie sind Revolutionär in der Musik, und wir sind es im Leben – wir müssten zusammenarbeiten. Aber wenn sie nach Amerika wollen, werde ich Ihnen nichts in den Weg legen.« Es war die Zeit, als die kommunistische Revolution noch Humor zuließ.

Sergej Prokofjew schreibt zur ersten Sinfonie: »Ich war der Ansicht, dass Haydn, wenn er in unserer Zeit gelebt hätte, seinen eigenen Stil, vermehrt um einiges neues, beibehalten haben würde. In solcher Art wollte ich die Symphonie im klassischen Stil komponieren ... Als meine Idee Gestalt anzunehmen begann, nannte ich das Werk Symphonie classique ... weil ich mir den Spaß machen wollte, die Leute ein wenig zum Narren zu halten, und in der geheimen Hoffnung, dass es für mich eine Genugtuung wäre, wenn die Symphonie wie ein Stück klassischer Musik aussehen würde.«

Das Lächeln am Fuße
der Tonleiter

Im Februar 1878 schreibt Iwan Turgenjew ein Gedicht in Prosa
mit dem Titel »Ein zufriedener Mensch«:

»Durch eine Straße der Hauptstadt eilt in großen Sprüngen
ein noch junger Mann. Er bewegt sich froh und munter, seine
Augen leuchten, ein breites Lächeln liegt auf seinen Lippen, ein
freundliches Gesicht strahlt rosig auf ... Er ist voll Zufriedenheit und Glück!

Was hat er wohl erlebt? Hat er eine Erbschaft gemacht? Ist
er befördert worden? Eilt er zu einem Rendezvous? Oder hat er
einfach gut gefrühstückt – und nun erfüllt das Gefühl der Ge-
sundheit, der vollen Kraft, alle seine Glieder? Man wird ihm
doch nicht ein schönes Ordenskreuz, um seinen Hals gelegt haben, o Polenkönig Stanislaus!

Nein! Ganz anders: er hatte eine Denunziation gegen einen Bekannten erfunden, sie dann sorgfältig ausgestreut; nun hat
er seine Verleumdung von einem anderen Bekannten wieder gehört – und glaubt jetzt selbst, dass sie stimmt. Oh, wie zufrieden,
wie gut sogar ist in dieser Minute dieser liebenswerte, viel ver-
sprechende junge Mann!«

Der junge Mann in Turgenjews böser Geschichte lächelt
nicht, um uns in die Irre zu leiten. Er lächelt unschuldig. Er hat

Freude daran, dass er recht hat und rechtschaffen ist: Sein Bekannter ist ein wahrhafter Schurke. Eben hat ihm sein Freund das bestätigt. Er hat es immer gewusst. Er hat längst vergessen, vergessen wollen, dass er die verleumderische Lüge gegen seinen Bekannten selbst in die Welt gesetzt hat. Das Lächeln muss die Wirklichkeit nicht berücksichtigen, es gehört einer eigenen Welt an. Natürlich gibt es auch das maskenhafte, das lügnerische Lächeln. Doch wir reden hier nur von Originalen, nicht von Fälschungen. Lächeln hat nichts mit Wahrheit zu schaffen, höchstens mit mehreren Wahrheiten.

Hinter jedem Lächeln steckt ein Geheimnis, vielleicht eine Verheißung, vielleicht ein Verzicht. Nicht nur das Lächeln der Mona Lisa ist rätselhaft. Hinter dem breiten Lächeln (ein breites Lächeln ist selten, die Breite ist auf Deutsch dem Lachen vorbehalten) des jungen Mannes in Turgenjews Geschichte steckt eine ekelhafte Befriedigung. Im Lächeln verbergen sich nicht immer Freundlichkeiten.

Bezaubernd ist das lächelnde Baby. Meint sein Lächeln mich? Woher wächst ihm das Lächeln zu? Ist das Lächeln jene stets gesuchte Einmaligkeit, die uns Menschen vor allen anderen Geschöpfen auszeichnet? Der Papagei meiner Frau lacht. Er ahmt nicht nur unser Gelächter lautlich nach und lacht mit, wenn wir lachen, er macht dieselben glucksenden Geräusche von alleine, wenn ich beispielsweise mich beim Anschauen eines Fußballspiels vor dem Fernsehapparat ereifere. Er hat ein Gespür für Komik. Aber Lächeln? Eine lächelnde Katze würde mich zu Tode erschrecken. Die Kuhherde, die den Spaziergänger mit homerischem Lachen empfängt, würde mich weniger irritieren, als wenn ein großes Lächeln über die Alpenweide strahlte. Trauer meine ich im Blick des Hundes meiner Frau entdecken zu können, Angst auch und vielleicht sogar Schalk. Aber Lächeln phantasiere ich höchstens in bestimmte Delphinarten hinein, was mit deren Physiognomie und meinem Staunen zu tun hat, wenn ich über die Sensibilitäten dieser Gattung lese.

Das Lächeln ist etwas sehr Eigenartiges: Wenn wir lächeln, begeben wir uns in ein Dazwischen und schaffen gleichzeitig Verbindungen. Das Lachen trennt ohne die Gemeinsamkeit zu leugnen, das Lächeln schafft Nähe ohne Aufdringlichkeit. Wer lacht, lacht über Widersprüche. Wer lächelt, lebt in der Ambivalenz. Es können Ernst und Fröhlichkeit im selben Lächeln liegen, das Lächeln scheint gleichzeitig unwissend und wissend, gehört den Erinnerungen an und den Erwartungen, öffnet sich und bleibt bei sich, verführt und entzieht sich. Wir wollen versuchen, das Lächeln ansatzweise zu ergründen und es in Verbindung mit Musik zu bringen.

Ich habe diese Plauderei unter das Motto »Das Lächeln am Fuße der Tonleiter« gestellt. »Das Lächeln am Fuße der Leiter« ist der Titel einer berühmten Erzählung von Henry Miller. Sie beginnt so: »Nichts konnte dieses ungewöhnliche Lächeln trüben, diesen Schimmer über Augusts traurigem Gesicht. Im Ring der Manege begann es aus sich selbst zu leuchten, es löste sich ab und strahlte aus eigener Fülle: Abglanz eines nie gesehenen Lichts.«

Im Epilog schreibt Henry Miller. »Von allen Erzählungen, die ich jemals geschrieben habe, ist die die eigenartigste. Ich habe sie eigens für Fernand Léger und seinen Zyklus von Zirkus- und Clownbildern verfasst.« Joan Miró war es dann, der wiederum die Erzählung illustrierte, Antonio Bibalo hat eine Oper daraus gemacht. »Viel mehr als andere Geschichten, die ich auf Tatsachen und Erfahrungen gegründet habe, ist diese eine wahre Geschichte«, schreibt Miller. Mich erinnert die Heftigkeit der Bilder an expressionistische Literatur, der Bilderreichtum manchmal an die Surrealisten. Sie spielt in der archetypischen Welt der Artistinnen und Artisten, im Zirkus, und kann als Fabel über den Versuch, Kunst zu machen, gelesen werden.

Der Clown August hat Erfolg: Er bringt die Menschen zum Lachen. Er will mehr: »... er wünschte sich, den Menschen das Geschenk einer unablässig, stetig sich neu erweckenden, neu

sich speisenden Freude zu geben.« Um das zu erreichen, überlässt er sich bei jedem Auftritt einer Art Ekstase oder Trance.
Seine Entäußerung steigert den Applaus, aber das rohe Lachen
bleibt Teil der Anerkennung. Er verdoppelt seine Anstrengungen.
Das Lachen wird unerträglich. »Und eines Abends verwandel-
te sich das Gelächter in Heulen und Pfeifen.« August findet aus
seinem ekstatischen Lächeln nicht mehr zurück zur Trauer der
Welt. Er wird verhöhnt, verprügelt, verletzt. Er flieht aus der
Welt, richtet sich in Träumen ein, Träumen, die ihn in Schrecken
versetzen. Er begegnet einer Zirkustruppe. Ein Pferd begrüßt
ihn. Ein Pferd hatte auch bei seiner Nummer am Fuße der Leiter, die zum Mond führte, mitgewirkt. »Die Arme um den Hals
des Tieres geschlungen, sprach er zarte, milde Worte, als grüße er
einen lange verschollenen Freund.«

Ein kleines Intermezzo sei an dieser Stelle gestattet, um
einige Elemente der Bildsprache der Geschichte, in die wir
eben eingestiegen sind, zu entschlüsseln. Fernand Légers Bild
»Zwei gelbe Schmetterlinge auf einer Leiter« zeigt eine zweifellos heitere Leiter als Einstimmung zum Thema Lächeln und ein
Hinweis auf Léger, dessen Zirkusbilder Anlass zu Henry Millers Geschichten wurden. Auf zwei dieser Bilder sind Jongleure,
Trapezartiste und Pferde zu sehen. Das Motiv der Leiter allerdings bezog Miller nicht von Léger. Miller schreibt: »Mittler-
weile erhielt ich einige Skizzen von Léger. Eine davon zeigte
den Kopf eines Pferdes. Ich legte sie in ein Schubfach, vergaß sie
und begann zu schreiben. Erst als ich die Erzählung beendet hatte, merkte ich, woher ich das Pferd genommen hatte. Die Leiter, versteht sich, stammt von Miró, ebenso wahrscheinlich der
Mond. (›Hund, der den Mond anbellt‹, hieß das erste Bild, das
ich von Miró sah.)« Es ist ein in der Kunstgeschichte vermutlich
einigermaßen einzigartiger Fall: Ein Bild inspiriert einen Dichter, er übernimmt das Motiv in eine Erzählung, und der Maler
dieses Bildes behandelt das Motiv als Illustrator der Geschichte
in einem neuen Bild wieder.

Noch einmal Henry Miller: »Während der Bemühungen um den Beginn fiel mir ein kleines Buch von Wallace Fowlie in die Hand, das einen scharfgeschliffenen Essay über die Clownsbilder von Rouault enthält. Ich vertiefte mich in Rouaults Leben und Werk, das mich stark beeinflusste, und sah mich selbst als den Clown, der ich bin, der ich immer war.«

Über die Clowns schreibt Miller endlich noch: »Freude ist wie ein Strom: sie fließt ohne Unterlass. Das ist nach meinem Glauben die Botschaft, die der Clown uns zu überbringen versucht, dass wir teilhaben sollen am unaufhörlichen Fluss, der endlosen Bewegtheit, dass wir nicht anhalten sollen, um nachzudenken, zu vergleichen, zu zergliedern, zu besitzen, sondern fließen immerfort, ohne Ende wie Musik. Das ist der Gewinn im Verzicht, und der Clown schafft das Sinnbild dafür. An uns ist es, das Symbol in Wirklichkeit zu verwandeln.«

Clownsbilder Rouaults runden die kleine Gemäldesammlung ab, die den Entstehungsprozess der Erzählung begleitete. Wir erkennen: Mit seiner Erzählung und dem Epilog gibt uns Henry Miller eine kleine persönliche Poetologie, einige Hinweise über Entstehungsprozesse von Kunstwerken mit auf den Weg.

Der Dichter lebt in einer Umgebung, die ihn anregt, ob er sich dessen bewusst ist oder nicht. Da ist eine Anfrage, da sind Assoziationen an Motive, da ist die Faszination durch eine bestimmte Lebenswelt: Alles drängt in die Erzählung, der Dichter ist im Gespräch mit seiner Zeit, mit seinen Zeitgenossinnen und -genossen. Aber da ist auch die gezielte Recherche, die Lektüre eines Fachbuches. Und da ist endlich eine Idee, welche sich als Glaube manifestiert, und keiner Analyse bedarf. Die Idee vom Clown als Vermittler, als Botschafter der Freude, die immerwährend in Bewegung ist und uns bewegen soll, immerfort bewegt wie Musik.

In der Erzählung werden diese Bekenntnisse zur Genese von Kunst bereichert durch die Beschreibung des Auftritts des Künstlers. Miller stellt die Gratwanderung pointiert dar. Es geht einmal darum, die Dinge auszuführen, die einstudiert sind (die

Nummer des Clowns). Das allein genügt nicht. Zum Leuchten kommt das Vorgeführte nur, wenn ein gewisses Maß von Entäußerung – also auch von Kontrollverlust – zugelassen wird, um das Einmalige, Einzigartige, welches Teil der Kunstproduktion sein muss, zu erzeugen. Wehe aber, wenn die Selbstvergessenheit so weit geht, dass der eigentliche Auftrag, die Ausführung der Nummer, gefährdet ist.

Ich füge in Klammer bei: Das ekstatische Lächeln Augusts ist eine Form des »Auftrittslächelns«. Es gibt eine andere, konträre Form. Marlene Dietrich hat, wenn sie als gut Siebzigjährige bei ihren Auftritten sang: »Kinder, heut Abend, da such ich mir was aus, einen Mann, einen richtigen Mann«, in der Conférence vorangestellt: »mit einem Lächeln zu singen«. Man könnte den Satz vor jeden Liederabend stellen: Es gilt neben der Identifikation mit dem Bühnenwesen immer wieder auch sich und dem Publikum klar zu machen, dass die Kunstfiguren nicht identisch sind mit den Auftretenden.

Wir haben angedeutet, dass das Lächeln sich in einem Zwischenreich aufhält. Es lässt sich dies von der auftretenden Violinistin ebenso sagen wie vom Schauspieler, der den Faust gibt. Und wenn Henry Miller den Clown als Botschafter sieht, als Go-between, so thematisiert er dieses Dazwischen. Es wird nach diesem Intermezzo zunehmend ersichtlich werden, dass alles, was wir von Miller über die »Zirkuskunst« in seiner Erzählung lernen, gleichzeitig mit dem Lächeln selbst und mit Musik im Besonderen und Allgemeinen zu tun hat.

Kehren wir zurück zur Geschichte. August findet als Manegenarbeiter Anstellung. »Er empfing nicht länger Applaus; vorbei die Stürme des Lachens, die Schmeicheleien. Er empfing Größeres, feinere Nahrung der Seele – Lächeln. Lächeln der Dankbarkeit? Kein Lächeln der Anerkennung! Er wurde wieder als menschliches Wesen aufgenommen, als ein Wesen, das sich wohl von den anderen unterschied, aber dennoch ihrer Gemeinschaft unauflöslich zugehörte.« Antoine, der alte Clown der Truppe, erkrankt. August springt ein, nicht als der berühmte August, sondern als unbekannter Antoine. Am nächsten Tag sind die Zeitungen voll des Lobes für Antoine. August redet sich ein, dem Kollegen den Anschub für eine große Karriere gegeben zu haben. Doch Antoine stirbt an gebrochenem Herzen. August geht wieder fort. Er will sich selber suchen, sein Glück. Er will nach Südamerika. Miller erzählt es so: »Das muss noch genauer bedacht werden«, warnte er sich selbst. »Man geht nicht so einfach nach Südamerika. Ich bin kein Albatros, bei Gott! Ich bin August, ein Mann mit zarten Füßen und einem Magen, der gefüllt sein möchte.« Und weiter steht hier:

»Eine nach der anderen begann er die menschlichen Eigentümlichkeiten aufzuzählen, die ihn, August, von den Vögeln der Luft und den Tieren des Abgrunds sonderten. Dieses Nachsinnen endete schließlich in einer langen Betrachtung über jene beiden Eigentümlichkeiten, die am deutlichsten die Welt des Menschen vom Bereich des Tierischen scheiden – Lachen und Weinen … Südamerika – was für ein Unsinn! Fraglich war nicht die Richtung, in der er aufbrechen sollte, fraglicher war …

Er versuchte, es sich selbst in sehr, sehr einfachen Worten zu erklären … Seine wahre Tragödie, merkte er nun, lag darin, dass er unfähig war, seine Kenntnis einer anderen Welt, einer Welt jenseits Unwissenheit und Vergänglichkeit, jenseits von Lachen und Weinen, den anderen mitzuteilen. Diese Grenze war es, die den Clown aus ihm machte …

Und in diesem Augenblick überkam es ihn plötzlich – ganz einfach ging das alles! –, dass niemand zu sein, oder jemand und jedermann zu sein, ihn keineswegs daran hinderte, er selbst zu sein … Wenn er schon ein Clown war, dann ganz und gar, durch und durch …«

August schließt die Augen, und als er sie wieder öffnet, sieht er die Welt neu, entschleiert, eine Welt, wie er sie am Herzen getragen hatte, die erst leben kann, wenn man bereit ist, sich mit ihr zu vereinigen. Er steht auf, von unermesslicher Freude bewegt. Ein Mann in Uniform kommt auf ihn zu. August meint den Engel der Erlösung zu sehen, läuft ihm entgegen, um ihn zu umarmen. Der Polizist schlägt mit dem Knüppel auf ihn ein. Zwei Fußgänger knien nieder und wälzen August auf den Rücken. »Zu ihrem Staunen lächelte er. Es war ein breites, seraphisches Lächeln, aus dem Blut sprudelte und rieselte. Seine Augen waren weit offen und starrten mit untrübbarer Unschuld auf die dünne Schale des Mondes, die gerade jetzt am Himmel sichtbar wurde.«

So endet die Geschichte. Es gibt ein Lächeln in der Katastrophe. Lächeln und Wirklichkeit, wir haben es gehört, müssen nichts miteinander zu tun haben. Die Fußgänger können sich das Lächeln nicht erklären. Wir Leserinnen und Leser ahnen etwas von Augusts Geheimnis. Dass der Clown zum Engel will, kommt nicht von ungefähr. Sie sind beide Botschafter, Reisende zwischen den Welten. Ihre Heimat ist die jeweils andere Welt. Ihr Treffpunkt liegt in der Zwischenwelt. Ihre Verständigung könnte in einem Lächeln liegen.

Henry Miller weist gegen Ende des Epilogs darauf hin, dass die ganze Erzählung eine große Metapher für die künstlerische Tätigkeit ist und ihm der Zirkus als Inbegriff des Ortes von Kunstproduktion gilt. Er formuliert seine Sicht des künstlerischen Schaffens folgendermaßen: »Der Zirkus öffnet eine winzige Lücke in der Arena der Vergessenheit. Für eine kurze Spanne dürfen wir uns verlieren, uns auflösen in Wunder und Seligkeit, vom Geheimnis verwandelt. Wir tauchen wieder empor zur Verwirrung, betrübt und entsetzt vom Alltagsanblick der Welt. Aber diese alltägliche Welt, die wir allzu gut zu kennen meinen, es ist dieselbe, die einzige Welt, eine Welt voll Magie, voll unausschöpflichen Zaubers. Wie der Clown führen wir unsere Bewegungen aus, täuschen wir vor, bemühen wir uns, das große Ereignis hinauszuschieben. Wir sterben in den Wehen unserer Geburt. Wir sind niemals gewesen, wir sind auch jetzt nicht.

Wir sind immerzu im Werden, immerzu einsam und losgelöst. Für immer außen.«

Es ist nicht der Ort, diese Visionen zu kommentieren, gar zu beurteilen. Wir versuchen uns hier und heute darin einzufühlen und mit ihnen eine faszinierende Erscheinungsform eines individuellen Kunstverständnisses zu erfahren, an der wir vergleichend unsere eigenen Vorstellungen entwickeln können. Der Blick auf die Musik kann uns die Einfühlung erleichtern: Die Momenthaftigkeit des Musikerlebens, das stete Bewusstsein der Vergänglichkeit ist Miller sicher nicht fremd gewesen. Und die Augenblicke der Versenkung in ein musikalisches Werk können genauso als Öffnungen in die Arena der Vergessenheit erfahren werden. Das Lächeln ist es dann, welches ermöglicht, dass wir bei der Rückkehr in den grauen Alltag nicht einfach nur erschrecken, sondern erkennen, dass die Welt der Magie – will sagen der Musik – dieselbe Welt ist wie jene unseres Alltags. Dass es eine einzige Welt ist. Denn das Lächeln – die Behauptung wurde geäußert – verbindet.

In der Hoffnung, Sie zu einer eigenen Lektüre von Henry Millers Erzählung angeregt zu haben, möchte ich mich von Mirós Leiter weg dem Weg der Tonleiter zuwenden, wobei ich mir nicht verkneifen kann, festzustellen, dass die unnachahmliche Schönheit von Mirós Bildern vielleicht am ehesten mit musikalischen Kategorien beschrieben werden könnte. Der Weg zur Musik ist also keineswegs weit.

Welches wären denn die musikalischen Analogien zu einem Lächeln als einem Zeichen aus einem Zwischenreich, zum Lächeln, das Verschlüsselung und Öffnung zugleich ist? Ich möchte auf dem Weg der Beantwortung der gestellten Frage von vier nicht eben üblichen musikalischen Kategorien sprechen, wobei die Aufgliederung keine ausschließende Charakterisierung meint, sondern nur zur Schärfung des Blicks für bestimmte wesentliche Merkmale verhelfen soll: der höflichen Musik (ich meine wirklich höflich, nicht höfisch), der unbeschwerten Musik, der Musik des Helldunkels und der Wehmut und der Musik des Abschieds. Ich meine, dass in all diesen Musiken das Lächeln zuhause ist, ich meine, dass all diesen Musiken aus ihrem »Dazwischenstehen« eine besondere Charakteristik zukommt. Ich will nichts anderes tun, als Ihnen in meinen feuilletonistischen Ausführungen dafür ein paar Beispiele beliebt zu machen, und dann zum Schluss andeuten, dass Musik und Lächeln zueinander eine große Affinität haben.

Ich wende mich zuerst der höflichen Musik zu, die ein Lächeln in sich trägt. Höfliche Musik ist eine Musik, die nicht alles von sich preisgibt, eine Musik auch, die der Form, der Etikette verpflichtet ist, das Maß nicht sprengt. Ihr muss auch eine gewisse Eleganz eigen sein und eine Art Ausgeglichenheit, die als angenehm wahrgenommen wird. Sie nimmt die Hörerin und den Hörer durchaus ernst, versucht sich verständlich zu machen, ohne zu insistieren, geht auf uns zu, ohne uns aber zu bedrängen.

Was wäre denn der Charakter des »Dazwischen«, der zur Höflichkeit gehören müsste, wenn ihr, entsprechend meinen bisherigen Überlegungen, ein Lächeln angemessen wäre? Es ist eine Form von Bescheidung, welche die Grobheit ebenso meidet wie die Extravaganz und die Geschliffenheit nie ins Preziöse abgleiten lässt, und es ist eine Form von Bescheidung, welche die Aussage zur Welt nur in angemessener Weise formuliert.

Die Formvollendung höflicher Musik bedeutet keineswegs, dass sie äußerlich wäre. Sie trägt das Herz nur nicht auf der Zunge. Sie versucht unsere Ohren von allfälligen Abgründen eher fernzuhalten. Sie muss nicht vornehm tun, aber sie schreit mich nicht an, sie verlässt sich immer wieder auf Nuancen. Ist es der wienerische Tonfall, der in Verbindung mit Schuberts Klaviertänzen mich an Anton Weberns Klaviervariationen als erstes Beispiel höflicher Musik denken lässt? Und wenn ich schon beim Klavier bin, fallen mir Mendelssohns »Lieder ohne Worte« ein.

Ich weiß, dass ich in Gefahr laufe, die Vorurteile gegenüber Mendelssohn zu verstärken, und beeile mich deshalb zu sagen, dass ich erstens nicht das ganze Œuvre Mendelssohns in die Kategorie »höfliche Musik« einbeziehe, nicht einmal alle »Lieder ohne Worte«, und dass – wie oben erwähnt – die Höflichkeit nur oberflächlich betrachtet oberflächlich ist. Schumanns Feststellung, wie überbordend dramatisch und ungebärdig poetisch Mendelssohns Musik sein kann, hat Bestand.

Aus Frankreich kommt mir Gabriel Fauré in den Sinn, und auch Jean-Philippe Rameau, deren beider Musik für Tasteninstrumente (bei Fauré auch viele seiner Lieder) oft der skizzierten Charakteristik höflicher Musik entsprechen. Wenn ich beifüge, dass ich Robert Walser als »höflichen« Dichter ansehe, und angesichts seiner Gedichte und kleinen Prosastücke oft lächle, kann ich meinen Begriff von Höflichkeit etwas klarer werden lassen, der durchaus Platz für Ironie, Exzentrisches und Abgründiges zulässt.

Eine spezielle Kategorie höflicher Musik wäre Gebrauchsmusik, die ihre Höflichkeit bezeugt, indem sie sich nützlich macht. Doch da sie, wenn sie in unhöflichen Zusammenhängen eingefordert durchaus auch flegelhaft losdonnern kann, sei rasch über sie hinweg zur zweiten Kategorie geschritten, der unbeschwerten Musik, die uns auch lächeln macht. Natürlich passen da die Schubert-Tänze, zu unbeschwerten Anlässen verfasst (auch sie Gebrauchsmusik und zumeist nicht unhöflicher Natur), ganz besonders gut hin.

Was meint unbeschwert? Ich sehe darin den Versuch zur Leichtigkeit, der die Erdenschwere vergessen machen soll. Das Spielerische ist der Inbegriff des Unbeschwerten. Es wird ein Traum zum Klingen gebracht, der keinerlei Anspruch in sich trägt, Wirklichkeit zu werden. Immer bleibt auch eine Tür offen: Es könnte durchaus anders weitergehen, wir wollen uns nicht festlegen. Die allgemeine Heiterkeit bündelt sich nicht zur Pointe, es ist keine humoristische Musik, sie bleibt ungreifbar. Es muss etwas Schwebendes in ihr sein. Und darin liegt auch eines ihrer Geheimnisse. Sie darf nicht zu fassen sein. Das andere Geheimnis ist ihr Wissen um den Ballast, den Druck, die Sorge: Nur aus diesem Wissen heraus findet sie zur Überwindung der Schwerkraft, zur Unbeschwertheit.

Das Funkeln von Rossinis Streicherserenaden klingt an, einige rasche Mazurken und Walzer Chopins kommen dem Klavierspieler in den Sinn, Kammermusikalisches und auch orchestrale Werke von Darius Milhaud könnten zum Stichwort passen. Definiert sich höfliche Musik vielleicht wesentlich durch die Form und die Setzweise, dann die unbeschwerte durch das Rhythmische, das tänzerische Element.

Die nächste Kategorie – die Musik des Helldunkels und der Wehmut – (Sie ahnen allmählich die selbst gefertigten Regeln dieses Gedankenspiels) wäre dann weitgehend durch die Harmonik bestimmt. Die Nähe von Moll und Dur bei Mozart wird seit jeher bewundert und als Kronbeispiel für das Chiaroscuro in der Musik immer wieder angeführt. Ich denke an die Klaviertrios, an die langsamen Sätze der Klaviersonaten. Aber sein ganzes Werk durchzieht dieses Wechselspiel, und das Wechselspiel selbst ist es, was das Lächeln hervorbringt, weil hier die Ambivalenz in ungebrochener Form auftritt.

Und nahe liegt ein anderer großer Harmoniker: Franz Schubert. Ihm gelingt es, mit der größten Selbstverständlichkeit die harmonischen Felder zu wechseln, die Beleuchtungen zu verändern. Es geht hier aber nicht um den Wechsel von Hell und Dunkel, sondern um den Variantenreichtum an sich, der die Veränderlichkeit belegt, das stets mögliche Umschlagen der Gefühle, die Zerbrechlichkeit, die Ambivalenz, die im Wort Wehmut steckt. Wer immer die Aufgabe erhalten würde, Wehmut mimisch darzustellen, würde lächeln. Es liegt darin das Wissen um das Glück im Unglück und die Präsenz der Vergänglichkeit im Glanz der lebensvollen Erscheinung.

Die vierte Kategorie der lächelnden Musik ist der Wehmut nah verwandt. Es ist die Musik des Abschieds. Wir lächeln höflich bei der Begrüßung, und auch beim Abschiedswinken ist das

Lächeln üblich. Der Musik des Abschieds ordne ich hier, um allen wesentlichen musikalischen Parametern zu ihrem Recht zu verhelfen, die melodische Geste zu. Und meine musikalischen Assoziationen gehören den herbstlichen Klängen und Gesten, der Auflösung des Satzes in filigrane, zarte Motivzellen bei Brahms, im Klarinettenquintett, in den späten Intermezzi. Es ist die Wärme des flach einfallenden Abendlichts im Frühherbst, die mir in meinem Alltag diese Abschiedsstimmung vermittelt. Musikalisch hat es etwas mit Loslassen zu tun: Da ist kein Espressivo mehr, kein Abschiedsschmerz, nur ein Abschiednehmen, ein Loslassen, dem das Dolce mehr entspricht. Die Musik selbst kommt zu Wort.

Es ist, als würde die Komponistin, der Komponist den Tönen und Klängen, den Saiten und Pfeifen und Fellen sagen, was Conrad Ferdinand Meyer in seinem Gedicht »Jetzt rede du« dem Wald sagt. (Othmar Schoeck hat das Gedicht eindrücklich vertont.) Genug habe ich in dich hineingeredet, bekennt der Autor. Jetzt, an meinem Lebensabend, höre ich dir zu. Und was der Wald spricht, ist die Rede der Musik, die aus sich selber spricht. In Morton Feldmans Klavierstücken meine ich diese Entwicklung zu hören, und manchmal bei Debussy.

Thomas Hürlimann hat die Ambivalenz des Abschieds in einem wunderschönen Satz (fragen sie mich nicht, in welchem Werk er steht) ausgedrückt: »Wir verabschieden uns aufeinander zu.« Im Abschied ist viel Nähe, in der Trennung viel Gemeinsamkeit, im Sterben das ganze Leben. Und diese Zweideutigkeit wieder ist es, die nichts anderes zulässt als Lächeln.

Weshalb habe ich Sie zur Lektüre von Henry Miller angehalten und Sie mit einigermaßen lyrischen, aber wenig handfesten Anmerkungen über lächelnde Musik hingehalten? Es ging mir um dreierlei: Erstens sollte ein Blick auf die Entstehung von Kunstwerken allgemein (also nicht nur im Bereich der Musik) geworfen werden. Wie entstehen Erzählungen in Öl, in Worten, in Bewegungen, in Klängen. Als Publikum, welches sich mit den darstellenden Künsten und der Musik beschäftigt, sind wir von Primaballerinen, Virtuosen, Stars und Diven fasziniert. Natürlich sind die Interpretierenden als Botschafterinnen und Botschafter zu würdigen – dem Werk, ihrer Botschaft, soll aber unsere erste Aufmerksamkeit gelten.

Zweitens wollte ich einen kleinen Kontrapunkt setzen. Wenn wir von »Humor in der Musik« reden, konkretisiert sich das Gespräch auf das Humoristische in der Musik. Nur da können wir den Humor festmachen. Aber es gibt Humor als Haltung zur Welt, welcher sich nicht auskristallisiert in Beispielen. Da ist auch nicht das Lachen die Kontrolle, welches wie der Geigenzähler besagen würde: humorvolle Strahlung. Da wird höchstens gelächelt. Oder besser: Da beginnt das gelobte Land des Lächelns. Es ist ein großes Land, in dem recht eigentlich alles Platz hat, was uns Menschen angeht, wenn wir denn im Stande sind, was uns betrifft, als einen Gang vom Einen ins Andere zu begreifen, als ein Verweilen im Zwischenraum. Und wenn wir im Stande sind, uns einzugestehen, dass wir von allen Widersprüchen immer beide Seiten in uns tragen.

Das Dritte des Dreierlei soll nicht vergessen gehen: Lächeln und Musik haben einiges gemeinsam. Die Ambivalenz des Lächelns habe ich zur Genüge beschrieben. Aber zur Ambivalenz der Musik habe ich noch wenig gesagt. Musik – so hat es der Brahmsfreund und Wagnerkritiker Eduard Hanslick formuliert – kennt keine Substantive, sondern nur Adjektive. Das heißt, ich kann mit Musik nicht sagen, wovon die Rede ist, aber ich kann ausdrücken, wie geredet wird: heftig, zart, innig, trocken, wirr. Je nachdem, in welchem Zusammenhang – in welchem äußeren, gleichsam historischen Zusammenhang (Anlass und Umfeld und so fort), in welchem inneren Zusammenhang (persönliche Konstellationen und biographisches Momentum und so fort) – Musik erklingt, erfährt sie eine andere Akzentuierung. Sie ist in sich auf gewisse Weise vieldeutig, ambivalent. Und diese Unfähigkeit, sich festzulegen – oder sollen wir sagen, diese wunderbare Qualität, sich nicht festlegen zu lassen und ihr Geheimnis zu bewahren –, teilt sie mit dem Lächeln. Musik gibt sich nie ganz preis. Auch nicht, wenn man ganz lange über sie redet.

Der Lügenbaron als Wahrsager – Anmerkungen zu Kunst und Krise

Sehr geehrte Damen und Herren

Danke, dass ich mich hier unter dem Motto »Bridge over Troubled Water« und dem Titel »Der Lügenbaron als Wahrsager« zu »Kunst und Krise« äußern darf. Einige Zitate zur Eröffnung:

AUS DEM INTERNET:
»*The best song ever … so deep and beautiful*«
»*1969! l'année de ma naissance, quelle belle chanson, merci*«
»*This song was played at my grampa's funeral. I will keep this song close to my heart.*«

»Bridge over Troubled Water« von Paul Simon und Art Garfunkel, erste Strophe:

»*Wenn du matt bist und dich klein fühlst,*
wenn du Tränen in den Augen hast, trockne ich sie alle,
ich bin an deiner Seite, wenn die Zeiten hart werden
und keine Freunde in Sicht sind.
Wie eine Brücke über trübem Wasser
werde ich mich hinlegen.«

Gustave Flaubert schreibt in seinem »Wörterbuch der Gemeinplätze«, erschienen 1881:

> »*KUNST. Führt ins Armenhaus – völlig unnütz, da sie ohnehin durch Maschinen ersetzt wird, die auch noch ›schneller und besser‹ sind.*«

Über das Abenteuer des Jagens und den Künstler als Abenteurer

Ich beginne mit einer kleinen Geschichte. Sie ist einigen unter Ihnen vermutlich wohlbekannt. Die Meisten ahnen den Namen des Helden, und sei es nur, weil er auch in Kinderbuchfassungen sein Unwesen treibt.

> »*Eines Morgens sah ich durch das Fenster meines Schlafgemachs, dass ein großer Teich, der nicht weit davon lag, mit wilden Enten gleichsam überdeckt war. Flugs nahm ich mein Gewehr aus dem Winkel, sprang zur Tür hinab, und das so Hals über Kopf, dass ich unvorsichtigerweise mit dem Gesicht gegen die Türpfoste rannte. Feuer und Funken stoben mir aus den Augen; aber das hielt mich keinen Augenblick zurück. Ich kam bald zum Schuss; allein wie ich anlegte, wurde ich zu meinem großen Verdrusse gewahr, dass durch den soeben empfangenen heftigen Stoß sogar der Stein von dem Flintenhahne abgesprungen war. Was sollte ich nun tun? Denn Zeit war hier nicht zu verlieren. Glücklicherweise fiel mir ein, was sich soeben mit meinem Auge zugetragen hatte. Ich riss also die Pfanne auf, legte mein Gewehr gegen das wilde Geflügel an und ballte die Faust gegen eins von meinen Augen. Von einem derben Schlage flogen wieder Funken genug heraus, der Schuss ging los, und ich traf fünf Paar Enten, vier Rothälse und ein paar Wasserhühner. Gegenwart des Geistes ist die Seele mannhafter Taten. Wenn Soldaten und Seeleute öfters dadurch glücklich davonkommen, so dankt der Weidmann ihr nicht seltener sein gutes Glück.*«

Allein schon die syntaktische Gestaltung der kleinen Geschichte macht Freude. Gemächlich kommt der erste Satz aus Gottfried August Bürgers »Wunderbare Reisen zu Wasser und Lande, Feldzüge und lustige Abenteuer des Freiherrn von Münchhausen« daher. Der Ich-Erzähler wacht in seinem Gemach ganz in der Nähe eines Teiches auf. Es riecht einen Satz lang nach Idylle. Dann ruft die Jagd. Die Sätze purzeln. Doch wie es zum Schuss und Abschluss kommen soll, fehlt ein Requisit. Eine detaillierte Erklärung bremst den Erzählfluss. Wie lässt sich der Plan noch umsetzen? Die zündende Idee folgt auf dem Fuße. Und schon geht es rasant auf die Pointe zu: Das Wild ist erlegt. Ein Meisterschuss. Eine kleine allgemeine Betrachtung beschließt den munteren Schwank.

Der Erzähler versteht sich auf Zuspitzung, formt als guter Dramaturg den Ablauf. Er hat Sinn für Präzision und ein genaues Bild des Vorganges vor sich. Kein Wunder: Er hat alles selber erlebt. Er beobachtet genau, er kennt sein Gewehr und das Geflügel. Er nimmt die Sprache beim Wort. Die Funken vor den Augen zünden das Pulver. Das Unwahrscheinliche schießt selbstverständlich und selbstsicher aus dem Kistchen der Wahrscheinlichkeit heraus. Wessen also bedarf der Erzähler? Des forschenden Blicks, der präzisen Recherche, der Aufmerksamkeit der Sprache gegenüber, der Technik, des ästhetischen Gespürs und der Abenteuerlust. Auch für krisenhafte Situationen kein schlechter Rucksack.

Und wessen bedarf der Jägersmann im kritischen Moment? Des forschenden Blicks auf das Geflügel, der präzisen Recherche, was sein Gewehr angeht, der Aufmerksamkeit auf seinen Körper, der Schusstechnik, des Gespürs, wie die etwa 17 Vögel zu einer Beute zu bündeln sind, und – der Abenteuerlust. Der Autor und der Ich-Erzähler – dieser die Kunstfigur, die jener erschafft – unterliegen denselben Bedingungen. Diese Nähe schafft Authentizität im Jagdbericht und wir nutzen sie, um über die Kunstfigur etwas über Autorschaft und Kunstschaffen zu lernen.

Wie sich Schelme in aufgeregten Zeiten durchschlagen und die Widerlegung der Behauptung, dass die Kunst der Krise bedarf

Wir erkennen an der Kunstfigur, was einen rechten Künstler insbesondere im Umgang mit Krisen auszeichnet. Die Moral der Anfangsgeschichte weist darauf hin, dass wir uns dabei in durchaus ernsten Zusammenhängen bewegen: Es geht um Heldentaten; um Soldaten, Seeleute, Jäger, Leben und Tod und Abenteuer – und um die Gegenwart des Geistes. Um diese ganz besonders und zwar in vielerlei Hinsicht: um Beweglichkeit und Reaktionsfähigkeit, Phantasie und Kühnheit.

Das Schelmenstückchen selber entstammt einer aufgeregten Zeit. Die Erzählung entstand nicht lange vor der französischen Revolution. Schelme sind Überlebenskünstler in wilden Zeiten. Simplicissimus im Dreißigjährigen Krieg bei Grimmelshausen, Eulenspiegel zur Zeit der Bauernaufstände und bei de Coster im Freiheitskrieg der Niederlande gegen Spanien, der brave Soldat Schwejk bei Jaroslav Hašek im Ersten und Oskar Matzerath in Günter Grass' »Blechtrommel« im Zweiten Weltkrieg. Der Schelm gibt die Gesellschaft der Lächerlichkeit preis. Dies ist sein Überlebensziel. Das Gelächter und die Verblüffung geben ihm Zeit zu entwischen. Die Gelegenheit ist günstig, wenn die Großen sich im Kriegswahn aufplustern. Der Schelm läuft in Todesgefahr zur großen Form auf. Der Schelm als Künstler, der Künstler als Schelm in der Krise.

In der aktuellen Krise scheinen die Schelme nicht die Künstler zu sein, sondern die Finanzjongleure. Das Wort »Schelm« hat einen großen Weg zurückgelegt: Vom Spaßvogel und Schalksnarren im frühen über den Schurken und Verräter im späten Mittelalter zurück zum armen Kerl mit loser Zunge und zum kindlichen, kleinen Schelm in der Zeit der Aufklärung. Der Künstler als Schelm: Die Formulierung weist auf das ursprüngliche Wortverständnis hin. All jene aber, welche die Finanzkrise heute ausgelöst haben, sind wohl eher Gauner als Schelme, sind Betrüger, Profiteure, manchmal einfach Versager. Sie kämpften nicht ums Überleben und die Demaskierung des Unrechts, sondern um ihren Status und die Maximierung des Gewinns unter allen Umständen und zu ihren Gunsten. Indem es den Meisten heute gestattet ist, dies weiterhin zu tun, geben sie die Gesellschaft zwar der Lächerlichkeit preis, aber es wäre nicht in ihrem Sinne, wenn das erkannt würde. Immerhin: Sie haben uns eine Krise beschert, und wurde nicht eben gesagt, diese sei der Kunst förderlich, der Künstler laufe in Todesgefahr zur großen Form auf? Die Kunst bedarf der Krise. Ein Allgemeinplatz, ähnlich platt und gefährlich wie jene, die Flaubert in seinem Wörterbuch verzeichnet hat.

Wir deutschen ihn aus: Die Repression erst bringt die echte Kunst zu Tage. Nach der Wende verstummten die DDR-Autoren. Nur der Dissident ist ein wahrer Künstler. Und der Hungerkünstler die Steigerungsform: Je größer das Loch im Magen, desto tiefer die Kunst. Vergleiche die anspruchslosen Volksmusiker in den Anden mit den wohlbestallten Pinguinen der Berliner Philharmoniker: Kunst versus Beamtentum.

Wir wollen es noch deutlicher machen: Die eigentliche existenzielle Dimension der Kunst verdankt sich der Krankheit. Früher waren Schwindsucht und Syphilis zu haben. Da stößt man zu den entscheidenden Fragen vor. Und von wegen Syphilis: Wahnsinn und Genie sind Geschwister, und die Kunst kann von der Verrücktheit nur profitieren. Sollte es ein böses Ende nehmen, wenn es den Schelmen dann doch erwischt: Hundert Jahre später ist Zeit genug, ihn zu feiern. »Die Schweizer anerkennen einen Helden erst, wenn sie auf den geschlossenen Vorhang starren«, so der Schweizer Autor Thomas Hürlimann in Die Zeit am 20. August 2009. Die Menschheit schwitzt sich im Kunstwerk gesund. Der Künstler nimmt in seinem Schaffen stellvertretend das Leiden der Allgemeinheit auf sich. Der hungernde Märtyrer: Das drückt auf die Preise künstlerischer Produktion – draufzahlen dürfen die Künstler – und drängt Kunst ins Abseits exotischer Unverbindlichkeit.

Die erwähnten Zynismen leuchten verführerisch ein, weil in der Kunst tatsächlich oft Randständiges verhandelt und Allergien thematisiert werden, Verdrängtes ans Licht kommt, verborgene Wege beschritten und Gegenwelten geschaffen werden.

Wenn du unten bist und draußen,
wenn du auf der Straße stehst
und alles zu hart kommt,
werd ich dich trösten,
werd ich für dich einstehen,
wenn die Dunkelheit kommt
und überall Schmerz ist
wie eine Brücke über trübem Wasser,
werd ich mich hinlegen.

Der Künstler als Reisender

Um im Bild zu bleiben: Es gibt nicht nur die Ränder, es gibt ein »Darunter«, ein »Darüber«, dem sich künstlerisches Schaffen zuwendet: Sophokles lotet in seinen Tragödien zur Zeit der Hochblüte Athens die Fundamente des Menschseins aus und fragt nach den erbarmungslosen Mächten, die dem menschlichen Schicksal übergeordnet sind. Er führt die dem Menschen innewohnende Schaffenskraft und dessen zerstörenden Energien vor. Für seine Komödien wechselt Zeitgenosse Aristophanes laufend die Standpunkte, führt uns unsere Schwächen vor, einmal aus der Froschperspektive, den Blick auf die tausend Absurditäten unseres Alltags gerichtet, einmal aus der Vogelschau, in der Betrachtung der wahnwitzigen Mechanismen der Gesellschaft. Auch die Satire schärft den Blick auf die Bedingungen des Menschseins.

Und es gibt die »Mitte«, Formen der Kunstausübung, die zum Kern des gesellschaftlichen Lebens gehören, in denen Gemeinsamkeit erfahren wird, rituelle, festliche Formen, im feierlichen Gewand oder im Narrenkostüm, Formen auch der Repräsentation, nicht nur der Macht, sondern des Protestes, welche die jeweils zentralen Konstellationen spiegeln. Der Künstler drückt sich nicht nur an den Rändern herum.

Eines ist richtig: Er ist in Bewegung. Kunstschaffen hat mit Reisen zu tun. »Wundersame Reisen zu Wasser und Lande« heißt es im Titel der Geschichtensammlung, aus der vorzulesen ich mir erlaube. Die abenteuerliche Reise ins Unbekannte kann als Sinnbild künstlerischen Schaffens gesehen werden. Die Idee der Reise prägt denn auch häufig inhaltlich den Fortgang der künstlerischen Erzählung (so im Bildungsroman oder der musikalischen Variationenreihe) und hat viele Formen künstlerischen Schaffens hervorgebracht: die Illustration des Stationenweges und die Bildfolgen zur biblischen Geschichte in Kirchenräumen, fiktive Briefwechsel, Sammlungen, Serien und Zyklen. Die Reise ist ein Bild künstlerischen Schaffens, das Abenteuer dessen Stoff.

Unserem reisenden Ich-Erzähler ist auch der Mond nicht zu abgelegen. Er hat seine Axt nach einer Biene geworfen und sie ist auf dem Mond gelandet. Er will sie zurückhaben und klettert an einer anerkanntermaßen rasch und hoch wachsenden türkischen Bohne zum Erdtrabanten. Er findet sein Werkzeug. Jetzt gilt es zurückzufinden. Die Bohne ist verdorrt.

»Was war nun zu tun? – Ich flocht mir einen Strick von dem Häckerling, so lang ich ihn nur immer machen konnte. Diesen befestigte ich an eines von des Mondes Hörnern und ließ mich daran herunter. Mit der rechten Hand hielt ich mich fest, und in der linken führte ich meine Axt. Sowie ich nun eine Strecke hinuntergeglitten war, so hieb ich immer das überflüssige Stück über mir ab, und knüpfte dasselbe unten wieder an, wodurch ich denn ziemlich weit heruntergelangte.«

Zugleich an zwei Orten, Kunst und Verwandlung

Mit der Beschreibung der Reise zurück zur Erde beschreibt der Erzähler nicht nur, wie souverän er sein Problem löst, sondern er berichtet gleichzeitig vom Entstehen der Erzählung selber. Der Komponist windet aus dem Häckerling von Einfällen und Vorgaben – aus der Materialsammlung – sein Stück Seil, dessen Länge nie für die vorgesehene Wegstrecke ausreichen kann. Genügte das Material, ein Seil dieser Länge herzustellen, würde es reißen. Die Rissfestigkeit und der Zusammenhang sind nur garantiert, wenn die Folge aus dem Vorangegangenen entwickelt wird. Das künstlerische Werk wächst aus sich selbst.

»Stirb und werde« ist eine Grundform künstlerischen Schaffens: Das Gesetzte wird überwunden, vergeht, verwandelt sich. Die Unmöglichkeit der Rückversicherung ist Chance und Risiko künstlerischer Produktion. Nicht nur in den »Zeitkünsten« schafft sich der Künstler den eigenen Zeit- und Weltraum, und nicht nur der Prahler hängt in der Leere an seinem Seil.

AUS DEM INTERNET:

»I was born that year. Moon baby. 1969. And we still have troubled waters. Who's got a bridge? Not many, but I have. So if you're feeling what they're singing, I feel for you.«

Der Körper, der im Lied von Simon and Garfunkel als Brücke über das Hochwasser gelegt wird, ist ein Phantasiegebilde und innere Realität zugleich. Er ist ein Angebot, weiterzugehen, aus der Krise herauszukommen. Als »Die Brücke ins Morgen« kennt man in Japan das Lied. Diese Reisen sind es, zu denen Kunstwerke auffordern. Dabei ist die geographische Verschiebung kein Muss: Der Geist muss an verschiedenen Orten gegenwärtig sein. Auch in der Brust wohnen zwei Seelen.

Der reisende Künstler ist an zwei Orten zugleich. Kunst schafft Realitäten und weist über diese Realitäten hinaus. Wenn

Kunst den Konjunktiv meidet, wird sie zur Predigt. Der Künstler ist Arzt und Patient zugleich, Teil der Gesellschaft und Außenseiter, hier und dort. Deshalb irritiert sein Tun, deshalb begehrt er gegen die starre Regel auf. In dieser seiner Ungebundenheit liegt eine grundsätzliche Provokation, die nichts mit der Frage zu tun, wie »krank« oder »gesund« eine Gesellschaft sei. Und umgekehrt ist die Charakteristik des Künstlers nicht grundsätzlich mit »Leid«, welcher Provenienz auch immer, mit Märtyrertum und Opferbereitschaft grundsätzlich zu veredeln. Das Begriffspaar Kunst und Krise bildet eine spannungsvolle Konstellation, mehr nicht. Kunst legitimiert keine Krisen, und künstlerisches Schaffen entfaltet sich keineswegs signifikant üppiger in Krisensituationen.

Kunst steht mit dem Zeitenlauf in enger Verbindung, wird von Krisenzeiten ebenso wie von Zeiten der Blüte geprägt. Der provokative Aspekt künstlerischen Schaffens bewirkt anderes in gesellschaftlich aufgewühlten oder erstarrten, entspannten oder bedrückten Verhältnissen, ist aber immer Teil der Kunstunternehmung.

AUS DEM INTERNET:
»Just imagine the MILLIONS of people who know where they were and what they were doing when this was first played on the radio. Can you believe that was 40 years ago? So, do you think that the current generation will remember where they were when they first heard ›Womanizer‹ by Britney Spears?«

Wie der Held im Fisch tanzt und warum Provokation zur Kunst gehört

Die Provokation hat viele Gesichter. Eben genießt unser Ich-Erzähler ein angenehmes Bad im Mittelmeer, da naht die Krise in Gestalt eines riesigen Fisches mit weit aufgesperrtem Rachen. Der Schwimmer wird verschluckt und sitzt in der Finsternis des Fischbauchs, in einer »nicht unbehaglichen Wärme«. Auf die Länge ist das aber kein Aufenthaltsort. Er beschließt zu seiner Befreiung, den Fisch zu provozieren:

> *»Weil es mir gar nicht an Raum fehlte, so spielte ich ihm durch Tritt und Schritt, durch Hopp und He gar manche Possen. Nichts schien ihn aber mehr zu beunruhigen, als die schnelle Bewegung meiner Füße, da ich's versuchte, einen schottischen Triller zu tanzen.«*

Ich denke, mit dem schottischen Triller sind rasche Stampfschritte insbesondere auch mit den Absätzen in schottischen »Treble Jigs« gemeint, wie wir sie heute auch aus den »Riverdances« kennen.

> *»Ganz entsetzlich schrie der Fisch auf und erhob sich senkrecht mit seinem Leibe aus dem Wasser. Hierdurch ward er aber von dem Volke eines vorbeisegelnden italienischen Kauffahrtsschiffes entdeckt und in wenigen Minuten mit Harpunen erlegt.«*

Der Held im Adamskostüm wird von den Seeleuten aus dem Fischbauch befreit. Seine kunstvolle Tanzdarbietung, zu der er in kritischer Situation den Mut fand, hat ihn gerettet. Mit He und Hopp hat der Schelm das Innenleben des Fisches durcheinandergebracht und durch diese Provokation seine Freiheit gewonnen. Die Abenteuerlust, deren der Künstler bedarf, beinhaltet die Lust an der Provokation.

Es ist längst aufgefallen, dass in ebenso provokanter wie beschämender Weise immer nur vom Künstler die Rede ist, nie von der Künstlerin, von der Heldin, von der Schelmin. Mein Rechtschreibeprogramm übrigens akzeptiert Schelmin nicht. Als gäbe es die alten Dienerinnen und jungen Mägde in der Komödie nicht, nicht Colombina in der Commedia dell'arte, nicht das »Kunstseidene Mädchen« von Irmgard Keun, eine proletarische Schwester des Hochstaplers Felix Krull bei Thomas Mann. Selbstverständlich betreffen die Aussagen über künstlerisches Schaffen ebenso Frauen wie Männer, und ich bitte um Verständnis, wenn ich mich nur der männlichen Formen bediene. Die Dominanz des Maskulinen hat mit der Kunstfigur zu tun, die hier zu Wort kommt. Das Jägerlatein und Seemannsgarn ist Männersache. Bramarbasieren nennt man dieses Prahlen. »Bramarbas oder der großsprecherische Offizier« lautet der Titel einer Komödie des dänischen Schriftstellers Ludvig Holberg, die 1741 auf Deutsch erschien.

Über historische Gestalt und Kunstfigur

Dieser Bramarbas (dänisch Jakob von Tyboe) ist als literarische Figur Zeitgenosse und Berufskollege des Hieronymus Carl Friedrich Freiherr von Münchhausen, der – 1720 geboren – nach Kriegsdiensten im Baltikum und in Russland sich als Dreißigjähriger auf sein Gut zurückzog. Er hatte den »Ruf eines phantastischen Unterhalters«, der »seinem Publikum unwahrscheinliche Geschichten« erzählte, wie der Münchhausenforscher Bernhard Wiebel schreibt. Als literarische Figur und Ich-Erzähler taucht dieser Münchhausen ab 1781 in anonymen deutschen Anekdotensammlungen auf. Ein deutscher Universalgelehrter, Rudolf Erich Raspe, eines Diebstahls wegen nach England geflüchtet, veröffentlicht ausgehend von diesen frühen Fassungen ab 1785 englische Sammlungen der Geschichten. Der deutsche Dichter Gottfried August Bürger übersetzt und erweitert die Vorlage ins Deutsche. Seine »Abenteuer des Freiherrn von Münchhausen« von 1786 sind in den Kanon der Literatur eingegangen und Ausgangspunkt ungezählter weiterer Fassungen. Bürgers Münchhausen ist unser Ich-Erzähler. Es ist in der Weltliteratur wohl einmalig, dass zu Lebzeiten des Vorbildes die Kunstfigur Weltruhm erlangt – übrigens nicht zur Freude des Edelmannes. Dieser verstarb im Jahr 1797. Er hatte im Scheidungsprozess gegen seine zweite Frau, die er 1794 im Alter von 64 Jahren (sie war 17) ehelichte, sein gesamtes Vermögen verloren.

Gottfried August Bürger ging es nicht besser. Eine ganz konkrete »Brücke über trübes Wasser« bot eine junge Frau dem berühmten, verwitweten Autor an, der in Göttingen Vorlesungen hielt. Sie veröffentlichte in einer Stuttgarter Zeitung ein Gedicht. Der Schweizer Germanist und Autor Peter von Matt berichtet in einem Bürger-Porträt unter dem Titel »Ein armer Teufel großen Stils« davon:

> »O Bürger, Bürger, edler Mann, / Der Lieder singt, wie's keiner kann … Man sagt, Du sollst ein Wittwer sein; / kommt Dir die Lust zum Freien ein, / So komm heran!« Originalton von Matt: »Und was macht der Unselige, als ihm der Text vor Augen kommt? Er verliebt sich in seine Vorstellung von der Unbekannten und reist nach Stuttgart und holt sie, die selbst nicht mehr recht weiß, was da passiert, nach Göttingen als seine eheliche Gemahlin. Kurz darauf zirkulieren Karikaturen in der Studentenstadt. Sie zeigen Bürger mit zwei auslandenden Hörnern am Kopf.«

Nicht jede poetische Brücke hält, was sie verspricht. Während einer Vorlesung, als Bürger über den Monolog eines hintergangenen Ehemannes doziert, sieht er endlich klar. Er bricht die Vorlesung ab und eilt nach Hause ans Schlüsselloch. Sein Bericht:

> »Man fing mit schmachtenden Küssen auf dem Sopha neben einander sitzend an. Ich hielt Contenance. Der junge Herr schob unter fortgesetzten Küssen seine eine Hand in den Busen der Schändlichen. Ich hielt Contenance. Er schob die andere in den Rockschlitz und operierte da einige Minuten fort. Ich hielt Contenance …« Jetzt wieder Peter von Matt: »Es gibt Gründe, das Zitat hier abzubrechen. Es endet mit dem Satz: ›Jetzt dachte ich, ist es Zeit, und brach wie ein Wetterstrahl zur Thür herein.‹ Damit war das junge Glück zu Ende.«

Die Verwandtschaft des armen Teufels Bürger mit seiner Kunstfigur, dem tollen Hecht Münchhausen, der selbst die unmiss-
verständlichen Angebote der Kaiserin von Russland ausschlägt,
blitzt höchstens im Wort »Wetterstrahl« auf.

Über die Lüge und warum Münchhausen uns keinen Bären aufbindet

»Here lies Baron Munchhausen« – als Inschrift auf seinem Grab-
mal – ist auf einer Titelvignette einer englischen Ausgabe von
1859 zu lesen, wobei der Baron hinter dem Grabstein dargestellt
ist, gemütlich sein Pfeifchen rauchend. Der Doppelsinn klingt
im Deutschen nach. »Hier liegt Baron Münchhausen«, »Hier
lügt Baron Münchhausen«. Als Lügenbaron ist Münchhausen in
die Galerie der berühmten Kunstfiguren eingegangen.

Erzähler, Aufschneider, Schwindler, Lügner, Betrüger, Fäl-
scher, Zauberer, Visionär, Seher, Prophet und vielleicht eben
wieder Sänger und Dichter: Die Übergänge sind fließend. Die
Versuchsanordnung will es, dass wir Münchhausen hier als Inbegriff des Künstlers auffassen. Faktum und Fiktion: Zwischen
diesen Polen bewegt sich das künstlerische Schaffen. Wir haben
vom Faktischen in Münchhausens Kunstschaffen gesprochen,
vom forschenden Blick und der präzisen Recherche, aber auch
vom Fiktionalen, seiner Phantasie und provokanten Kühnheit.

Die Lüge, die Behauptung des Unwahren, wäre also in der
Kunst keine Untugend, sondern eine Voraussetzung für Kreativität? In der »Vorrede des englischen Herausgebers« steht in Bürgers Münchhausen eine sowohl ironische wie bedenkenswerte
Überlegung. Der Freiherr von Münchhausen habe als »Mann
von außerordentlicher Ehre und von der originellsten Laune«
feststellen müssen, »wie schwer es oft hält, verschrobenen Köp-
fen geraden Menschenverstand einzuräsonieren«. Hingegen falle
es einem Haberecht leicht, »eine ganze Versammlung zu über-
täuben und aus ihren fünf Sinnen herauszuschreien«.

Da spricht der Rationalist, der Aufklärer Bürger. Bürger zielt auf die Populisten, die Argumente durch dreiste Behauptungen und Lautstärke ersetzen und noch nicht ausgestorben sind. Münchhausen wehre sich gegen diese Volksverdummer – so sagt es das Vorwort – nicht durch Widerrede, sondern er wechsle das Thema, wende sich Kleinigkeiten zu und erzähle dann ein Geschichtchen in unverwechselbarem Tone, »der aber gerade der rechte ist, die Kunst zu lügen aus ihrem ruhigen Schlupfwinkel hervorzukitzeln und blankzustellen.« Mit »blankzustellen« scheint bloßstellen nicht nur als blamieren, sondern als offenlegen gemeint und gleichzeitig auch als Herausforderung zur Auseinandersetzung mit der Lüge: »Blankziehen« heißt das Schwert zücken.

Der Umgang mit der Kunstlüge also schärft den Verstand, fördert die Fähigkeit, Lügen insgesamt zu identifizieren und zu enttarnen. Der Lügenbaron wird bei Bürger zum »Lügenstrafer«. Der vergnügliche Umgang mit der Prahlerei wird – augenzwinkernd – mit einer moralischen Prise gewürzt.

Warum wir recht hatten und die Banker die besseren Künstler sind

Hätten wir mehr Münchhausen gelesen, wir hätten die Krise früher erkannt, die Lügner früher enttarnt. An Münchhausen hätten wir lernen können zu erkennen, wie das Unwahrscheinliche zu verkaufen ist, wie wir mit einer Powerpointpräsentation und ein paar Kurven auf einer Tabelle und dem nötigen Auftreten im Gewand der neuen Schnöselaristokratie zu beeindrucken sind.

Haben wir am spielerischen Umgang mit Lüge und Wahrheit in den Künsten nur Spaß gehabt, haben wir die satirische Schärfe der Schelme ausgeblendet, statt aufmerksam zu werden? Haben wir nicht etwas geahnt, hat unser künstlerisches Frühwarnsystem versagt? Haben wir den Lügenbaron als Wahrsager nicht ernst genug genommen? Immerhin. Oft haben wir des Kaisers neue Kleider erkannt und mahnend die Finger hochgehalten. Sogar geschnipst haben wir. Doch wurde uns beschieden, wie kindlich wir doch seien, die wir die ökonomischen Zusammenhänge nicht begriffen hätten und den wahren Wert der Arbeit der Banker nicht hoch genug schätzten und ihnen gar das harmlose Erdnüsschen-Schlingen als Amuse-Bouche – und insbesondere Dessert – nach wunderbar fetten Hauptspeisen missgönnten.

Jetzt triumphieren wir – wir haben es vorausgesagt, leise, aber bestimmt – und dieser Triumph versüßt uns die Tatsache, dass wir mit anderen Unsresgleichen die Rechnung begleichen. Die Finanzler haben ökonomisch versagt. Sie habe den Staat, den sie jahrzehntelang verteufelten, zur Rettung aus dem Schlamassel aufgeboten. Aber triumphieren nicht eigentlich sie? Als Künstler nämlich haben sie uns den Meister gezeigt. Gewährsmann Flaubert notiert:

»KÜNSTLER: Verdienen ungeheure Summen, werfen sie aber zum Fenster raus.«

Die Banker sind die besseren Künstler. Ihre Phantasiegeschichten übertreffen jeden Lausbubenstreich Münchhausens, ihre Visionen entfalten sie freier und unabhängiger von jeder Recherche als unser Freiherr. Wo die Kunst noch mit einem Bein im Faktischen verhaftet bleibt, bauen sie ihre Finanzwelten einzig auf Fiktionen auf. Virtuos wissen sie mit der puren Virtualität umzugehen.

Millionen beruflicher Existenzen wurden vernichtet, die Kleinsparer fangen bei null an, die Boni werden wieder ausbezahlt. Die Schweizer Depeschenagentur meldete Mitte August 2009: »Der Topverdiener unter den US-Managern, der Chef des Finanzinvestors Blackstone, Stephan Schwarzman, verdiente 2008 702,4 Millionen Dollar.« Hat je ein Banker gesagt: Ich habe gelogen? (Übrigens passt hier die Beschränkung aufs Maskulinum ausgezeichnet.)

»Ich sage wenigstens die eine Wahrheit: Ich lüge.«, sagt der römische Satiriker Lukian. Im Sinne der Satire gewinnen Aufschneidereien tatsächlich eine aufklärerische Dimension. Der Lügenbaron ist der Wahrsager. Das groteske Spiel mit der Wahrheit ist eine Seite der Medaille »Kunst und Wahrheit«, deren andere Seite dem Bemühen um die dem Kunstwerk innewohnende Wahrhaftigkeit gilt. Wenn Münchhausen mit seinem Pferd auf einem Teetisch seine Dressurkunststückchen vorführt, lachen wir nicht nur über den circensischen Akt, sondern auch über die gräfliche Tischgesellschaft. Auf den Sitzungstischen der Bankiers wünschten wir uns vom Wunderpferdchen allerdings noch eine zusätzliche unverzinsliche Hinterlassenschaft.

»Mir waren einmal Tageslicht und Pulver in einem polnischen Walde ausgegangen. Als ich nach Hause ging, fuhr mir ein ganz entsetzlicher Bär mit offenem Rachen, bereit, mich zu verschlingen, auf den Leib. Umsonst durchsuchte ich in der Hast alle meine Taschen nach Pulver und Blei. Nichts fand ich als zwei Flintensteine, die man auf einen Notfall wohl mitzunehmen pflegt. Davon warf ich einen aus aller Macht in den offenen Rachen des Ungeheuers, ganz seinen Schlund hinab. Wie ihm das nun nicht allzuwohl deuchten mochte, so machte mein Bär linksum, so dass ich den andern nach der Hinterpforte schleudern konnte. Wunderbar und herrlich ging alles vonstatten. Der Stein fuhr nicht nur hinein, sondern mit dem andern Steine dergestalt zusammen, dass es Feuer gab und den Bär mit einem gewaltigen Knalle auseinandersprengte.«

Wie die Kunst mit der Philosophie zusammenhängt

Es geht hier um Erkenntnistheorie. Doch alles schön der Reihe nach. Schon die selbstherrliche Formulierung zu Beginn, dass »mir das Tageslicht ausgegangen« sei, stimmt auf die Schnurre ein, deren gelassener Erzählton herrlich mit der Hektik des Geschehens kontrastiert und die Souveränität des Erzählers unterstreicht. Die anlässlich der vorangegangenen Geschichten geäußerten Beobachtungen haben immer noch Gültigkeit. Auch der Wortwitz, das geschärfte Bewusstsein im Umgang mit Sprache, ist in der Erwähnung des »bärbeißigen« Gelehrten zu bewundern:

> »Man sagt, dass so ein wohlapplizierter Stein a posteriori, besonders wenn er mit einem a priori recht zusammenfuhr, schon manchen bärbeißigen Gelehrten und Philosophen in die Luft sprengte.«

Der Naturwissenschaftler Gerd Folkers hat mich auf den Subtext dieser Stelle aufmerksam gemacht: Der Philosoph Kant war zum Zeitpunkt des Erscheinens von Bürgers »Münchhausen« etwas über sechzig Jahre alt und Rektor der Universität zu Königsberg. Seine erkenntnistheoretischen Arbeiten haben die Philosophie revolutioniert. Bürger hat Kant-Vorlesungen gehalten. Münchhausen belehrt uns, dass Kant das Verhältnis zwischen der »a priorischen« Erkenntnisfähigkeit im Subjekt und der »a posteriori«, durch Erfahrung vermittelten Einsicht nicht als zeitliche Ordnung im Sinne von vorher und nachher, sondern als gleichzeitige Grundbedingung des Denkens erkannte: Es ist derselbe Bär, der »von vorn« und »von hinten« beschossen wird.

Die Kant'sche Behauptung der Gleichzeitigkeit, und der dadurch verursachte Zusammenprall der beiden Feuersteine im Bärenbauch, hat manche überkommene Philosophie in die Luft gesprengt. Künstler Münchhausen tritt uns als Kenner der Philosophie entgegen und mahnt an, dass die Abenteuer des Denkens mindestens so aufregend sind wie der Kampf mit entsetzlich wilden Tieren.

> »KÜNSTLER: Man muss über alles lachen, was sie sagen. Alles Faxenmacher. Was die tun, kann man nicht arbeiten nennen.«

Die Rechtdenkenden in Flauberts Panoptikum haben es erfasst. Und doch: Münchhausen hat studiert, und sei es nur etwas Philosophie. Der Künstler, die Kunst haben dieser die Lust am Fragen zu danken, und auch anderen Wissenschaften ihre forschende Neugier.

Die künstlerische Versuchsanordnung allerdings zielt weniger auf Systematik als auf Prägnanz. Verifikation und Falsifikation orientieren sich nicht notwendigerweise an den Naturgesetzen, sondern an individuellen Setzungen. Die Schlüssigkeit bezieht sich im Wesentlichen auf die Eigengesetzlichkeit des Werke und nicht so sehr auf die Regeln der Logik, ob der Maler den ultimativen Tupfer setzt oder der Musiker sich für diesen oder jenen Spitzenton entscheidet und selbst wenn Detektiv Marlowe den Kriminalfall aufklärt oder der Deus ex Machina in die Oper eingreift.

»Bridge over Troubled Water.« Während das philosophische Projekt dem Grundsatz des Brückenbaus selber gilt und mehr der Präzisierung der Frage als den Antworten, interessiert das künstlerische Schaffen sich besonders für die Einzigartigkeit der Konstruktion, aber auch für mögliche Antworten im Hinblick auf deren einmalige Beispielhaftigkeit.

Schön wäre es, wenn die volksetymologische Erklärung zutreffen würde und im Beispiel »Spiel« verborgen wäre. Der spielerische Modellcharakter des künstlerischen Brückenbaus würde deutlich werden. »Spiel« im Wort Beispiel aber meint ursprünglich das nachdrückliche Sprechen, Erzählung, Rede, Zauberwort. Wir nähern uns dem spielerischen Modellcharakter: Das nebenbei Erzählte ist Gleichnis, Fabel und kann als Vorbild oder Muster verstanden werden. Der Fingerzeig im Kunstwerk ist Hinweis, nicht Verordnung. Das Vorbild bleibt Bild und wird nicht zur Gebrauchsanweisung.

Die Brücke ins Morgen

Ich schaue noch etwas genauer in den Songtext von Simon and Garfunkel. Die Bilder sind stark, leuchten ein:

»Segle weiter, Silber-Mädchen,
segle vorbei,
jetzt ist deine Zeit zu glänzen gekommen,
all deine Träume sind auf dem Weg.
Sieh mal, wie sie leuchten,
wenn du einen Freund brauchst.
Ich segle gleich hinter dir.
Wie eine Brücke über trübem Wasser
werd ich deinen Geist leichter machen,
wie eine Brücke über trübem Wasser,
werd ich dein Denken freier machen.«

AUS DEM INTERNET:
»›Sail on silver girl‹ is a reference to Paul Simon's then-wife who found her first gray hair. Paul wrote the third verse (the sail on silver girl verse) only after Art suggested that the song needed a third verse so it was around that time that Paul's wife found the ›silver‹ hair. So no, it is not about drugs.«

Der Brückenschlag in die Zukunft wird doppelt entworfen. Die letzte Strophe thematisiert konkret den Weg in die Zukunft in der Anrede eines Ichs an ein Du. Die Metapher des Segelns ergibt sich aus den Bildern von Wasser und Brücke ganz selbstverständlich. Und wir alle erkennen, dass mit diesem Du, wenn wir das Lied im Konzert oder am Radio hören, wir gemeint sind.

AUS DEM INTERNET:
»One of the most beautiful songs about the real meaning of friendship.«
»To all the people dealing with sadness.«

»Bridge over Troubled Water« spricht und singt nicht nur von der Brücke, über die wir Mühseligen und Beladenen gehen können, sondern das Lied selbst wird zur Brücke, die es uns möglich macht, aus dem Sumpf der Trübsal uns zu erheben, einen Weg zu ahnen, der an Land führt. Die Schmiegsamkeit der Melodie, die Schlichtheit der Akkorde, der transparente Sound und das warme Timbre der Stimme sprechen uns in des Wortes ursprünglicher Bedeutung an, geben dem tröstenden Wort den Klangkörper, der Mitgefühl ausdrückt und Vertrauen einflößt.

AUS DEM INTERNET:
»One of the most fantastic songs ever written … until you've had a bottle of vodka … then you cry like a child at the ending of E. T.«

Der Künstler redet auch in der Krise und notwendigerweise von der Zukunft. Sein exemplarisches Fragen, seine Suche nach dem Exemplarischen drängt über das bloß Gegenwärtige hinaus. Der visionäre Münchhausen hat durchaus ernstere Verwandte und auch in seinen Phantastereien wären Elemente zu entdecken, welche an den ingeniösen Vorausblick in Jules Vernes Fiktionen denken lässt.

»Bridges« – »Brücken zwischen Alt und Neu«: So lautet der Titel eines Konzertes, welches der Schweizer Pianist und Komponist Werner Bärtschi im Spätherbst dieses Jahres (2009) in der Zürcher Tonhalle programmiert hat. (Er hat übrigens zu Münchhausens Geschichte »Fünf Arten, sich am eigenen Schopfe aus dem Sumpf zu ziehen«, der wir noch begegnen werden, ein Klavierquintett verfasst.) In der Musik und den darstellenden Künsten ist es grundsätzlich die Aufgabe der Interpreten, Brücken zwischen den Kunstwerken und dem Publikum, zwischen dem Gestern, dem Heute und dem Morgen zu schaffen. Insbesondere aber bleiben uns im Kunstwerk die Vergangenheit und damit ein Teil unserer Identität lebendig und in der Gegenüberstellung mit der aktuellen Kreation immer neu erfahrbar.

»Als sich's nun fügte, dass wir an einen engen, hohlen Weg zwischen hohen Dornhecken kamen, so erinnerte ich den Postillon, mit seinem Horne ein Zeichen zu geben, damit wir uns in diesem engen Passe nicht etwa gegen ein anderes entgegenkommendes Fuhrwerk festfahren mochten. Mein Kerl setzte an und blies aus Leibeskräften in das Horn, aber all seine Bemühungen waren umsonst. Nicht ein einziger Ton kam heraus. welches uns ganz unerklärlich, ja, in der tat für ein rechtes Unglück zu achten war, indem bald eine andere Kutsche auf uns stieß, vor welcher nun schlechterdings nicht vorbei zukommen war ... In der Herberge erholten wir uns wieder von unserm Abenteuer. Der Postillon hängte sein Horn an einen Nagel beim Küchenfeuer, und ich setzte mich ihm gegenüber.

Nun hört, Ihr Herrn, was geschah! Auf einmal ging's: Tereng! Tereng! teng! teng! Wir machten große Augen und fanden nun auf einmal die Ursache aus, warum der Postillion sein Horn nicht hatte blasen können. Die Töne waren in dem Horne festgefroren und kamen nun, so wie sie nach und nach auftauten, hell und klar zu nicht geringer Ehre des Fuhrmanns heraus. Denn die ehrliche Haut unterhielt uns nun eine ziemliche Zeitlang mit der herrlichsten Modulation, ohne den Mund an das Horn zu bringen. Da hörten wir den preußischen Marsch – Ohne Lieb' und ohne Wein – Als ich auf meiner Bleiche – Gestern Abend war Vetter Michel da – nebst noch vielen anderen Stückchen, auch sogar das Abendlied: Nun ruhen alle Wälder. – Mit diesem letzten endigte sich denn dieser Tauspaß, wo wie ich hiermit meine russische Reisegeschichte.«

AUS DEM INTERNET:
»I just watched a documentary about The Doors in Dade county Florida and their crazy hijinks in 1969. I just think it is amazing that the same era that produced Jim Morrison produced these guys as well. What a time!«

Wie Münchhausen das Grammophon erfunden hat und warum Kunst nicht Dekoration ist

Wurden nicht eben die prophetischen Aspekte der Phantasien des Lügenbarons erwähnt. Münchhausen sitzt vor dem Posthorntrichtergrammophon. Der Kälte entflohen wärmen ihn die heimatlichen Klänge, die das musikalische Füllhorn wohlverwahrt hatte. »Nun ruhen alle Wälder«. Das Abendlied mahnt den Vortragenden zum Ende zu kommen. Und vom Ende her sei zusammengefasst, was ihn bewegt hat, Baron Münchhausen als Inbegriff des Künstlers in der Auseinandersetzung mit dem Thema Kunst und Krise dem geneigten Publikum zu präsentieren.

Kunst stellt sich der Auslieferung an die Bedrängnis der Gegenwart entgegen. Aus dem innovativen Vorblick auf das Kommende, ins Offene, und der Rückschau auf den Reichtum, den die Vergangenheit für uns bereit hält, ist Kraft zu schöpfen. Die Modelle, welche das künstlerische Schaffen entwerfen, machen es uns möglich, spielerisch zu erproben, wer wir sind und welche unsere Möglichkeiten sein könnten – auch und gerade in zugespitzten, kritischen Situationen.

Statt den Katalog der Angebote, die uns aus der Kunst, dem Kunstschaffen zukommen, als Zusammenfassung des Gesagten zu entfalten, um zu belegen, dass hier Energien mobilisiert werden können, welche Krisenresistenz fördern, statt an Beweglichkeit und Reaktionsfähigkeit, Phantasie und Kühnheit und insbesondere die Geistesgegenwart Münchhausens zu erinnern, den scharfen forschenden Blick des Künstlers zu rühmen, seine Aufmerksamkeit der Sprache gegenüber hervorzustreichen und auf die Notwendigkeit des Handwerks und der ästhetischen Intuition hinzuweisen, zitiere ich aus einem Artikel, welchen der Schweizer Autor Klaus Merz als Stellungnahme zur angekündigten Schließung des Zürcher Ammann-Verlags für die schweizerische SonntagsZeitung am 16. August 2009 geschrieben hat. Er verweist auf eine Passage in seiner

Novelle »Der Argentinier«, über der ein herbstlicher Abglanz abenteuerlicher Reisegeschichten flimmert. Die Hauptfigur sagt:

»Wale singen, Bienen tanzen, Vögel und Affen tauschen untereinander Signale aus. Der entscheidende Unterschied zu uns und unseren Ausdrucksarten liegt in unserer Fähigkeit, Reales und Irreales ausdrücken zu können. Das Futurum, der Konjunktiv, auch die Lüge und der Ausdruck von Hoffnung, von Sehnsucht, das Planen und Vermuten, die Erinnerung und die Erfindung stehen zu unserer Verfügung, Utopien halt: Sie stehen in Büchern, hatte Großvater in der schriftlichen Begründung seines Bibliotheksgesuches an die regionale Gemeindebehörde ausgeführt. Lesend machen wir uns auf den Weg, bestehen wir Abenteuer, denken uns immer tiefer in andere Lebensmuster hinein und nähern uns zugleich dem eigenen mehr und mehr an.«

Zur aktuellen Lage ergänzt er:

»Wir benötigen neue, gültige Werke aus Literatur und Kunst ja nicht in erster Linie als Dekoration, sondern um unsere abgenutzte, alltägliche Wahrnehmung immer wieder frisch, die Farben leuchtend, das Denken wieder griffig zu machen. Und um unsern Träumen die Stange zu halten, wenn nur noch die so genannte Realität sowie rascher Gewinn als Maß aller Dinge eingefordert werden und sich unter diesem Schlachtruf bloß Diskursverweigerung und geistige Ödnis breitzumachen drohen.«

Wie Münchhausen uns lehrt, aus dem Dreck herauszukommen

Damit ist zu »Bridge over Troubled Water«, zu Münchhausen, zu Kunst und Krise alles besser gesagt, als ich es vermöchte.

Des Freiherrn berühmteste Geschichte – von Bürger neu geschaffen – muss nachgetragen werden:

»Ein andres Mal wollte ich über einen Morast setzen, der mir anfänglich nicht so breit vorkam, als ich ihn fand, da ich mitten im Sprunge war. Schwebend in der Luft wendete ich daher wieder um, wo ich hergekommen war, um einen größeren Anlauf zu nehmen. Gleichwohl sprang ich auch zum zweiten Male noch zu kurz und fiel nicht weit vom anderen Ufer bis an den Hals in den Morast. Hier hätte ich unfehlbar umkommen müssen, wenn nicht die Stärke meines eigenen Armes mich an meinem Haarzopfe, samt dem Pferde, welches ich zwischen meine Knie schloss, wieder heraufgezogen hätte.«

Der Herausgeber der Manesse-Ausgabe der Münchhausenfassung Gottfried August Bürgers, Max Lüthi, notiert dazu: »Der Gebrauch, den Münchhausen von seinem Zopf zu machen versteht, ist die sublimste Utopie des ganzen Buches.« Der alte Zopf, die aufgesetzte Perücke: Es braucht Mut, hier Halt zu suchen. Der rettende Griff aber behauptet allen Wahrscheinlichkeiten zum Trotz das Wesentlichste im Umgang mit Kunst: Autonomie. Der Glaube an das Unmögliche ist die Voraussetzung für die Münchhausen'sche Paraphrase selbstbewusster Rhetorik: Ich handle, also überlebe ich. Ich kann hier und heute dem Sog des Sumpfes und der Schwerkraft kraft meiner Phantasie trotzen. Ich bin in der Lage, mein Lebensmuster zu finden. Das ist Aufklärung pur.

Und wenn es gelingt, kann ich den Liedern von den Brücken zuhören, und ich kann sie singen, und es wird einfacher sein das nächste Mal im Sumpf, wenn ich um die Brücken weiß und einen Ausweg suche. Fügen wir den Prahlereien Münchhausens eine Zeile eines Liedes an, das zwei Jahre vor »Bridge over Troubled Water« Furore machte: »With a Little Help of My Friends«.

»I remember this song on 1970, dancing with my first love. I'll never forget her. I am thinking about building a bridge and rest for a while from life, and dream a dream of peace in the world.«

Das letzte Wort gehört Flaubert:

»KÜNSTLER: Sind oft zum Essen eingeladen.«

Das Mittagessen steht uns bevor. Beuys hat gelehrt: Jeder ist ein Künstler.

Über das Lesen
zwischen den Zeilen

In der Gratiszeitung 20 Minuten vom 20. Februar 2008 stieß ich auf einen Artikel mit dem Titel »Seminar für Schnellleser kommt nach St. Gallen«. Ein Photo zeigt den lächelnden Kursanbieter Michael Zarth. »Früher war ich Legastheniker; mit Speedreading habe ich meine Leseschwäche überwunden«, wird er zitiert. Den Besuchern seiner zweitägigen Seminare verspricht er die Verdoppelung ihrer Lesegeschwindigkeit. »Einige können sie sogar vervierfachen«, so Zarth. »Ein 300-seitiger Roman liest sich so in eineinhalb bis drei Stunden«, sagt Zarth. Die Speedreading-Methode gehöre in den meisten osteuropäischen Ländern zum normalen Schulstoff. Zarth bedauert: »Im deutschsprachigen Raum hat sich das Schnelllesen leider nicht durchgesetzt.« Soweit die zitierte Nachricht. Andreas Peter von der Hochschule für Angewandte Wissenschaften in St. Gallen erachtet die Ankündigung des Seminars gemäß 20 Minuten für eine gute. Ich muss sie leider durch eine schlechte ergänzen. Die Schnellhörseminare sind noch nicht erfunden: Mein Referat dauert drei viertel Stunden.

Ein Roman ist in drei Stunden zu bewältigen. Die bisherigen Lebenswerke von Peter Bichsel und Jürg Jegge zusammen verlangen uns angeleitet von Michael Zarth zeitlich vermutlich nicht mehr als eine Fünftagewoche ab. Umgekehrt verbringe ich unterrichtend mit Studierenden regelmäßig jeweils beinahe eine Stunde mit einem kurzen Schubert-Lied. Übungszeit und Proben der Studierenden – mit je einer Stunde knapp bemessen – dazugerechnet, ist eine erste Kenntnisnahme des gesamten Liedwerkes von Schubert nach meinem System nicht unter drei Monaten ausschließlicher Zuwendung zu haben.

Vermutlich werde ich im Alter langsamer – in allem, was ich tue. Mit Sicherheit neige ich mehr und mehr dazu, zu vereinfachen. Nachdem das Berufsleben die großen radikalen, klaren Entwürfe der Jugendzeit aufgefächert oder verunklärt, differenziert oder korrumpiert, vielleicht verraten, vielleicht da und dort realisiert hat, meine ich zu unkomplizierten Erklärungen vorzustoßen. Man kann natürlich auch sagen, ich würde versimpeln oder faul werden. Oder, wie mir eine mir nahestehende, nämlich meine erste Frau einmal darlegte: Männer werden im Alter oft auffallend kindisch. Die im Alter zunehmende Fokussierung auf Obsessionen könnte bei mir wahrhaftig signifikant sein. Aber gleichzeitig finde ich manchmal auch auf durchaus hilfreiche Weise einfache Sätze.

Zum Beispiel stelle ich für mich immer mehr fest, dass Üben zur Hauptsache bedeutet, im Kopf Ordnung zu schaffen. Zum Unterrichten hat der Musikerkollege Pierre Favre – auch nicht mehr ganz jung – mir einmal gesagt, jede Musikerin und jeder Musiker sollte unterrichten, das bringe uns dazu, in den Ecken unserer Zimmer sauber zu machen. Und ich wiederum meine, bezüglich des Unterrichtens zu erfahren, dass eine zentrale Aufgabe der Musiklehrerin und des Musiklehrers darin besteht, mit Schülerinnen und Schülern und Studierenden immer besser lesen zu lernen. Dank dem Erfahrungsvorsprung als Leserin und Leser können wir Lehrkräfte dabei Lesehilfen einbringen. Aber obwohl ich zum Vereinfachen neige und damit Herrn Zarth zweifellos nicht ganz fremd bin – denn ohne gewisse Vereinfachungen ist der gesamte Hölderlin in zwei Tagen wohl doch nicht zu schaffen –, und obwohl ich wahrhaftig eine Leseschwäche, nämlich eine Schwäche für das Lesen, auch für das Musiklesen habe, werde ich das Speedreading nicht lernen wollen.

Meine Schwäche nämlich gilt dem zeitlosen Lesen. Es ist ein stetes Wieder-Lesen, Erneut-Lesen, Neu-Wieder-Lesen. Den ganzen Schubert werde ich auch mit achtzig nicht gelesen haben, aber viele seiner Lieder werde ich immer wieder und erneut und immer wieder neu lesen, mit Sängerinnen, mit Studenten, mit dem Publikum. Dieses Lesen begeht angesichts des Zeitgeistes eine Todsünde: Es entzieht sich der Messbarkeit. »Der grüne Heinrich« entspricht 6 Stunden, 23 Minuten und 15 Sekunden. Damit sind wir à jour. Damit haben Sie Gottfried Keller im Griff. Sie bauen sein Werk in Ihr Zeitmanagement ein.

Mein Leseverhalten aber entzieht sich der Messung, der Evaluation, dem Rating, ist ineffizient, kennt keinen Businessplan und lässt sich im Management Summary nicht zusammenfassen. Zeit ist Geld – und ich weiß nicht einmal, was mich mein in des Wortes vielfacher Bedeutung unzeitgemäßes Lesen kostet, meine Ferien auf der Zeitinsel, wo ich mich dem Diktat der Zeitmanager entziehe, wo ich einen autonomen Umgang mit der Zeit pflege, mich im Zeitfluss frei bewege, innehaltend, rückwärtsblätternd. Ich rede jetzt auch vom Musiklesen. Musik ist Zeitgestaltung, Musikunterricht vermittelt unter anderem differenziertes Zeiterleben.

Ich weiß übrigens auch nicht, ob sich die Redaktion von 20 Minuten bewusst ist, was das Seminar von Herrn Zarth für Konsequenzen haben könnte. Wenn das Speedreading sich durchsetzt, muss ein neuer Titel her: 8 Minuten 20 möglicherweise – damit die 20 doch noch Verwendung findet. So viel Zeit wird die geschulte Leserschaft künftig im Schnitt der Lektüre des Gratisblattes opfern, das schon mit seinem Titel die Köstlichkeit der Quantifizierung, die Magie der Zahl feiert. Zeit ist Geld. Was meinen die Inserenten zu 8 Minuten 20? Und die kleinen

Nachrichten unter dem Titel »20 Sekunden« dürften ohne Differenzierung in Zehntelssekunden nicht mehr durchgehen.

Es ist vielleicht im Falle des Gratisblattes auch gar kein allzu großes Unglück, wenn die Messbarkeit oberstes Gebot ist und die Kennzahl zum Kern der Sache wird und die Kernkompetenz der Leserinnen und Leser mit der Stoppuhr eruiert wird. Dabei kommt keine schlechte Zeitung heraus. Denn es geht gar nicht um eine Zeitung. Es geht darum, die Zeit zu verbringen, die Zeit zum Verschwinden zu bringen. Meine Töchter haben es mir erklärt. Die Leute meinen nach knapp viertelstündiger Vereinnahmung von solchen News, eine Zeitung gelesen zu haben. Wenn aber Zeitungslesen wesentlich den Versuch beinhalten sollte, etwas davon mitzubekommen, was die Welt zusammenhalte oder bewege oder in Frage stelle, so trage die Kenntnisnahme von Amy Winehouses oder Britney Spears' oder Mister Schweiz' neuesten Eskapaden nichts bei. Wir erhalten keine Nachricht, keine Zeitung, über den Gang der Jetztzeit – es sei denn über den Jahrmarkt der Eitelkeiten. Stimmt. Und es ist wie beim Besuch von Andrew Lloyd Webbers »Das Phantom der Oper«. Der Opernbesuch ist für die kommenden drei Saisons auf angenehme Weise erledigt. Einmal 20 Minuten, eine Woche zeitungsfrei. Davon geht die Welt nicht unter. Surrogate sind harmlos. Allerdings nur bis zu dem Punkt, an dem sie, was sie mehr oder minder notwendigerweise zu ersetzen vorgeben oder vorgeben müssen, verdrängen, vergessen machen, vernichten. Da lauern Verarmung, Verödung, Verblödung.

Zeit ist nicht Geld, aber Leben. Wir gewinnen Zeit, wenn wir Zeit durchleben. Gute Zeit ist Lebenszeit. Eine der schönsten Erscheinungsformen der Zeit ist Musik. Die Beschäftigung mit Musik ist geschenkte Lebenszeit. Verloren ist die Zeit, die wir totschlagen, die Zeit, in der uns der Weg weder zu uns noch zu anderen führt, weder ins Neuland oder zu den Ursprüngen, nicht zum Spaß hin oder zum herausfordernden Spiel, sondern in die Belanglosigkeit, die uns aushöhlt oder zudröhnt. Tote Zeit.

Deshalb muss man genau hinschauen – zum Beispiel beim Lesen: Lese ich Zeitung oder nehme ich teil am flächendeckenden Small Talk? Womit wir wieder beim Genau-Lesen wären. Zum Beispiel zwischen den Zeilen. Wenn wir zwischen den Zeilen lesen, schauen, hören, wo die Worte nachhallen, erkennen wir leicht, in was für einen Raum wir uns begeben haben: in die miefige Rumpelkammer von Klatsch und Tratsch, ins schalltote Gemäuer der Fachidiotie, in den künstlichen Hallraum der Sensationen oder in eine Umgebung, welche die Wahrnehmung öffnet, Resonanz zulässt, Deutlichkeit und Klangfarben vermittelt.

Musikunterricht schult das Ohr gerade auch für das Atmosphärische. Wir Musikerinnen und Musiker sind spezialisiert auf das Lesen zwischen den Zeilen. Wir lesen nur zwischen den Zeilen. Die Notenlinien selber stehen zwischen den Zeilen und zwischen den Notenlinien sind die Zwischenräume zwischen den Räumen zwischen den Zeilen. Das bedarf eines Erklärungsversuches: Unsere Sprache macht Aussagen und zwischen den Zeilen (das kann auch in der mündlichen Kommunikation die Modulation der Stimme sein, oder das Augenzwinkern) nehmen wir uns Zeit, dem Licht Beachtung zu schenken, in dem diese Aussagen gewertet sein wollen. Die Textgestalt, die Formulierung regt uns zu dieser Zwischenraumlektüre an. Musik kann keine Aussagen machen: Sie kann nicht über etwas sprechen. Sie spricht sich selber und überlässt uns den Bezug. Aber sie ist die große Spezialistin der Beleuchtung, des Tonfalls und des Augenaufschlags. Wir können in der Musik ganz genau wissen, wie etwas gemeint ist, ohne zu erfahren, was gemeint ist. Die phonetische Geste der Wortsprache hat am meisten Verwandtschaft mit der Musik.

Eduard Hanslick, Musikphilosoph zu Brahms' und Wagners Zeiten, stellt fest, dass Musik die Adjektive zu »Liebe« darstellen kann, aber nicht das Substantiv. Der Londoner Musikforscher Nicholas Cook, dessen Aufsatz »Musikalische Bedeutung und Theorie« ich das Hanslick-Zitat entnehme, spitzt die Sache noch zu: Musik vermittelt nicht Emotionen ohne Nuancen, sondern Nuancen ohne Emotion. Der Kalauer liegt nahe, der Musik im Buch des Lebens nur die Fußnoten zuzubilligen. Doch bleiben wir zwischen den Zeilen. Denn diese Beschreibung trifft zu. Und zwischen den Zeilen treffen wir uns auch endlich, Sie, die von mir ein Referat über Musikpädagogik erwarten, und ich, der ich mich – in der pädagogischen Theorie wenig bewandert – auf ein tastendes Nachdenken beschränken muss.

Ich will und kann nur davon reden, warum ich gerne unterrichte und warum ich diese Beschäftigung für wichtig halte. Und wenn ich von dieser Beschäftigung sprechen darf, mache ich mir und vielleicht auch Ihnen Mut, weiter zwischen Stuhl und Bank, Schlagzeilen und Statistiken, Musik zu lesen: spielend, hörend, denkend, schreibend. Denn ein wenig Ermutigung braucht es, die Anerkennung des Werts unserer Arbeit hält sich in Grenzen. Das ist verständlich. Was kann die Beschäftigung mit Nuancen für eine Bedeutung haben? Man ist sich nicht mehr gewohnt, mit Nuancen umzugehen. Stellen Sie sich vor, in der politischen Gesprächskultur würden Nuancen wieder bedeutsam. Obwohl: Die Abwahl von Bundesrat Christoph Blocher hat möglicherweise mehr mit Nuancen zu tun, als auf den ersten Blick anzunehmen. Besteht Hoffnung?

C'est le ton qui fait la musique. Und es ist gerade Musik, an der wir lernen können, auf Tonfälle zu achten. Wenn wir unterrichten, suchen wir in den Noten nach Hinweisen, was zu betonen wäre, welche Geste die Notenfolge zusammenfasst, wo Beiläufigkeit angesagt sein könnte. Wir hören dem Text zu und dem »Subtext«, wie die Theaterleute sagen, dem, was mitschwingt. Wir lesen aber auch im Zusammenspiel mit den Ohren das Spiel der Partnerin, des Partners, unterrichtend das Spiel der Schülerin, des Schülers. Wir schulen unsere Aufmerksamkeit und versuchen, Aufmerksamkeit zu erhalten, nicht durch

Lautstärke, aber durch Differenzierung. Wir suchen im Umgang mit Musik nach Wegen, sorgfältig zu sein, präzis, verhältnismäßig, vielschichtig. Ich ringe nach Worten. Wir ringen im Unterricht nach Worten. Dieses Ringen ist unangenehm. Es gibt ein Hier und Jetzt im Musikmachen, welches jedes Dementi verunmöglicht. Meine Floskel »Entschuldigung«, wenn ich einmal mehr einen falschen Ton erwischte, wurde mir ausgetrieben. Es gibt dieses Hier und Jetzt auch im Musikunterricht. Wir sind herausgefordert. Wir müssen uns ausdrücken. Wir können nicht anders als authentisch sein. Der Unterricht spielt sich in Echtzeit ab, und wir – Dozentin und Studentin, Lehrer und Schüler – haben keine Wahl: Wir müssen aus uns selbst heraus leben und Entscheidungen treffen. Wir können nicht bloß Erwartungen von außen erfüllen. So ungefähr definiert Erich Fromm »authentisch leben« (wenn meine Wikipedia-Recherche sich als zuverlässig, also auch »authentisch« erweist).

Die Binsenwahrheit trifft zu: Das E-Learning ergänzt uns, es ersetzt uns nicht. Angesichts der Suche nach Nuancen gibt es kein Surrogat für den Musikunterricht. Der Tonfall ist von der Akustik des einzigartigen Zeitraumes abhängig. Es gibt den 20-Minuten-Unterricht nicht. Und wenn er angeboten wird, bitte ich an meine Tochter erinnern zu dürfen: Das ist nicht Musikunterricht, wozu wir da allenfalls angehalten werden.

»Es wird in Privatstunden weniger durch Worte als durch Körpersprache weitergegeben und nicht so sehr durch Vorschriften als durch Beispiele.« So schreibt der Musikwissenschaftler und Musikkritiker Joseph Kerman. Und weiter: »Noch schwieriger ist das Zeichen-Gesten-und-Grunz-System auf Worte und Schrift reduzierbar, mit dessen Hilfe professionelle Musiker bei Proben über Interpretation kommunizieren. Dabei geht es aber nicht um einen Mangel an Gedanken über Aufführungen auf Seiten der zur zentralen Tradition gehörigen Musiker. Gedanken gibt es jede Menge, aber es sind keine Gedanken von der Art, die sich leicht durch Worte ausdrücken lassen.« Ich zitiere Kerman aus dem Aufsatz »Musikalisches Verstehen« von Stephen Davies. Stephen Davies ist Professor für Philosophie an der University of Auckland, Neuseeland.

Zweierlei Stichworte seien aufgeschnappt: Beispiele und Vorschriften. Die Vorschrift deklariert ein hierarchisches Gefälle. Beispiele werden auf Augenhöhe geliefert. Musikunterricht findet auf Augenhöhe statt. Das negiert nicht die bewundernde Anerkennung der Erfahrung der Lehrperson durch die Studierenden und nicht das glückliche Staunen dieser Lehrpersonen angesichts der Begabung der zu Unterrichtenden. In Auseinandersetzung mit dem Stoff, dem wir uns zuwenden, sind wir alle auf derselben Ebene, immer wieder neu fragend, entziffernd, im besten Fall erkennend und erfahrend. Banal ausgedrückt: Wenn wir Lehrerinnen und Lehrer uns mit den Schülerinnen und Schülern über Händel unterhalten, können wir es nur auf derselben Stufe tun, und zwar nicht auf derselben Stufe mit Händel.

Die Wortführer heute, welche mehr und mehr durch Wettbewerb und Konkurrenz die Hierarchisierungen wieder zementieren (auf Grund der übelsten Messvorgänge, die vorstellbar sind – ich erwähne aus Aktualitätsgründen nur die Bonus-Zahlungen als ein besonders schlechtes Beispiel), lieben diese Augenhöhe nicht. Den Blick in die Augen lieben sie ohnehin nicht. Man bleibt lieber unkenntlich und ohne Kenntnis des Gegenübers, wenn man um der Börsenkurse willen Mitarbeiterinnen entlässt oder besser gesagt – das Wort Mitarbeiter ist in verschiedener Hinsicht den Bossen fragwürdig –, die Human Resources auslichtet.

Die Bankbosse übrigens haben auch den Begriff »Spekulation« in dauernden Misskredit gebracht. Die Milliardenabschreiber bezeugen, wohin Spekulation um des kurzfristigen Gesundstoßens willen führt. Es sei den Bankern fortan empfohlen, das Spekulative vorerst im Bereich der Geisteswissenschaften oder der Musik ohne Kostenfolge zu üben. Denn die Spekulation ist nicht als solche verwerflich, sondern ein Mittel des schlecht ausgestatteten Wesens Mensch, der Zukunft standzuhalten.

Indem wir also in Musikausübung und Musikunterricht uns mit spekulativen Modellen auseinandersetzen, schon nur zum Beispiel versuchen, zwischen den Zeilen zu lesen, was Komponistin oder Komponist an Nuancen phantasiert haben, bis hin zum angestrebten gedanklichen Nachvollzug von Bachs »Kunst der Fuge«, trainieren wir unsere Vorstellungskraft auch im Hinblick auf alltägliche Szenarien. Allerdings müssen gedanklich ergiebige Spekulationen den empirischen Sachverhalten Rechnung tragen. Diese Regel würde auch für Immobilienhaie, Investoren und Banker gelten.

Ich kehre zur Augenhöhe zurück: Es ist nicht nur wichtig, was wir auf Augenhöhe erfahren, sondern dass wir Augenhöhe in bestimmten Konstellationen erfahren. Im Musikunterricht begegnen sich auf Augenhöhe die Frau Professorin und der Student, die Schülerin und der Lehrer, der Erwachsene und das Kind. Was sich schon lang andeutet, wird greifbar. Das Musikzimmer wird ein eigentlicher Gegenort, nicht ein utopischer Nichtort, sondern mehr: ein Ort, in dem konkret gepflegt, was ringsum vernachlässigt wird, wo die digitale Zeitguillotine den Zeitfluss nicht zerstückelt, wo Aufmerksamkeit trainiert wird für die Nuance zum Beispiel, das kleine Feine, wo Spekulieren über einzigartige Entwürfe möglich ist, wo Unterordnung nur der Sache gegenüber eingefordert wird, wo Vernachlässigtes gepflegt wird.

Damit ist auch zum zweiten Stichwort von Joseph Kerman die Brücke geschlagen: Körpersprache beziehungsweise Körper. Denn auch der Körper wird in unseren Breitengraden heutzutage vernachlässigt. Die Behauptung mag überraschen. Der Körperkult ist so offensichtlich wie nie zuvor, und trotzdem haben wir wenig Gelegenheit, unseren Körper differenziert zu erfahren. Es ist, als würde über uns auf zwei Ebenen verhandelt. Wie der Körper der Spezies Mensch aussehen, sich kleiden, sich gesund halten, fit machen und nützlich machen soll, wird uns bis zum Überdruss nahegebracht. Aber die Gelegenheiten, unseren Körper im Alltag zu erfahren, nehmen ab. Außer, beispielsweise, beim Musizieren.

Der Körper ist, wenn von Musik sprachlich gehandelt wird, der beliebteste Bezugspunkt. Wenn wir uns über Musik auszusprechen versuchen, beziehen wir uns meist auf Körper und Raum: auf die Bewegung, die Richtung, das Gewicht. Auch Farbe und Form gehören der Welt der Körper zu. Und wenn wir Musik machen, Musik unterrichten, ja: auch Musik hören, gibt es nicht nur ein »Hier und Jetzt«, das Authentizität einfordert, sondern auch ein »Da und So«, um es formelhaft auszudrücken: unsere Präsenz und die körperlichen Voraussetzungen. Diese Formen gleichsam handgreiflicher Glaubwürdigkeit sind wiederum durchaus im Zeichen der Nuance zu lesen: Es geht nicht um Geschwindigkeitsrekorde, Schnelligkeit, Stärke und Größe als absolute Werte. Es geht um die Ökonomie der Bewegung und den stimmigen Ablauf, das Feinmotorische und die Federung, den expressiven und den syntaktischen Atem, das genießende Tasten, das schwungvolle Pendeln.

Wo noch können Lernende außerhalb des Musikzimmers solche Erfahrungen machen? Der menschliche Körper ist im Computerspiel auf eine Quantité négligeable reduziert, im Handy-Porno auf seine mechanische Verfügbarkeit, auf dem Sportplatz auf seine Leistungsgrenzen. Andere, sinnlichere Potenziale des Körperlichen als Teil meiner Ausdrucksfähigkeit wahrzunehmen – dazu gibt mir Musik die Gelegenheit. Nicht nur mein Körper wird im Unterricht beweglich gehalten. Geistige Beweglichkeit ist eine Grundvoraussetzung beim Unterrichten für alle Beteiligten. Ich muss bereit sein, ob als Schüler oder Lehrer, immer wieder meinen Standpunkt auch im Kopf zu wechseln, einen mir fremden Vorschlag probeweise umzusetzen, eine meiner Erfahrung widerstrebende Auffassung ernsthaft zu prüfen. Musikunterrichten hält beweglich, hält jung.

Natürlich bin ich als Lehrer froh, wenn ich die Stücke, die ich unterrichte, im Konzert gespielt habe. Ich kann sehr präzise und konkret Hilfen anbieten. Manchmal ertappe ich mich aber dabei, dass ich bei konkretem Bezug auf meine Praxis meine Erfahrungen der Schülerin, dem Schüler, den Studierenden als Patentlösung anbiete, ohne genau zu erfassen, welche Besonderheiten in deren Persönlichkeit angelegt sind und welche anderen Zugänge empfehlenswert wären.

Stephen Davies schreibt im oben erwähnten Artikel »Musikalisches Verstehen«: »Was eine Fähigkeit unzugänglich macht, ist nicht die Methode, durch die sie erworben wurde, sondern die Unfähigkeit, die relevanten Schritte, Regeln oder Verfahren zu vergegenwärtigen oder zu beschreiben, wenn die Fertigkeit einmal verankert ist.« Genau diese Gefahr, sich unzugänglich zu formulieren, muss nicht, aber kann gerade den umfassend begabten und erfahrenen Dozierenden drohen. Oder anders herum: André Jaunet, ein berühmter Flötenlehrer, sagte mir während des Studiums gerade um meiner pianistischen Ungeschicklichkeiten willen eine schöne pädagogische Zukunft voraus.

Beweglichkeit und Einfühlung sind unter diesem Blickwinkel der Berücksichtigung der Persönlichkeit des zu Unterrichtenden verwandt, und Musikunterrichten ist wie das Musikmachen selber nicht denkbar ohne eine stete und intensive Einübung dessen, was wir als Einfühlung bezeichnen. Diese bezieht sich keineswegs nur auf die beteiligten Menschen, sondern auch auf die Sache, die Musik selbst. Auch das Lesen zwischen den Zeilen bedarf der einfühlenden Vorstellungskraft.

Der Gegenort, das Musikzimmer, die Zeitinsel, wird mehr und mehr eingerichtet: Zum partnerschaftlichen Umgang gehört die Einfühlung, die geistige Beweglichkeit verbindet sich der phantasievollen Spekulation, die Arbeit an der Nuance ist auch nuancierte Körperarbeit. Und um die Möblierung vollständig zu machen, sei der Einfühlung etwas entgegengestellt, was man als Distanz oder besser noch: Respekt bezeichnen kann.

Ich spreche hier nicht zu den Stichworten Machtmissbrauch und sexuelle Belästigung. Wir brauchen uns darüber hier nicht zu verständigen, dass jegliche Form von Diskriminierung auszuschließen ist, im Musikunterricht wie überall. Wir setzen es voraus. Ich meine Respekt in einem diffizileren Sinne. Augenhöhe und Einfühlung sollen nicht vergessen machen, dass Musikunterricht sich am Stoff orientiert und nicht an Befindlichkeiten.

Die Lektüre eines großen Werkes eröffnet mir Welten. Der Horizont meines bürgerlichen Heldenlebens reicht nie und nimmer in diese Dimensionen. Mein Umgang mit Musik bewirkt immer wieder einen Aufbruch zu neuen Ufern, bedeutet eine Erweiterung meiner Lebenserfahrung, eine Öffnung, möglicherweise eine Befreiung. Ich bin ergriffen, als ganze Person betroffen. Vor der Tür aber bleibt die momentane Befindlichkeit. Und das möglichst auch im Musikunterricht. Die Befindlichkeit des Unterrichtenden ohnehin, jene der Schülerinnen und Schüler letzlich auch. Die Frage nach dem Wohlergehen, die wir gerne und zu Recht während des Unterrichtens stellen, bezieht sich auf die Musikausübung allein. Eine Vermischung des musikalischen und wie auch immer therapeutischen Ansatzes im Unterricht bringt nichts, fördert die Kommunikation nur dem Scheine nach und verspielt eine einmalige Chance musikalischer Arbeit.

Der große Atem, der uns aus dem Anderen, zuerst einmal Fremden und Unberührten – in diesem Fall der Musik – zukommt, entfällt, wenn sich das Musizieren mit persönlichen Problematiken vollsaugt. Statt dass im Musikzimmer ein neuer, fremder Raum geschaffen wird, in dem Freiheit von Belastungen zumindest für Augenblicke erlebt werden kann und persönliche Verunsicherungen ins richtige Verhältnis gesetzt werden, besetzen die Probleme in unfruchtbarer Weise auch diesen Freiraum.

Die momentanen, möglicherweise krisenhaften Lebensumstände der oder des Musizierenden sind entweder im Musikmachen untrennbarer Teil ihrer oder seiner Person oder – wo diese

Verschmelzung nicht gelingen kann – müssen außerhalb des Feldes der Musik erkannt und berücksichtigt werden. Sie als Vorbehalt ins Musizieren zu übernehmen, mindert gerade auch die Kräfte, die aus der Musik uns zur Bewältigung von Krisen zukommen kann.

Es besteht hier eine Parallele zur »Privatisierung« der Kunstauffassung. Vermehrt wird die Deutung künstlerischer Produktionen aus der Perspektive der biographischen Umstände ihrer Entstehung versucht. Es muss zu Verniedlichung oder Verzerrung der Wahrnehmung führen, wenn die biographische Anekdote als maßgebliche Interpretationshilfe beigezogen wird. Streng genommen wäre festzuhalten: Entweder hat sich der biographische Umstand untrennbar ins Werk selbst eingeschrieben, oder er bleibt diesem äußerlich und ist damit unerheblich.

Respekt meint also den Respekt vor der Musik ebenso wie jener vor einer Vielzahl von Facetten der Persönlichkeiten, die im Musikunterricht nicht kommentiert werden sollen. Wir handeln verantwortungsvoll, wenn wir die Übernahme von Verantwortung außerhalb des Faches bei denen lassen, die mit den Entscheiden leben müssen. Dass wir Musikpädagoginnen und -pädagogen allenfalls ihnen Brücken schlagen helfen, dorthin, wo Unterstützung zu erwarten wäre, ist selbstverständlich. Das althergebrachte Bildungsziel, die Förderung der Mündigkeit, welches nicht ausgedient hat, ist nicht zu erreichen, wenn sich auf der persönlichen Ebene – und sei es in noch so menschenfreundlichem Gewand – Abhängigkeiten etablieren. Das »Setting« des Musikunterrichts muss die zentrale Bedeutung des Stoffes Musik berücksichtigen, auch wenn wir das Gegenüber immer als ganze Person wahrnehmen wollen.

Das Zimmer ist möbliert, die Instrumente gestimmt, der Unterricht beziehungsweise die Lektüre, diejenige zwischen den Zeilen, kann beginnen. »Und wie haben Sie es mit der Effizienz?«, ruft uns Herr Zarth zu. »Wie lange brauchen Sie für einen Satz aus einer Bachsuite?« Über die Lektionsdauer wissen wir Bescheid. Auch bezüglich der Erarbeitung bestimmter Stücke oder Fertigkeiten verfügen wir über einige Erfahrungen. Aber was den Zeitpunkt des grundsätzlichen Fortschrittes betrifft (Fortschreiten nicht im Sinne des Fortgehens, sondern im Sinne des Weiterkommens als Annäherung an die Musik, an das Instrument, ans Eigene), wissen wir wenig. Es braucht Gelassenheit einem Prozess gegenüber, der nicht abgeschlossen werden kann und uns auf unendlich vielfältige Art betrifft und verändert.

Der Fortschritt ist nicht als Vektor in welcher Richtung auch immer zu zeichnen. Vieles, was ich jung kann, fällt mir älter werdend schwer, vieles verliere ich. Und doch gewinne ich älter werdend Neues dazu. Das Weiterkommen zu meinem Musikmachen ist ein mäandernder Weg, den auch eine brillante Methodik und ausgefuchste Didaktik nicht vollends kanalisieren kann. Denn das Weiterkommen, das Lernen fordert im Kunstbereich immer die ganze Person und fordert letztlich eine persönliche Veränderung. Natürlich verändert mich auch die Schulung am Computer oder eine Einführung in die doppelte Buchhaltung. Aber diese Veränderung ist der Sache gegenüber eine Nebenerscheinung, bleibt akzidentiell. Die Veränderung der Person im Musikunterricht aber ist eine grundsätzliche Bedingung für das Weiterkommen. Wir können ein noch anspruchsvolleres Wort wählen: Verwandlung. Und dann sind wir endlich da angekommen, wo die Ankündigung meines Referats und das Thema dieses Tages, »Magie«, uns haben wollten: bei der Zauberei.

Veränderung als Vorstufe der Verwandlung wird im Musikunterricht meistens als eine Art Wachstum erfahren. Am Anfang mag es Initiationserlebnisse geben, an gewissen Punkten der Biographie kommen vielleicht auch überraschende, schlagartige Verwandlungen vor. Insgesamt aber sind eher eine allmähliche, manchmal unregelmäßige, gestaute oder sprunghafte Entfaltung von Fähigkeiten und Fertigkeiten, eine organisch zunehmende, immer umfassendere Aneignung und ein immer besser fundierter, immer eigenwilligerer Nachvollzug zu erwarten. Deshalb kann ich wachstumsfeindliche Formen der Magie vorweg aus meinen Überlegungen, warum ich mit Begeisterung und Überzeugung Lehrer bin, ausklammern. Zu diesen Formen gehören die Schwarze Magie und der faule Zauber.

Was wäre denn eine Schwarze Musikpädagogik? Zum Beispiel: eine Dogmatik, welche alle anderen Weisen der Vermittlung ausschließt. Zum Beispiel: eine Anleitung zum Musikmachen, welche auf Einschüchterung basiert. Zum Beispiel: ein Drill, welcher keine Rücksicht auf körperliche, seelische und geistige Reserven nimmt. Was wäre fauler Zauber? Auch hier drei Beispiele. Erstens: ein Unterricht, der statt auf Nachvollzug auf Nachahmung setzt. Zweitens: die Vernachlässigung fundierter Arbeit um kurzfristiger Erfolgserlebnisse willen. Drittens: die Förderung eines Musikverständnisses, welches dem Effekt oberste Priorität einräumt. Davon soll also keine Rede sein. Die Verwendung des Wortes Magie im Zusammenhang mit musikpädagogischen Fragestellungen wird zweifellos auch nicht suggerieren wollen, es gehe da nicht mit rechten Dingen zu und her. Es würde ja bedeuten, dass das Übernatürliche keiner Erklärung zugänglich sei und sich damit ein Referat über Musikpädagogische Fragen erübrigte oder dass wir uns hier in einem Bereich bewegten, der gleichsam irrational ohnehin nur bestimmten Begabungen zugänglich wäre, was ein Referat genauso obsolet machen würde: Eignung oder Nicht-Eignung blieben davon unberührt.

Wenden wir uns also besser wieder dem Stichwort Veränderung zu. Dieses Verlangen nach Veränderung ist im Unterrichtszimmer in manchen Erscheinungsformen präsent. Die Aneignung von Fertigkeiten und Fähigkeiten, die Entwicklung der uns innewohnenden Möglichkeiten macht Spaß. Es macht Lust, immer vielfältiger am musikalischen Gespräch teilhaben zu können, und bedeutet gleichzeitig eine Erweiterung unserer Person in vielen Dimensionen. Und wir sind alle prädestiniert dazu. Stefan Koelsch und Tom Fritz vom Max-Planck-Institut schreiben in »Musik verstehen – Eine neurowissenschaftliche Perspektive«: »Das implizite musik-syntaktische Wissen wird wahrscheinlich zu einem wesentlichen Teil durch alltägliche Hörerfahrungen erworben (übrigens ganz selbstverständlich, nebenbei, ohne jede Anstrengung und oft ohne dass wir es überhaupt merken). Diese Annahmen stimmen mit Studien überein, die zeigen, dass die Fähigkeit zum Erwerb von Wissen über musikalische Regularitäten und die Fähigkeit, musikalische Informationen schnell und genau entsprechend diesem Wissen zu verarbeiten, eine allgemeine Fähigkeit des menschlichen Gehirns ist. Anders gesagt: Die vorgestellten Ergebnisse zeigen unseres Erachtens, dass ein ausgeprägtes Interesse an Musik eine grundlegende Eigenschaft des Gehirns ist und dass eine ausgeprägte Musikalität eine ganz natürliche Fähigkeit des menschlichen Gehirns ist.«

Wenn die Musiklehrerin hexend den Fußballfan in der Musikstunde in einen wunderbar ausdrucksvollen Cellisten verwandelt, ist es Hexerei nicht in dem Sinne, dass da aus dem Nichts ein Talent erscheint, sondern eine Verwandlung, die dadurch provoziert wird, dass den dem Schüler innewohnenden Möglichkeiten Raum gegeben wird.

In einem Rundfunkgespräch zum Thema »Erziehung zur Mündigkeit« aus dem Jahr 1969 zitiert ein Herr Becker als Gesprächspartner von Theodor W. Adorno eine Feststellung aus einem Gutachterband des Deutschen Bildungsrates, welche besage, dass Begabung in ihrer Entfaltung abhängig sei von der Herausforderung, der der Einzelne ausgesetzt sei. »Das heißt«, so der Originaltext, »dass man jemanden ›begaben‹ kann.« Wenn wir also befähigt sind, uns im Umgang mit Musik wohl zu fühlen und zu entfalten, uns zu entwickeln, wenn die Musiklehrpersonen ihr Zimmer entsprechend einrichten, dass die Verzauberung möglich ist, so wird die Lust, in fremde Gewänder zu schlüpfen, im Maskenspiel mitzutun, seine unerkannten Seelenwinkel zu erspähen, auch durch das Musikmachen als bloße

Tätigkeit geweckt. Dieser wohnt ein spielerischer Charakter inne. Spielen kann als ständig neu variierende konkrete Auslegung eines Regelsystems definiert werden. Musizieren ist als ein Spiel ihrem Wesen nach auf Veränderung angelegt.

Das Variieren ist ein Axiom des Musizierens, welches gerade wenn ein virtuoser Aspekt dazukommt, durchaus an den Zauberer mit den vielfarbigen Tüchern oder Flüssigkeiten gemahnt. Das durch Wechsel und Kontraste in der Perspektive veränderte Erkennen des Wiederkehrenden ist die Grundlage, auf dem musikalische Formen aufgebaut werden.

Dem spielerischen Spaß an der Veränderung sei noch eine kleine fast metaphysische Parallele zur Seite gestellt. Von Thomas Hürlimann weiß ich, dass der Hokuspokus vom Wandlungstext der Messe »Hoc est corpus« herstammt: Dies sei mein Leib. Die Verwandlung, die Zauberei hat einen transzendentalen Charakter auch im Musikunterricht. Denn Lust auf Veränderung erwächst nicht zuletzt aus dem Akt der »Lektüre« des Werkes selbst: Ich begegne einer exemplarischen Geschichte, die mich in Beziehung setzt zum Beispiel zu einer fernen Zeit, einer fremden Kultur, meinen Wurzeln, einem anderen Denken, einer einzigartigen musikalischen Erfahrung. Ich mache Begegnungen, nicht außerirdische, aber außergewöhnliche. Als Lehrerin oder Lehrer mache ich und vermittle ich gleichzeitig Begegnungen. Und es gibt bestimmte Begegnungen – unsere Lebenserfahrung bestätigt das –, die uns verändern.

Die Besonderheit bei Begegnungen im Umfeld mit Kunstwerken ist, dass ihre Auswirkungen nicht gleichsam fachspezifisch bleiben. Das Kunstwerk ist immer hier, jetzt, da, so und gleichzeitig weist es auf ein Anderes, das eben nicht hier und jetzt ist, dessen Abwesenheit uns herausfordert und dessen wesentlicher Charakterzug seine Immaterialität ist.

Ich begegne dem Anderen also in zweierlei Gestalt: dem Anderen als mehr oder weniger Fernes und Fremdes in jeweils ganz konkreter Ausprägung (die Musik, die da klingt) und dem

Anderen im Sinne einer Art Spiegelung oder Projektion (die denkbare Musik). Diese doppelte Gestalt des Kunsterlebnisses macht es unvergleichlich und in einer Art und Weise eindrücklich, wie wir es ähnlich aus der Erfahrung von Naturphänomenen kennen. Diese sprechen uns auch immer auf zwei Ebenen an: jener ihrer unmittelbaren Erscheinung und jener ihrer Teilhabe am Prozess von Werden und Vergehen.

Und wir kennen vor dem Kunstwerk oder dem Naturschauspiel dasselbe Gefühl: das Staunen. Und staunen machen uns auch der Zauberer, die Hexe, die Fee, der Magier. Und dieses Staunen ist – damit kehre ich wieder in unseren Alltag zurück – immer wieder im Unterricht der Ausgangspunkt. Der Zauber, der uns staunen macht, geht von der Musik aus, die um uns und in uns klingt. Wir staunen über die Musik, über die den uns anvertrauten Schülerinnen und Schülern und Studierenden innewohnenden Fähigkeiten und über die Kraft, die wir aus dem Umgang mit Musik in unserem Beruf erfahren.

Diese Kraft lässt uns einen Raum behaupten und erhalten, der uns üben lässt: Selbstbewusstsein statt Verfügbarkeit, das Einzigartige an Stelle des Uniformen, die Partnerschaftlichkeit und nicht das Statusdenken, Aufmerksamkeit und Sorgfalt, das phantasievolle Spiel und das heftige Bekenntnis. In diesem Raum zu arbeiten ist ein großes Privileg. Deshalb unterrichte ich gerne. Und ich halte Musikunterricht für wichtig, weil unsere Erprobungen, unser Üben, unsere Vermittlungsarbeit eine Form von Widerstand sind gegen das Schnelllesen.

Ich war in der vierten Primarklasse. Die Blockflötenlehrerin aus der Romandie stand kurz vor ihrer Pensionierung. Wir waren – soweit ich mich erinnere (und was ist erinnern anders als stets neu erfinden und erfinden doch meistenteils erinnern) – zu fünft in der Blockflötengruppe und ziemlich wohlerzogen. Zum Abschluss ihrer Lehrtätigkeit wollte unsere Lehrerin zum ersten Mal und – eben – zum letzten Mal auch ein Examen machen, wie die richtigen Lehrerinnen und Lehrer. Ein Blockflötenexamen. Wir waren, wie gesagt, vielleicht eine der fleißigeren Gruppen, die sie je zu unterrichten hatte. Wir hätten uns bitte wenn möglich etwas festlich anzuziehen, so wies sie uns in ihrem welsch gefärbten zarten Deutsch an – sie war eh klein und eine sehr zurückhaltende Person –, für den Rest würde sie sorgen. Und wahrhaftig – das kleine Programm war gut geprobt, als wir an einem frühen Mittwochabend nach unserem freien Nachmittag in den Kartonagekeller kamen (dort fand gewöhnlich der Unterricht statt) –, da lag die Werkfolge in mehreren Exemplaren handgeschrieben auf, der Tisch war mit kleinen Blumen geschmückt, Tassen mit Untertellern waren da, der Tee dampfte, der Kaffee duftete. Nur war außer der Lehrerin und uns Schülerinnen und Schülern niemand gekommen. Wir warteten ein wenig. Mit zehn Minuten Verspätung spielten wir ohne Publikum rasch das Programm herunter. Beim Aufräumen haben wir der Lehrerin nicht mehr geholfen. Ich habe sie seither nicht mehr gesehen. Und den Namen habe ich vergessen.

Meine Großmutter wäre sicher gekommen, wenn ich sie gebeten hätte. Und ihre Organistenfreundin vielleicht auch. Ich habe diese Erinnerung bis heute als eine besonders beschämende meines Lebens in mir aufbewahrt. Ich wäre sie gerne losgeworden. Ich durfte heute vor Blockflötenlehrerinnen und Blockflötenlehrern reden. Und eigentlich habe ich nichts als Abbitte geleistet.

Die Herren Zarth und Peter in St. Gallen haben einen Plan. Sie wollen uns dazu erziehen, über die Inhalte hinwegzulesen, und sie wollen uns hindern, uns selbst in Büchern zu begegnen. Die Welt, auf Messdaten reduziert, wird zur Manipuliermasse, der Mensch, dem die Möglichkeit genommen wird, zu seiner Identität zu finden, wird zum Hampelmann. Es ist die Frage, wer hier die Fäden ziehen und kneten will. Gegen dieses schwarzen Zauber, gegen diese Verwandlungen, treten wir im Musikunterricht an, suchen das Zauberwort, damit die Welt klinge und nicht verstumme und dass wir in diesem Klingen uns selbst wieder zu hören vermögen.

Der Schweizer Schriftsteller Otto F. Walter schrieb vor ziemlich genau zwanzig Jahren in seiner Skizze »Mein Leben – zu Lebzeiten«: »Ich bin jetzt alt genug, um zu wissen, dass ich viele neue Abschnitte nicht mehr vor mir habe. Dass Schreiben an den Punkt kommt, wo es existentiell wird, wo es den Einsatz der ganzen Person verlangt. Und auch das wohl, auch das. Dass Menschenwerdung oder also Humanität und Menschenwürde in dieser Zeit nicht zu haben sind, ohne dass wir Widerstand leisten. Widerstand im Fühlen, Denken, Tun. Auch in der Sprache; auch in der Sprache der Literatur.« Dies gilt auch im Musikmachen und auch im Musikunterricht.

Über Oberfläche, Befindlichkeit und Horizontale

Sehr verehrte Damen und Herren

Ich danke für die Einladung, die mich angesichts meiner offensichtlichen kirchenmusikalischen Inkompetenz sehr überraschte, und ich darf mich glücklich schätzen, dass Sie nicht meinen vergeblichen Versuchen vor vierzig Jahren lauschten, als ich bei Robert Appert Orgelstunden besuchte. Meine Unfähigkeit, die Finger regelkonform zu verknoten, war das kleinere Übel. Schlimmer stand es um die Füße. Mein Gang hatte mir schon bei den Pfadfindern den Spitznamen »Landbriefträger« eingetragen. Die Pedalstudien aber ließen mich den Heimweg in der Rolle des betrunkenen Seemanns suchen. Nach einem knappen Jahr verzichtete ich darauf, Robert Appert weiter zu quälen.

Wenn ich das Podium einigermaßen schwankend und ungeschickt trampelig betreten habe, liegt das allerdings nicht nur an meiner Pedal-Traumatisierung. Meine Unsicherheit, ob das Casting wirklich zum guten Ergebnis mit mir als Referenten geführt habe, mindert meine Trittsicherheit grundsätzlicher.

»Für einmal stehen nicht nur musikalische Fragen im Zentrum, sondern auch Themen, welche in unserem Berufsfeld wichtig sind, aber oft zu wenig Beachtung finden.« So steht es in der Ausschreibung. Und was weiß ich wirklich von Ihrem Berufsfeld, der Kirchenmusik? Dilettiere ich da nicht schlimmer noch als früher auf der Orgel vor den für den Klavierspieler alptraumhaft sich mehrenden Manualen? Auch mein rückversicherndes Erinnern an die Zeit, die ich als Leiter des Gemischten Chors Obfelden im zarten Alter von 16 bis 20 Jahren verbringen durfte, beruhigt mich nicht. Sie kann nicht als Propädeutikum fürs Kantorenamt gewertet werden. Der lorbeerbekränzte Auszug auf den starken Schultern der zweiten Bässe nach dem Wettsingen in Seon, bewaffnet mit Blumenstrauß und Schnapsflasche, passte ins Festzelt, kann aber nachträglich nicht als Beitrag zu Kenntnissen liturgischer Abläufe umgedeutet werden.

Kurz: Ich habe von gestern auf heute schlecht geschlafen. Der schwankende Schritt hat auch mit Übermüdung zu tun. Das würde nicht weiter stören, wäre da nicht der Spruch, den ich als Motto für meine Ausführungen und als Ausgangspunkt der Exegese gewählt habe. Ich bereite mich immer schriftlich vor. Es gibt kein Entrinnen.

Der Satz heißt: »Musik ist mein Leben. Gesunder Schlaf meine Harmonie.« Ich habe ihn in einem Inserat von Swissflex (»swiss made. swiss quality.«) in der Wochenendbeilage Magazin des Zürcher Tages-Anzeigers gefunden. Es geht um – ich zitiere – »die Innovation der Synchron-Präzision gleich das präzise Zusammenwirken von Matratze mit passgenauen Einzelelementen und selbstregulierender Unterfederung«. Die Sätze »Musik ist mein Leben. Gesunder Schlaf meine Harmonie« stammen vom Dirigenten Helmut Imig, dessen markantes Brustbild das Inserat ziert.

Ich habe mich kundig gemacht: Herr Imig hat eine ausgesprochen respektable Karriere gemacht. Seine mehrfachen Arbeiten als Theatermusiker sprechen mich besonders an. Ich apostrophiere ihn hier nur als Werbeträger. Er kommentiert im Inserat den Kernspruch »Musik ist mein Leben. Gesunder Schlaf meine Harmonie« wie folgt: »Als Dirigent bin ich für perfektes

Zusammenspiel verantwortlich. Mit meinem Swissflex-Bett bin ich da in bester Gesellschaft. Mein Körper und das Bettsystem bilden die harmonische Einheit – die ich im Orchester suche.«

Nicht nur der letzte Satz ist verblüffend. Das Inserat insgesamt hält mehrere Überraschungen bereit. Unterstellt die Gegenüberstellung der Sätze, die da aussagen, dass Musik das Leben sei, der Schlaf die Harmonie, einen Widerspruch? Der Schlaf gehörte dann nicht zum eigentlichen Leben, wäre also eine Art zweite unbewusste Ebene des Daseins? Und die Harmonie wäre nicht eine Kategorie des lebendig Musikalischen, sondern eine Art Naherholungsgebiet zur Vorbereitung musikalischer Exzesse? Vom aufwühlenden Alltag des Musikerdaseins wäre harmonische Erholung im Swissflex-Bett zu suchen.

Eine solche Werbung beträfe nur ein schmales Kundensegment. Und sie hier so zu verstehen, wäre, was die allgemeine Aufmerksamkeit in früher Morgenstunde angeht, gelinde gesagt unvorsichtig. Ich glaube aber nicht, dass diese Auslegung der Kernsätze den Intentionen der Artdirectors der Werbeagentur gerecht würde. Ihr widerspricht, dass das Lebensziel des Dirigenten als Herstellung perfekten Zusammenspiels behauptet wird, was doch nichts anderes wäre, als die Erzeugung eines harmonischen Miteinanders. Auch in der bemerkenswerten Analogie des Miteinanders von Körper und Bettsystem beziehungsweise Dirigent und Orchester wird Musikerleben und Harmoniestreben in eins gedacht. Es sieht so aus, dass die Feststellungen »Musik ist mein Leben. Gesunder Schlaf meine Harmonie« nicht kontradiktorisch aufzufassen sind, sondern als ein Ganzes.

»Musik ist mein Leben und – vielleicht deshalb besonders – ist gesund zu schlafen für mich der Inbegriff der Harmonie. Ich erfahre die Parallelität von technologischer Innovation und musikalisch-künstlerischer Tätigkeit täglich – oder besser nächtlich – im Swissflex-Bett stets aufs Neue. Meine Erfahrung als Berufsmusiker lässt sich zweifellos auch auf andere Berufsgattungen, die allerdings in der Abbildung nicht mit Manschettenknopf und Elfenbeinstab aufwarten können, übertragen. Es lebe die Synchron-Präzision für jedermann. Swissmade. Swiss quality. Schlaft euch in Swissflex-Betten gesund.«

Ich habe Ihre Geduld, sehr geehrte Damen und Herren, strapaziert, weil das komplexe Inserat auf skurrile Weise dreierlei Gegenwartstendenzen im Zusammenhang mit Musikausübung signifikant verkörpert: den Triumph der Oberflächen, die Dominanz der Befindlichkeiten und die Bevorzugung der Horizontalen. Es sind Tendenzen, die uns alle in unserem Alltag im Berufsfeld Musik betreffen, denen aus meiner Sicht zu widerstehen wäre, als Musikerin, als Musiker, und vielleicht gerade besonders als Kirchenmusikerin und Kirchenmusiker. Diesem Widerstand gilt mein lautes Nachdenken.

Was meint Triumph der Oberfläche? Das Inserat stellt sich in eine Reihe mit den uns wohlbekannten Werbemaßnahmen unserer Finanzinstitute. Die hingebungsvoll versunkene Violinistin, das stramm im Gleichschritt fiedelnde Orchester, der Tenor vor dem roten Vorhang dienen diesen als Gütezeichen für traditionsreiche Integrität, für formvollendete Perfektion des Geschäftsganges, für auszeichnende Einzigartigkeit. Die Kunst wird als »schöner Schein« instrumentalisiert.

Der repräsentative Charakter der Kunstdarbietungen ist eine Konstante ihrer Geschichte. Aktuell besonders eindrücklich ist die reduzierte Wahrnehmung der Oberflächen künstlerischen Arbeitens, die Beachtung ausschließlich ihres äußeren Erscheinens im Namen einer anderen Scheinwelt, der Finanzwelt. Die Gediegenheit des Auftritts (alle Hochstapler kennen den Trick) soll den größenwahnsinnigen Betrug auf Kosten der Mitwelt und im Zeichen der unersättlichen Gier einer kleinen Kaste von Plutokraten vertuschen. Der weiße Schlips am schlanken Hals des Kapellmeisters flattert mit unvorhersehbarer Eleganz und Leichtigkeit nicht als Fliege, sondern als Schmetterling über dem Orchester und wird zum kleinen Symbol des großen Schwindels. Natürlich hat diese Pflege der Oberfläche mit der Absorption der Kunst im Kommerz zu tun. Auch die Vermarktung von Kunst ist Teil ihrer Geschichte.

Die Absorption im Sinne der Eliminierung der Eigengesetzlichkeit der Kunst allerdings ist den letzten Jahrzehnten, im Wesentlichen dem 21. Jahrhundert, vorbehalten geblieben. Voraussetzung dazu ist, dass Wirtschaftlichkeit zum obersten Kriterium für alle Lebensbereiche geworden ist. Verzerrungen auf allen Ebenen sind die Folge: Die inhaltliche Ausrichtung musikalischer Produktion steht unter dem Einfluss der Überbewertung von »Etiketten«, die Auswahl des Dargebotenen beugt sich dem Diktat der Mehrheitsfähigkeit der Programmierung, die bevorzugte Präsentationsform ist das spektakuläre Event und die Berichterstattung (wo sie überhaupt noch stattfindet), konzentriert sich auf die Beförderung dessen, was ohnehin in aller Leute Ohren ist.

Da wo wir arbeiten, in der Regel wohl zunehmend im Schatten der Großereignisse, ist nicht nur Marginalisierung eine die Wahrnehmung und die Existenzgrundlagen prägende Folge dieser umfassenden Kommerzialisierung und Fokussierung auf die Oberflächen. Es erwachsen uns daraus auch mehr und mehr Zumutungen, auch im Kleinen, die dem kommerziell ausgerichteten Kulturleben abgelauschten Formen zu imitieren. Das kann seltsam lächerliche und beinahe rührende, fachlich erheiternd konfuse und unerträglich einschränkende Folgen haben. Das Konzertwochenende auf dem Land wird zum großmundig angepriesenen Minifestival, die Lokalmatadorin erscheint in der Ankündigung im Regionalblatt in der Pose des Weltstars, die Werkauswahl dient dem Auftritt der Kleinsponsoren zu. Noch sind solche Verirrungen nicht die Regel. Die an sich harmlosen Kopien von Glanz und Gloria im Kunstbetrieb lassen aber auch uns nicht ungeschoren.

Die Oberfläche verkörpert den Status. Das ist im Hausbau und in der Autoherstellung nicht anders. Die Oberfläche, der Status, sie werden zum zentralen Moment der Mitteilung in einem Kommunikationssystem, das die Mechanismen der Werbung verinnerlicht und zum Kodex erklärt hat. Das Bemühen um Status und Oberfläche ist mit dem Wunsch nach Größe, nach dem starken Auftritt verbunden und findet sich in guter Gesellschaft mit der zweifelhaften ökonomischen These, dass nur im Wachstum das Überleben gesichert sei. Es ist dies ein anderer, ergänzender Aspekt zum schon verwendeten Wort »Größenwahnsinn«. Die schiere Größe erstickt die Qualitätsdiskussion. Und wenn eine solche scheinbar doch geführt wird, lassen die beliebten Vokabeln »Exzellenz« und »Perfektion« einen Diskurs an der Oberfläche vermuten. Nur das Beste ist gut genug? Schön wär's. Andersherum: Nur wenn ich behaupte, der Beste zu sein, wird mir überhaupt zugehört. Und wenn sich meine Oberfläche selbstbewusst präsentiert, wird nicht weiter nachgefragt.

Ein ganzer Wirtschaftszweig von Coachs, Trainern, Unternehmensberaterinnen, Medienbeauftragten, Assessorinnen und Evaluatoren ist mit dem Facelifting, der Lackierung, dem Ausbeulen, der Politur von Oberflächen befasst. Auch das Swissflex-Bett, nach dem wir uns alle sehnen, lockt uns mit technologischer Perfektion. Der Körper des perfektionistischen Dirigenten und das Bettsystem bilden eine harmonische Einheit. Glanz und Glätte der Oberfläche haben ihre Entsprechung: Harmonie und Wohlbefinden.

Die perfekte Oberfläche und die Hinwendung zum individuellen Wohlbefinden im Sinne der Wellness (mit einer Schönheitsoperation schlagen wir zwei Fliegen auf einen Streich) gehören zusammen. Das körperliche Wohlbefinden des gebräunten, trainierten Herrn und der durchgekneteten, teilenthaarten Dame bringt zweifellos eine angenehme äußere Erscheinung nach New-Economy-Lehrbuch mit sich. Das Harmonische als ästhetische Norm wird aber auch einer neuen Innerlichkeit abverlangt. Dabei geht es nicht wirklich um medizinische Befunde oder ein allgemeines Befinden, schon gar nicht um Zufriedenheit im Sinne wie auch immer gearteter Erfüllung.

Der Begriff des »Gesunden« hat sich mit dem Rückzug jedes und jeder Einzelnen auf die Interessenvertretung nur dessen, was ihn oder sie angeht, auf ungestörtes Wohlbefinden reduziert, so wie Glück vielfach nur noch als Selbstzufriedenheit missverstanden wird. Die Bedeutung der Befindlichkeit als Währung im Zahlungsverkehr zwischen Werk- und Feiertagen nimmt zu. Die Erholung im Swissflex-Bett dient dem Bestehen im Konkurrenzkampf der Leistungsgesellschaft, wobei Leistung nur dann ernst zu nehmen ist, wenn sie zum Umsatz beiträgt und Gewinn abwirft.

Die Zuwendung zur individuellen, auch psychischen Befindlichkeit ist ein probates Mittel, zu verdrängen, was im Allgemeinen an Krisen und Katastrophen zu bewältigen wäre. Auf der Packungsbeilage ist vermerkt: Anwendung empfohlen ausschließlich für Personen mit nötigem Kleingeld. Wenn Kunst und insbesondere Musik auch in diesem Zusammenhang mehr und mehr mobilisiert werden (vom abgestandenen Kuschelrock über Classic light, Lounge- und Meditationsmusik – passend zu den entsprechenden Interieurs – bis zu André Rieus Geigenkünsten), ist das zwar auch Ausdruck einer umfassenden Kommerzialisierung, aber nichts grundsätzlich Verwerfliches.

Es schränkt nur, wo es als Leitgedanke den Umgang mit Musik zu bestimmen beginnt, unsere Praxis viel einschneidender ein, als wir wahrhaben wollen. Während wir noch von Reisen in Gegenwelten träumen, gehört der Musikausflug längst zum gängigen Urlaubsangebot. Die akustische Berieselung kühlt Seele und Körper zwischen den Sonnenbädern angenehm ab. Aufregungen und Reibungsflächen sind zu vermeiden. Wenn das Maß der Dinge die Befindlichkeit ist, verkleinert sich die Welt-, Kunst-, Musikerfahrung auf die Größe des lackierten Fingernagels, auch wenn um dieser Erfahrung willen der Jumbojet bestiegen wird. Der Verzicht auf Widersprüchliches im Zusammenhang mit umfassenden Harmonisierungstendenzen bedeutet die weitgehende Stilllegung des schöpferischen Antriebs.

Die Repertoirewünsche mancher Schülerinnen- und Schüler-
eltern sind uns geläufig wie die Wünsche des Galeristen hinsichtlich der musikalischen Umrahmung der Vernissage. Der Maître
de Plaisir am Firmenfest weiß, was er nicht will: Unerwartetes.
Die Kulturförderung schielt auf die Auslastung, und wer will
sich am freien Abend schon aufregen? Alle wollen sich etwas
Gutes tun, ich nehme an auch Hochzeitsgesellschaften in der
Kirche und die Seniorinnen und Senioren am Altersnachmittag.
Wie gesagt: Am Befindlichkeitswahn ist nichts Unmoralisches.
Er lässt die Welt nur schrumpfen und flach werden und entzieht
unserem Wirken die benötigte Energie.

Und damit sind wir beim dritten Stichwort, bei der Bevorzugung der Horizontalen, das in keiner Weise auf Anzüglichkeiten
zielt, auch wenn uns das Swissflex-Bett das Motto suggerierte.
Die Tendenz, die sich dahinter verbirgt, ist die Standardisierung
und damit die Austauschbarkeit, der Verlust von Eigenarten und
der Vormarsch der Technokratisierung im Kulturbetrieb. Das Ka-
russell der Intendantinnen, Dirigenten, Opernstars, Schauspiele-
rinnen und Solisten dreht sich horizontal in der Kulturlandschaft.
»Vor Ort« heißt irgendwo, eine Verankerung in der Region bedeutet höchstens, dass die Karusselldampferchen kurzfristig hier
und da vor Anker gehen. Verbindlichkeiten im Dialog von Kultur und Gesellschaft werden gemieden.

Wo früher gesetzte Standards Herausforderungen des Einmaligen bedeuteten, bestimmen sie heute die Regel eines überall gepflegten Spiels. Das Unvergleichliche ist als Handelsware zu
unhandlich geworden. Die dem Wirtschaftsleben entwachsene
Managementlehre verlangt gleichförmige Prozesse, vergleich-
bare Abläufe, formal identische Businesspläne – auch im Kunstbetrieb. Glänzende Oberfläche, harmonisch-aerodynamisches
Design und standardisierte Inhalte eignen sich für globale, flä-
chendeckende Vermarktungsstrategien.

Wo ist da Raum für unsere sperrigen Produkte? Was wir im
Rahmen unseres Auftrags als Musikerinnen und Musiker, Kir-

chenmusikerin und Kirchenmusiker leisten, was wir denken und tun, ist eher klein dimensioniert, immer wieder andersartig, selten auf Perfektion ausgerichtet, viel eher auf eine Wirkung hier und jetzt, im kleinen Kreis. Vieles ist in sich widersprüchlich, herausfordernd in jeder Hinsicht, lebt von einmaligen Konstellationen, rechtfertigt sich einzig durch sich selbst.

Die erwähnten Tendenzen Triumph der Oberfläche, Dominanz der Befindlichkeiten und Bevorzugung der Horizontalen laufen unseren Interessen entgegen. Wollen wir lernen uns anzupassen, uns einzugliedern, vom Trend zu profitieren? Es gibt sicher gute Gründe dafür und Beispiele für kurzfristige Erfolge. Meiner Überzeugung und Erfahrung nach bedeutet Angleichung jedoch, auf das Spezifische und Einzigartige zu verzichten, auf die Differenz, aus der wir unsere Kraft und Legitimation beziehen. Es bedeutet langfristig die Preisgabe der von uns vertretenen Positionen. Dabei können und sollen wir nicht die Augen schließen und uns nostalgisch-genießerisch oder kulturpessimistisch-verbittert zurücklehnen. Wir müssen wissen, auf welchem Parkett wir Widerstand leisten wollen und welche Instrumente heute dafür zur Verfügung stehen.

Was also wäre dem Triumph der Oberfläche in unserer Arbeit entgegenzusetzen? Es geht uns eher um die Kehrseiten der Medaillen. Uns muss das Verborgene interessieren, das Verdrängte, die dunkle Seite des Mondes, das Geheimnis, das, was unters Bett gewischt wird, die Leichen im Schrank und die Visionen glückseliger Inseln. Wir wollen Gegenwelten aufscheinen lassen, nicht als Feriendestinationen, sondern als herausfordernde Alternativen. Wir tun das im Rahmen, der uns zugestanden ist, und sei er noch so beschränkt. Wir leihen denen unsere Sprache, die ihrer eigenen Sprache verlustig gegangen sind oder nicht gehört werden. Wir zeigen, dass es einen Handel gibt und ein Handeln, die nicht den Regeln der Finanzwirtschaft unterstehen. Wir erkennen, dass es abseits der Verkehrsadern viele Wege gibt, zu unserem Ziel zu kommen.

Der Dominanz der Befindlichkeiten wäre ein Handeln entgegenzusetzen, das sich am Gemeinsinn orientiert und auf das Wesentliche zielt, das hinter den mehr oder minder zufälligen Symptomen versteckt liegt. Unser Interesse muss den Individuen gelten, die wir aber nicht als Einzelne losgelöst von ihren Beziehungen zur Welt betrachten, sondern als Teil eines Prozesses, der Nötigung und Freiheit beinhaltet und Mitwirkung im Zeichen eigener Verantwortung fordert. Wenn wir uns als Prinzen und Prinzessinnen im Zeichen vorgetäuschter gesellschaftlicher Harmonie oder unserer Hypochondrie nur um die Entfernung der letzten Erbsen im Swissflex-Bett kümmern, haben wir den Beruf verfehlt. Die Kunst ist der Ort, an dem der Umgang mit dem Unberechenbaren geübt werden soll, auch mit den unberechenbaren alltäglichen Verzweiflungen und Obsessionen, mit den Ängsten, Unsicherheiten und den Hoffnungen, welche das Denken in Richtung Zukunft mit sich bringt, und auch mit den Altlasten und Schätzen einer Vergangenheit, die uns prägt, stärkt und schwächt.

Endlich ist der Horizontalen selbstverständlich das Vertikale entgegenzusetzen. Wer aufmerksam sein will, muss sich aufrichten. Wer Übersicht anstrebt, muss aufstehen, um sich umzusehen. Nur wer aufrecht geht, sieht in die Ferne. Der Nivellierung durch Standards ist je entgegenzuhalten, was uns einzeln auszeichnet: unsere Haltung. Der »Gutmensch« ist heute dem Gelächter preisgegeben, als konstruiere sich nicht aus der menschlichen Pflicht zu entscheiden, was jeweils als gut, was als schlecht einzuschätzen sei, das Gerüst unserer Haltung, als wäre Güte im Sinne der Einfühlung nicht die vielleicht schöpferischste Kraft in unserem Denken und Fühlen.

Die Entwicklung zum aufrechten Gang ist in der Menschheitsgeschichte der Inbegriff der Innovation. Ich bin überzeugt, dass Innovation auch heute nicht aus dem Schwimmen im flachen, breiten Mainstream, im Nachvollzug von Trends zu gewinnen ist, sondern aus dem Beharren auf eigensinniger Haltung, dem Festhalten am Gemeinsinn und der historisch fundierten Neugier, aus der Suche nach Identität und Authentizität. »Musik ist mein Leben. Gesunder Schlaf meine Harmonie.« Dem Vers zu dieser Predigt wäre entgegenzusetzen, dass manchmal Schlaflosigkeit angebracht und der Musik zuträglich ist.

Vor kurzem sprach mich ein Plakat auf dem Heimweg an: »Fällt es Ihnen manchmal schwer, im Büro Haltung zu bewahren?« Für entspanntes und gesundes Arbeiten zeichnet WSA office project. Es geht um Büromöbel. Der Bürostuhl verwandelt sich in meiner Phantasie in einen Klavierstuhl oder eine Orgelbank, das Büro in ein Unterrichtszimmer oder den Kirchenraum. Und schon entdecke ich den nächsten Aushang: »Gehört eine störende Geräuschkulisse zum guten Ton in ihrem Büro?« Gezeichnet WSA office project. Aufrechter Gang, Musik, Beruf – unser Thema hat sich jedenfalls als aktuell herausgestellt.

Sie sind sich vom Kirchendienst nicht nur die Wahl eines Verses und dessen Auslegung gewohnt, sondern eine Lesung. Ich will damit schließen und die Lesung gleich selber vornehmen. Der italienische Schriftsteller, Germanist und Übersetzer Claudio Magris war bis zu seiner Emeritierung 2006 Professor für moderne deutschsprachige Literatur an der Universität Triest. In seinem Aufsatz »Sollte man die Dichter aus dem Staat verbannen?« von 1996 schreibt er über Literatur: »Die Literatur verteidigt das Individuelle, das Besondere, die Dinge, die Farben, die Sinne und das sinnlich Wahrnehmbare gegen das falsche Universelle, das die Menschen reglementiert und nivelliert, sowie gegen die Abstraktion, die sie austrocknet. Der Geschichte, die den Anspruch erhebt, das Universelle zu verkörpern und zu realisieren, setzt die Literatur das entgegen, was am Rand des historischen Werdens geblieben ist, sie verleiht dem, was verworfen, verdrängt, zerstört und von der Schnelligkeit des Fortschritts ausgelöscht wurde, Stimme und Gedächtnis.«

Ich meine, wir dürfen beim Zuhören statt »Literatur« »Musik« setzen. Die nächsten Sätze mögen allenfalls auch auf eine

Diskrepanz zwischen den zuhörenden Kirchenmusikerinnen und Kirchenmusikern und dem Referierenden hinweisen, oder besser noch, auf eine Spannung im kirchenmusikalischen Beruf selber. Die Sätze lauten:

»Die Literatur verteidigt die Ausnahme und das Ausgeschlossene gegen die Norm und die Regeln, sie erinnert daran, dass die Totalität der Welt zerbrochen ist und kein Restaurationsversuch vorgeben kann, ein harmonisches und einheitliches Bild der Realität wiederherzustellen, denn dies wäre nur eine Lüge.«

Und noch einmal – zum entlastenden Abschluss – ganz kurz Claudio Magris, auch im Hinblick auf den Anspruch des heutigen Tages. Die Sätze entstammen dem Schlussteil des Essays: »Es gibt eine Unverantwortlichkeit, die von der Literatur als ihr unveräußerliches Recht geltend gemacht wird und die vor dem unerträglichen Ernst des Lebens schützt, vor seinen Pflichten und seinen quälenden Sorgen. Sie erinnert uns daran, dass man die Schule besuchen muss, aber manchmal auch schwänzen. Die Literatur lehrt uns, über das zu lachen, was man respektiert, und das zu respektieren, worüber man lacht, genau wie es in der Schule mit manchen Lehrern geschieht, die man verehrt und über die man sich gleichzeitig lustig macht, mit liebevoller Ironie und Selbstironie, die das Gegenteil des bösen, anmaßenden Hohns ist.«

Nachtrag: Hartmut Höll, ein lieber Musikerfreund, hat einmal gesagt, vielleicht müsse man eine schräge Type sein, um eine aufrechte Haltung einzunehmen. So werde ich denn bei meinem Abgang den Pedalgang mit Nachdruck zu pflegen suchen, mit demselben Nachdruck, mit dem ich Ihnen für Ihre Aufmerksamkeit danke.

Über das digitale Verfertigen
von Gewittern

Es muss etwa dreißig Jahre her sein. Meiner Erinnerung nach war es an Pfingsten. Vielleicht war es auch ein anderes Festtagswochenende, zum Beispiel Ostern. Doch könnte die österliche Assoziation auch ausgelöst sein vom Gedanken an den Zwerghasen, der in meiner Geschichte eine kleine, aber traurige Rolle spielt. Seinen Namen habe ich vergessen.

Ich war befasst mit der Herstellung einer Bühnenmusik zu Shakespeares »König Lear« für das Kleintheater Claque in Baden. Paul Weibel inszenierte, Albert Freuler, kaum dreißig Jahre alt, spielte den Lear, Britsch, die heutige Flamencotänzerin Brigitta Luisa Merki, den Narren. Shakespeare überschwemmt in diesem vielleicht gewaltigsten aller Theaterstücke die Bühne mit einem apokalyptischen Gewitter. Zurück bleibt im Wortsinn der nackte Wahnsinn. Ich hatte eine Musik für eine Sopranistin (Maria Walpen und Barbara Fuchs alternierend) und einen Schlagzeuger (Marco Käppeli) geschrieben, welche viel Raum für Improvisation ließ.

Der Gewitter-Live-Musik – Schläge, Schreie, Donnerblech und Handtrommeln mit Kies, der scheppernde Klang weiterer Materialien, die Marco mit seinen Schlägern bearbeitete (er liebte es, Abfall anzuschleppen) – sollten über Band noch weitere Geräusche zugespielt werden. Das Theater verfügte über kein Geräusch-Archiv. Meine Versuche, Regen aufzunehmen, ließen an brutzelnde Spiegeleier denken, der Donner klang nach kläglichen Salutschüssen. Ich beschloss, den Wolkenbruch trotzdem selbst zu verfertigen. (Erst viel später lernte ich Arthur Honeggers Musikgewitter zur Ramuz-Romanverfilmung »Rapt« von Dimitri Kirsanov kennen. Die in diesem exemplarischen Stück offen eingestandene, gleichsam »konzertante« Erzeugung des Gewitters durch Schlaginstrumente, die vom Publikum leicht identifiziert werden können, ist ebenso eindrücklich wie erhellend und durch den hohen Grad spielerischer Verfremdung von großer Kraft.) Ich hatte also Maria und Marco gebeten mit mir im Theater eine Fassung der Live-Musik aufzunehmen, welche dann zeitlich verschoben und neu montiert das Live-Unwetter doppeln sollte.

Die Feiertage nutzte ich, an meinem Revox-Tonbandgerät eine Fassung dieser gefälschten Sintflut zusammenzuschneiden. Schere, weiße Klebestreifen, gelbes, rot-weiß gestreiftes Leerband. Ich war ungeschickt und ängstlich, die Schnitte setzte ich zu zögerlich, zu wenig satt, so dass Klanglöcher entstanden, die auch den unbedarftesten Zuhörer den Schnitt hören ließen. Die Korrektur geriet dann zu grob, so dass ein deutliches Knacken, ein Ansetzen des Klanges ohne Einschwingen wiederum deutlich machte, dass da collagiert worden war.

Unendlich viele Schnitte, die Montage von Start- und Leerband, das Restaurieren der Rolle, da das dünne Schnürsenkelband sich immer wieder von den Kernen löste und sich auf dem Boden ringelte: Die Nächte dehnten sich. Ein langes Wochenende voll Regenrauschen und Rufen, Donnergrollen und klirrenden Blitzen, die sich aus der guten Stube – ich hatte mich auf dem Esstisch eingerichtet, die Kinder und meine Frau versuchten im oberen Stock zu schlafen – ins Treppenhaus verirrten. Dort saß oder vielmehr lag in seinem Käfig der kranke, kleine Hase.

Übers Wochenende konnte ich nicht zu unserem Tierarzt, und wie schlimm es um den Patienten stand, ahnte ich erst in den letzten Stunden. Es stellte sich heraus: Er war am Sterben, plötzlich lag er nur noch auf der Seite und rührte das Wasser nicht mehr an. Im Stundentakt stand ich hilflos vor dem Käfig. Und ich meine – zurück an der Arbeit – von diesem stummen Kumpan ganz am Ende drei Schreie aus dem Gang gehört zu haben, morgens gegen vier Uhr. Vielleicht waren es auch nur Echos der Sopranschreie auf dem Band, die durchs Treppenhaus geisterten. Jedenfalls war der Hase tot. Am Pfingst- oder Osterdienstag brachte ich ihn zum Abdecker, will sagen zum für Tierkadaver vorgesehenen Container im Polizeiposten des Zürcher Seefelds.

Immer wieder werden Gewitter von Bühnenmusikerinnen oder Bühnenmusikern gefordert. Ich arbeitete vor zwanzig Jahren unter anderem am Schauspielhaus Zürich. Ein Tonarchiv war vorhanden, ein kleines hauseigenes Tonstudio, mehrere, manchmal fünf Zuspieltonbänder, die bei den Aufführungen gefahren und bedient wurden, standen im Regieraum. Eine kenntnisreiche Crew von Tonmeistern und Tontechnikern unterstützte mich und die anderen Bühnenmusikerinnen und -musiker beim Aufnehmen, Verarbeiten, Einrichten auf den Proben.

Für das Gewitter war Regen auf zwei bis drei Maschinen angelegt, hier ein erstes Nieseln, dort schon ein heftiges Rauschen, Donnerschläge konnten aus zwei Tonbandapparat-Quellen bezogen werden. Wir gestalteten Übergänge, übten uns in Genauigkeit und waren anpassungsfähig. Und trotzdem: Wenn der Regisseur eine Änderung des Timings beantragte, ein Donner weniger zu krachen hatte oder zwei Blitzeinschläge knapp hintereinander gefordert waren, packten wir unsere Ware zusammen, gingen basteln und waren – je nach Auslastung der Tonabteilung - nach zwei oder drei Tagen wieder auf der Probe zur Stelle.

Und dann die Revolution: Die Digitalisierung verzauberte, insbesondere den Audiobereich, innert kürzester Zeit. Wir sitzen vor dem Bildschirm, schnappen mit der Maus den Donner, längen oder kürzen ihn, schärfen ihn dynamisch, lassen ihn ausrollen, experimentieren mit diversen Hallprogrammen, filtern, komprimieren, malen Regen dazu, und noch eine Spur und noch eine Spur und da ein Loop und das Ganze ein wenig schneller. Der Regisseur, die Regisseurin stellt den Plan um, ein neues Stichwort, ein neuer Ablauf der klimatischen Veränderungen. Kein Problem. Oft können die Korrekturen fliegend, vor Ort vorgenommen werden.

Die Digitalisierung hat den Werkzeugkasten in einer Weise und Geschwindigkeit perfektioniert, wie ich es mir (ich bin allerdings in technischer Hinsicht in hohem Maße unbedarft) nie hätte träumen lassen. Allerdings waren Kinderkrankheiten beziehungsweise Anfängerfehler im Umgang zu Beginn nicht zu vermeiden: Čechovs »Onkel Vanja«, 1992 am Wiener Burgtheater beziehungsweise in der Dépendance, dem Akademietheater, Achim Benning inszenierte, Staraufgebot auf der Bühne: Edgar Selge als Astrov, Romuald Pekny in seiner letzten Rolle am Burgtheater als Aleksandr Vladimirovic Serebrjakov, Michael Heltau als Vanja. Zweiter Akt. Nächtlich trunkene Gespräche, ein Gewitter bricht los und zieht weiter.

Wir Tonmenschen hatten uns gut vorbereitet. Wir konnten aus dem Vollen schöpfen, Donnergrollen, peitschender Regen, Wind, aber auch nur einzelne Tropfen: Einige Tage zuvor waren die Schnürsenkeltonbandapparate aus dem Regieraum verschwunden. Die Computer hatten Platz genommen – wenig Platz eben. Klein aber fein. Die Produktion der Geräusche hatte Spaß gemacht. Man sah keine Bänder mehr drehen, keine transparente Stelle auf dem Leerband stoppte den Motor. Alles war in dem geheimnisvollen, elegant designten Kästchen versteckt.

Auf Knopfdruck geschahen wahre Wunder. Es war erstaunlich. Die junge Toncrew war begeistert. Aber eben. Wir wussten noch nicht genau, wie das genau war mit Vor und Zurück, mit den Tracks und den Tricks und überhaupt.

Eine Zäsur, kunstvoll gesetzt. Herr Heltau harrt des Donners. Tiefe Stille. Warten, warten, warten. Achim Benning flüstert zunehmend gereizt: »Wo bleibt der Donner?« Er blieb noch öfter aus. Das Klima im Zuschauerraum wurde seinerseits gewitterschwül. Und dann eine leise, eindringliche Textpassage. Wieder Michael Heltau. Und mitten hinein drei Donnerschläge, nicht von schlechten Eltern. Herrn Heltau stand das Herz still, mir auch. Nur Achim Bennings Zunge löste sich. Er wurde fast so laut wie unser Donner.

Und damit komme ich endlich zum Thema beziehungsweise zum Ausdeuten meiner Geschichten. Ich möchte nicht, dass mir die zu Recht ungeduldige Frage um die Ohren geschlagen wird, was all diese Geschichtchen mit dem ernsthaften und dringlichen Thema »Kultur und Digitalisierung« zu tun hätten. Ich will da lieber selbst die Initiative übernehmen.

Die erste Folgerung, die ich aus vierzig Jahren Bühnenmusikerleben hinsichtlich der Digitalisierung ziehe, betrifft die Parallelität der Zunahme an Perfektion und Risiko, oder schlicht und einfach den GAU. Wir kennen das Phänomen aus unserem Alltag als Nutzerinnen und Nutzer des öffentlichen Verkehrs (übrigens auch im Privatauto, wenn das automatisch zu bedienende Fenster nicht mehr schließt). Die Systeme werden perfekter, die Abläufe optimiert, das Angebot an Dienstleistungen (zumindest in zentralen Lagen) nimmt zu. All das auch dank der flächendeckenden Digitalisierung. Die Vernetzung in des Wortes vielfältiger Bedeutung bringt aber mit sich, dass eine Panne unabsehbare Auswirkungen hat und nicht mehr behelfsmäßig von den einzelnen Betroffenen behoben werden kann.

Analoges ist zur Technik im Theater zu sagen. Die Geschichten sind bekannt: Da und dort verhinderte nach der Umstellung auf die Steuerung über den Computer der streikende Eiserne Vorhang die Vorstellung. Die Perfektionierung stellt eine Verbesserung dar und insgesamt können Unfälle und Pannen reduziert werden. Wenn aber das System Anfälligkeit zeigt, dann meistens mit Folgen, deren Dimension frühere Einbrüche weit übersteigt. Die Behebung der Panne – und das wäre nach dem Hinweis auf das Damoklesschwert GAU die nächste allgemein zu nutzende Erfahrung aus meinen Anekdoten – bedarf zusätzlicher, auf das Digitalisierte spezialisierter Fachleute. Die Toncrew in Wien hatte vergessen, dass sie für die Nutzung der neuen Ausstattung neuer Kompetenzen einer Fachfrau oder eines Fachmannes aus dem Gebiet der Informatik bedurften.

Auch in meinem Beruf sind Fachleute wichtig geworden, die mir den Zugriff auf die neuen Techniken garantieren. Diese Arbeitsteilung bedeutet aber auch Einflussnahme bisher fachfremder Personen auf meine Arbeit als Bühnenmusiker. Ich bedarf ihrer umso mehr, als die Anschaulichkeit gelitten hat. Die fünf Tonbänder liefen sichtbar, das gelbe Leerband ließ die Zäsuren vorausahnen. Das Reißen des Bandes war zwar eine kleinere Katastrophe, war aber sofort zu diagnostizieren und zu reparieren. Auf der Bildschirmoberfläche erkennen oftmals nur Spezialisierte, wo der Wurm sitzt. Auch die Analyse dessen, was eigentlich geschieht, muss ihnen überlassen werden. Damit aber auch – weil nur sie die Ergebnisse kennen – das Potenzial an Innovation, das den Erkenntnissen aus der Analyse innewohnt.

Meine Arbeit hat auch an Anschaulichkeit hinsichtlich der »Sinnlichkeit« verloren. Wer nimmt heute im Studio Musik mit Instrumentalistinnen und Vokalisten auf? Das Sampling hat erstaunliche Fortschritte gemacht. Kopie und Original sind oft schwer auseinanderzuhalten – und die Verfügbarkeit des Samples im Vergleich zum live gespielten Klang ist in jeder Hinsicht unendlich größer. Verfügbarkeit: Dieses Teilresultat der Digitalisierung hat auf gesellschaftlicher Ebene eine Parallele. Die Zuspitzung von Verfügbarkeit auf ästhetischer Ebene ist die Beliebigkeit. Sie ist möglicherweise die am meisten verbreitete Gefahr, welche im Zusammenhang mit der Digitalisierung im Kulturbereich droht.

Endlich: Im Umgang mit digitalisierten Abläufen beginne ich zudem gerne meine eigene Körperlichkeit zu vergessen. Ich fasse kein Material mehr an (die Schere, das Band, den Klebestoff, die Spule), bewege mich nicht zum Schrank mit dem Tonarchiv, verzichte auf Außenaufnahmen. Und spare dabei natürlich Zeit, viel Zeit. Da hat auch ein Zwerghase keine Zeit mehr zum Sterben.

Aber diese Zeit schreibe ich nicht auf mein Konto. Auf mein Konto geht die Beschleunigung, die uns dank der Digitalisierung erfasst hat, die mich zu rascherem und noch rascherem Arbeiten zwingt. Ein während drei Stunden unbeantwortetes Mail ist eine Unverschämtheit, die Bitte, der Gewitterproduktion zwei, drei Tage einzuräumen, unverständlich und unakzeptabel. Der Zeitzins, den ich auf mein Erspartes erhoffte, den ich nicht nur für Müßiggang, sondern für Reflexion, das Bedenken von Alternativen zu investieren gedachte, wird dem Arbeitgeber ausbezahlt.

Ich verliere an Autonomie und Souveränität, an Selbstgefühl in jedem Sinne, die ich doch durch die gesteigerten technischen Fertig- und Möglichkeiten auszubauen hoffte. Die Gefahr ist latent, dass meine Lebensqualität und die inhaltliche Qualität meiner Arbeit Einbußen erleiden. Alle technischen Errungenschaften lassen Gedanken an den Zauberlehrling aufkommen.

Ich will nicht in kulturpessimistischer Haltung verharren. Deshalb habe ich mir sieben Punkte notiert, die mir helfen sollen mich im digitalisierten Umfeld zu bewegen:

1. Ich genieße die ungeheuren Chancen, die mir in der Klangproduktion und -diffusion heute zur Verfügung stehen.

2. Ich weiß um die Gefahr des Zusammenbruchs und bereite alternative Szenarien vor.

3. Ich bin mir meiner Hilflosigkeit bewusst und beziehe die benötigten Fachkräfte in die inhaltlichen Prozesse als Partnerinnen und Partner mit ein. Das Produktionsverfahren muss ästhetische Konsequenzen haben.

4. Ich versuche der Gefahr der glatten Oberflächlichkeit, des Verlustes an Rauheit, an Transparenz des Entstehungsprozesses – eines Klanges, einer Klangwelt, einer Komposition – entgegenzuwirken, indem ich in die musikalischen Erzeugnisse unmittelbar das Spontane, das Unwiederholbare, das Anstößige einarbeite.

5. Ich versuche den Verlust an körperlicher Präsenz, an unmittelbarer sinnlicher Erfahrung insofern abzufedern, als ich die Frage nach der Körperlichkeit insistierend an die neuen Produkte richte und neue Lösungen suche, meine fünf, sechs Sinne wach zu halten.

6. Ich wehre mich gegen die Verfügbarkeit und die Beliebigkeit. Ich beanspruche mein Recht, Widerstand zu leisten, mein Recht auf Nachdenklichkeit, mein Recht darauf, Erfahrungen machen zu können.

7. Ich muss mich gegen die Austauschbarkeit mit aller Heftigkeit wehren: Ich verschwinde in der Statistik und im Businessplan, und ich drohe im Sounddesign ausgelöscht zu werden, weshalb ich in jedem Arbeitsschritt klarstellen muss, dass ich die Entscheidungen auf Grund meiner Visionen treffe und nicht auf Grund eines Manuals.

Gegenwärtig amtiere ich mit Musikerkolleginnen und -kollegen in der Jury eines Kinder- und Jugendkompositionswettbewerbes. Der Komponist Alfred Zimmerlin hat dem Nachwuchs einen Brief geschrieben. Ich reiße einige Sätze heraus:

»Der größere Teil der eingesandten Partituren war mit dem Computer geschrieben ... Für viele Komponistinnen und Komponisten ist der Computer heute ein wichtiges Hilfsmittel ... geworden ... Er ist dazu da, uns bei unserer Arbeit zu helfen ... er tut nur, was wir Menschen ihm sagen. Wenn wir ihm das nicht genau sagen, macht er uns Vorschläge, die nicht immer gut sind ... Wir müssen sie überprüfen und korrigieren ...

Beim Computer könnt Ihr über Lautsprecher hören, was Ihr eingetippt habt ... Was Ihr aus den Lautsprechern hört, ist eine Art schlechte Fotografie: Es kann Eure eigene Vorstellungskraft nicht ersetzen. Wenn Ihr also am Computer komponiert, druckt immer mal wieder aus, was Ihr geschrieben habt, setzt Euch in einen Lehnstuhl und liest es durch. Versucht Euch dabei vorzustellen, wie das Stück in Wirklichkeit klingen könnte, gespielt von den Instrumenten, die Ihr ausgewählt habt. Für einen Komponisten sind nicht die Lautsprecher des Computers wichtig, sondern sein inneres Ohr, seine Vorstellungskraft ...

Alle Komponisten kennen den Moment, wo die Arbeit plötzlich stockt ... Warum komme ich nicht weiter? ... Man entdeckt einige Takte, die einem gefallen, kopiert sie und fügt sie mit der »kopieren-einfügen«-Funktion dort ein, wo man gerade ist. Oder man beginnt mit den Möglichkeiten des Programms zu spielen, nimmt zum Beispiel eine schon geschriebene Melodie, kopiert sie, transponiert sie, spiegelt sie, lässt sie rückwärts laufen. Aber ist das die richtige Fortsetzung? Will ich das wirklich?«

Soweit Alfred Zimmerlins schöner Brief an die jungen Kolleginnen und Kollegen. Die Mahnung betrifft nicht nur junge Musikerinnen und Musiker im Kindes- und Jugendalter. Sie betrifft auch den gealterten Bühnenmusiker.

Ich habe nicht vor, wieder Bühnenmusiken zu schreiben. Meine sieben Punkte reichen für ein unspezialisiertes Musikersein vielleicht aus. Ich kann damit als Verfasser von Musikstücken und als deren Interpret leben. Auf dem Theater, in welchem aber ein Ineinandergreifen verschiedenster technischer und durchdigitalisierter Abläufe verlangt ist, wo die Fachbereiche Inszenierung, Ausstattung, Musik und Ton sich nicht mehr klar trennen lassen (und das ist eine spannende und hoffnungsfrohe Entwicklung), im Theaterbetrieb, wo der Kostendruck meine altertümlichen Produktionsweisen nicht mehr zulässt, hat sich zu Recht eine andere Generation eingelebt. Deren Kenntnisse fehlen mir. Ich habe den Anschluss nach der digitalen Audiorevolution verpasst. Die guten heutigen Bühnenmusikerinnen und Bühnenmusiker kommen den Aufforderungen von Alfred Zimmerlin nach: Sie wissen sehr genau dem Computer zu sagen, wo es langgeht. Sie haben eine ähnliche Nähe und Unmittelbarkeit im Umgang mit ihren Apparaturen entwickelt, wie ich damals mit dem Schnürsenkel. Wobei sie zweifellos geschickter zu sein haben. Man ist heute strenger in der Selektion. Sie prägen – oftmals als Team – das Produkt von der Erfindung bis in die feinsten Verästelungen der Produktion, sind auf allen Ebenen gleichzeitig kreativ tätig.

Den genannten Gefährdungen einer Anonymisierung des Kulturlebens durch die Digitalisierung, welche als Fazit in meiner obigen konkreten Auflistung gelten kann, steht also ein großes Potenzial neuer schöpferischer Möglichkeiten gegenüber. Es sei auf die fächer- und spartenübergreifenden Ansätze hingewiesen, auf die Vielseitigkeit der neuen Protagonistinnen und Protagonisten, die im Austausch zwischen den Disziplinen – der Informatik, dem Audiodesign, der Komposition und oftmals auch der Bildverarbeitung – innovative Ideen realisieren.

Es entwickelt sich in beweglichen, kleinen, praxisbezogenen Produktionseinheiten zudem ein neuer Begriff von Autorschaft, der sich wohltuend vom veralteten Geniebegriff, aber auch vom aktuellen Starkult abhebt. Mein Sieben-Punkte-Programm beinhaltet für sie nur Binsenwahrheiten. Sie haben einen anderen Stand erreicht. Sie mussten einen neuen Umgang mit dem Material erlernen. Der große Aufwand liegt nicht in der Herstellung oder Suche, sondern in Sichtung, Wertung und Auswahl. Die Orientierung im unüberblickbar Massenhaften ist schwer zu gewinnen.

Die Definition des Materials und die Generierung eines eigenen Profils haben die Abwehr zur Voraussetzung, zumindest eine Kanalisierung der Informationsflut. Das schöpferische Moment ist nicht mehr so sehr Teil der Klangproduktion, sondern liegt im Prozess, aus der unendlichen Vielfalt zur Einmaligkeit zu kommen.

Die jungen Kolleginnen und Kollegen haben Marco Käppeli und Maria Walpen von der anfangs erwähnten »King Lear«-Aufführung in ihre Apparate gelockt. Die beiden singen und spielen alles nur Vorstellbare ohne Ermüdungserscheinungen. Die Schwierigkeit ist es, auf Genauigkeit und auf Verbindlichkeit, auf Übereinstimmung mit den kompositorischen Visionen zu bestehen. Ich weiß nicht genau, wie sie das leisten können. In ihren Ministudios und Atelierecken hätte höchstens ein Hamster Platz. Meine Aufgabe könnte es sein, dazu beizutragen, dass sie sich weiterhin für König Lear interessieren und sich dafür begeistern lassen, in ihrer Weise mit ihm auseinanderzusetzen.

Vor dreißig Jahren war es ein hartes Stück Arbeit und manchmal fast ein Ding der Unmöglichkeit, in nützlicher Zeit eine Gewitter-Tonkonserve anzulegen. Das machte die Arbeit spannend. Das digitalisierte Gewitter ist technisch heute dermaßen mühelos zu realisieren – die neuen Schwierigkeiten habe ich angedeutet –, dass diesem Vorgang kaum mehr der Reiz der Fingerübung zukommt. Ich denke, die jungen Kolleginnen und Kollegen interessieren sich inzwischen für ganz andere Aufgabenstellungen. Das Gewitter, wie ich es zu verfertigen suchte, muss gar nicht mehr stattfinden. Schließlich geht es in künstlerischen Fragen weniger um Möglichkeiten als um Unmöglichkeiten.

Notizen zur Musikförderung

Als ihm am Ende von Voltaires Romansatire der Lehrer Pangloss einmal mehr die Verknüpfungen und Zusammenhänge in dieser, unserer besten aller Welten darlegt, antwortet der Titelheld Candide mit der zum geflügelten Wort gewordenen Sentenz: »Sehr richtig, aber wir müssen unsern Garten bestellen.« »Cultiver son jardin« heißt das im Original.

Der Garten ist eines der gängigen Beispiele für Kulturlandschaft. Es ist also nicht ganz abwegig, Kulturförderung mit Gartenpflege zu vergleichen. Steht zu befürchten, ich würde – altersmilde oder schlicht ermüdet – einer Kulturförderung im Zeichen des Rückzuges, der Distanzierung von den Schrecknissen der besten aller Welten das Wort reden, sie als Pflege des letzten Restes heile Welt (miss-)verstehen?

Ich danke für die ehrende Einladung, hier einen Beitrag zur Debatte über Kulturförderung vorlegen zu dürfen. Ich hoffe, die eine oder andere unerwartete Anregung einbringen zu können, denn ich habe bezüglich der Kulturförderung keine umfassende praktische Erfahrung, kenne die Problematik eher von der Seite der Geförderten oder nicht Geförderten als jener der Förderinstitutionen.

Mir gehen die zu bedenkenden Probleme zu nahe, als dass ich sie im Sinne des Sachverstandes als Sachverständiger verstehen könnte, was hieße (ich pointiere den Begriff zugegebenermaßen), deren viele Dimensionen – Powerpoint sei Dank – auf die Fläche des Bildschirms zu reduzieren, Fragen nach Qualität mittels Statistiken in Fragen nach Quantitäten umzumünzen und die vielfältigen Aspekte der Entwicklung, der Problem-Biographie und der Biographie der Involvierten auszublenden und mich auf den engen Fokus der Gegenwart im Sinne der Effizienz hier und heute zu beschränken. Kurz: Das Verstehen ist mir nicht möglich, ich muss mich mit Wahrnehmung und Annäherung begnügen.

Ich stelle meine Überlegungen als Interessenvertreter an, als jemand, dem die kulturelle Vielfalt als gesellschaftliches Wesen und als Individuum am Herzen liegen muss, als Gesprächspartner, welcher Kulturförderung aus eigener und überpersönlicher Sicht für (über-)lebensnotwendig hält. Ich bin nicht in der Lage, konkrete Rezepte anzubieten. Ich kann von Erfahrungen berichten, welche im konkreten Fall nicht in Kenntnisse, aber im allerbesten Fall in Erkenntnisse umzuformulieren wären.

Ich stelle im Vornherein auch fest, dass es grundsätzlich nicht darum gehen kann, Kulturförderung im Sinne einer eigenständigen Projektarbeit zu gestalten, so sehr es die engagierten Förderinnen und Förderer angesichts der Umständlichkeit der Kulturtäter, deren einer hier sich gerade umständlich formuliert, auch in den Fingern juckt.

In der Zeit meiner administrativen Tätigkeiten an Schulen habe ich festgestellt, dass die Durchsetzung von hochfliegenden Plänen, welche an meinem Schreibtisch ausgebrütet wurden, wesentlich chancenloser (und zudem letztlich weniger dringlich) war als die Umsetzung von Visionen, die in den Fachgruppen entstanden waren, zu deren Ausarbeitung ich zu ermuntern und deren Ermöglichung ich zu befördern hatte. Ideen müssen aus der konkreten Erfahrung heraus langfristig entwickelt und ihre Realisierung von der Überzeugung der in der Praxis Tätigen getragen werden.

Ich meine, dass Gremien, die sich mit Kulturförderung befassen, ähnlich vorsichtig wie ein Administrator mit dem Entwerfen eigener Aktivitäten sein sollen und gut daran tun, an der Basis die Lust am Richtigen und Wichtigen zu wecken. So werde ich denn hier auch keine Projekte vorschlagen, sondern in dem Sinne einen Beitrag leisten wollen, als ich über die Rahmenbedingungen der Kulturförderung nachdenke. Es kann mir nur um die Prinzipien gehen, welche die Förderarbeit bestimmen.

Vorweg ist allen mit Kulturförderung Befassten zu sagen: »Sie tun Wichtiges, und es ist eines großen Dankes würdig, dass Sie diese Tätigkeit und nicht sich selber wichtig nehmen.« Der Aufwand, der betrieben wird, ist in hohem Maße sinnvoll. Deshalb sei zu Beginn, bevor von konkreter Gartenpflege, von Gartenschlauch, Gießkanne und Heckenschere die Rede sei, ein hoher Ton angeschlagen.

Der Garten (ich meine, Thomas Hürlimann habe mich darauf aufmerksam gemacht) gelte im Islam als eine Art Vorschein des Paradieses, und auch im christlichen Umfeld seien der Rasen und die Blümlein auf den Gräbern als Fingerzeig zu verstehen, als Zeichen und Wegweiser hin zum großen Garten, der auf uns wartet, als Chiffre für eine Gegenwelt, als Wunschort, als kleines Modell der großen Utopie.

In übertragenem Sinne hieße das, dass die Gärtnerinnen und Gärtner aus Liebe zu Kunst und Kultur an einem Terrain für Perspektiven arbeiten, die es – über die Eingebundenheit in tägliche Notwendigkeiten hinaus – möglich machen sollen, uns im Labyrinth der Sinnfragen und in den Turbulenzen des Fortganges der Geschichte zurechtzufinden. Kulturförderung reicht weit, ist unerlässlich, braucht und befördert einen langen Atem.

Kulturförderung ist Verführung zum Staunen und Aufforderung, immer wieder nach den Zusammenhängen zu fragen, in die wir weit über unseren Alltag hinaus gestellt sind.

Eine Journalistin hat vor wenigen Tagen den Stadtrat von Zürich dafür kritisiert, dass er für die kommende Legislatur Kulturarbeit und Forschungsförderung in erster Priorität nenne und nicht den Wohnungsbau. Es gehe dem Stadtrat offensichtlich nur um Imagepflege. Wer Kulturförderung als Imagepflege versteht, sitzt einem gewaltigen Missverständnis auf. Wenn sozialer Wohnungsbau zu einem gesellschaftlichen Anliegen wird, dann nur auf dem Boden einer Kultur, die das Verständnis von Vokabeln wie Solidarität und Gemeinwohl überhaupt erst möglich macht.

Kulturförderung trägt zu einem Zusammenleben im Zeichen der Menschenwürde und Menschenfreundlichkeit bei.

Vor drei Monaten hat meine Frau ein kleines Haus in der Nähe des Murtensees gekauft, in Faoug, einem waadtländischen Dorf, wo die ersten Worte auf Französisch gewechselt werden, bevor – falls Bedarf besteht – ins Deutsche gewechselt wird, was im freiburgischen Murten – keine fünf Zugminuten entfernt – genau umgekehrt gehandhabt wird. Dieses Häuslein, das ich mir – wenn das Alter noch entschiedener fortschreitet – durchaus als eigentliches Heim vorstellen kann, ist von einem kleinen, zurzeit einigermaßen verwilderten Garten umgeben. Frösche quaken, die Libellen besuchen uns, das Eichhörnchen flitzt vorbei, der Glühwurm leuchtet, und die Krähen wundern sich lautstark über unseren grünen Papagei, der sich im Windfang sonnt.

Ich bin durchschaut: Das Motto Garten hat durchaus aktuelle biographische Bezüge. Nicht, dass ich mich vermessen mit dem alten Voltaire vergleichen möchte, der sich als Besitzer des Gutes Ferney am Genfersee als »Gärtner, Winzer und Ackersmann« apostrophierte – die Größe von Geist und Terrain haben grundsätzlich andere Dimensionen –, aber es ist schon richtig, dass ich, erstmals länger vor einem Gartenhaus sitzend, feststelle, wie besonders erholsam mir – inmitten des würzigen Geruchs des von mir gemähten Grases – die Zigarette vorkommt.

Ich stelle fest, wie ungestört ich auf dem Bänkchen unter der hohen Tanne über den Dialog, den ich am Vertonen bin, nachdenken kann, wie interessiert ich über den niederen Maschendraht hinweg – er hinderte schon die Hunde des vormaligen Besitzers, unbeaufsichtigt das Weite zu suchen – mit dem alteingesessenen Nachbarn über die Süße der Pflaumen und Zwetschgen zu debattieren vermag. Ich beginne neu zu begreifen, was »Kulturlandschaft« konkret heißen kann, was die Schrebergärten hinsichtlich des Anspruches auf Autonomie über die pure Selbstversorgung, über die eigenen Kürbisse hinaus bedeuten. Das kleine Format macht dabei durchaus Sinn. Es ist ein menschliches Maß. Wenn man überwucherte, übermöblierte Balkone an Reihenhäusern betrachtet – gleichsam integrierte Schrebergärtchen –, wird einem auch das Schmerzliche einer Beengung solchen Freiraumes bewusst.

Der Blick auf die Fassade zeigt, wie das Einzelne versucht, sich im Allgemeinen zu behaupten. Dabei spiegelt die Ausstattung die individuellen Bedürfnisse und legt gleichzeitig der Umwelt Zeugnis über die Befindlichkeit derer ab, die da hausen. Anders als der Estrich mit der Spielzeugeisenbahn oder die Bastelwerkstatt sind Garten und Balkon auch Schau-Fenster zur Welt, mögliche Schnittstellen zur Nachbarschaft, zur Straße, zum Quartier.

Musikförderung ist ein Beitrag zur Pflege eigenständiger kultureller Ausdrucksformen und zu Begegnungen jenseits fortschreitender Anonymisierung.

Vom Gutsbesitzer, von der Hausbesitzerin war die Rede, und implizit von der Mieterin und vom Genossenschafter. Die Entfaltung des Individuellen in den beschriebenen Freiräumen hat in meinen Beispielen mit Besitzverhältnissen zu tun. Bislang ist der Gedanke an Rückzug nicht gebannt. Im Gegenteil: Ich habe eine Art Reduit des Privaten beschrieben. Singe ich hier das

Lob der spießigen Behäbigkeit des Eigentümers oder die Hymne der Privilegierten, preise ich die Betonmauer rings um Altersresidenzen, rede ich einem Kulturverständnis das Wort, welches an eine zahlungskräftige Elite gebunden ist und auf Dekoration zur Beförderung der Wellness zielt?

Zu fragen wird sein, ob ich die Freiheit nur da finden kann, wo ich von dem Meinigen spreche – dem eigenen Gartenhaus –, oder ob Freiheit im Allgemeinen erfahrbar ist, wo dann das Meine nicht nur buchstäblich im Allgemeinen aufgehoben wäre.

»Kultur bezeichnet und betrifft die Bewältigung, Aneignung und Gestaltung der Welt, Kunst die professionelle ästhetische, reflexive und kritische Auseinandersetzung mit dieser Welt.« Auf diese Kürzestformel bringt Hubert Christian Ehalt, Sozial- und Kunstgeschichtler, Professor an vielen österreichischen Universitäten, die Begriffe Kultur und Kunst. Dabei überschneiden sich die Begriffsfelder: Kunst hat ganz unmittelbar mit Gestaltung zu tun, und die kritische Reflexion ist im Kulturraum nicht allein Sache der Künste.

Das Büchlein, in dem ich Professor Ehalts Sätze gefunden habe, trägt den Titel »Kunst und Kultur am Ausgang des 20. und am Beginn des 21. Jahrhunderts«. Darin analysieren der für wirtschafts- und sozialgeschichtliche Standardwerke berühmte Eric J. Hobsbawm und eben Hubert Christian Ehalt Wirkkräfte, Entwicklungen und Konstellationen, die für das Kultur- und Kunstleben heute bezeichnend sind.

Es kann hier nicht der Ort sein, eine solche allgemeine Betrachtung auch nur zum schweizerischen Kulturleben unter Berücksichtigung der Musik zu wagen. Ich stelle hier drei Grundfragen in den Vordergrund: Warum ist Musikförderung wichtig? Was gibt es für Orientierungspunkte für eine sinnvolle Fördertätigkeit? Welche konkreten Umsetzungen sind den grundsätzlichen Anliegen zuträglich? Ich werde versuchen, Ansätze zu Antworten zu formulieren, das heißt rings um die Kennworte

»Schweiz«, »Musik«, »Autorschaft«, »Auftritt« und natürlich »Förderung« konkretisierbare Überlegungen anzustellen, welchen eine möglichst fokussierte Beurteilung des schweizerischen Kulturraumes zu Grunde liegt.

Wir stehen heute in einem Spannungsfeld, das von verschiedensten Kräften bestimmt wird. Wir können die Vielzahl von Spannungen an Gegensatzpaaren festmachen. »Global versus lokal« wäre eines davon. Ein anderes – sicher erklärungsbedürftiger – bezeichne ich mit den Stichworten »Bildschirm versus Körper«. Leichter zu erahnen ist der Grund der Nennung im Gegenüber »Ökonomie versus Ökologie«. Um die Hand voll zu machen, zähle ich noch die Spannung »Mobilität versus Identität« dazu und die wiederum etwas rätselhafte Konfrontation »Angst versus Aufklärung«. Der Auswahl dieser fünf Polarisierungen haftet Beliebigkeit an, mehr und andere Widersprüche, welche uns in Atem halten, wären zu nennen. Die fünf Beispiele dienen einzig dazu, die Gartenbetrachtung mit übergreifenden Tendenzen zu verknüpfen.

Ich habe die Definition vorgelegt: »Kultur bezeichnet und betrifft die Bewältigung, Aneignung und Gestaltung der Welt.« Das heißt: Es gibt Voraussetzungen, welche Kulturen prägen, Realitäten, die zu bewältigen sind. Und gleichzeitig – im Vollzug der Aneignung und Gestaltung – prägt Kultur die Gegebenheiten. Ein Teil dieses Kultivierungsprozesses spielt sich im Bereich der Künste ab. »Kunst ist die professionelle ästhetische, reflexive und kritische Auseinandersetzung mit dieser Welt.«

Die Weltgestaltung, so behauptet das Zitat, ist in den Künsten kritisch und reflexiv auf das Ästhetische zugespitzt, man könnte sagen, auf das Wahrnehmen der Wahrnehmung. Wenn zur menschlichen Kultur wesentlich die Sprache gehört, wäre das Sprechen über die Sprache die Sache der Kunst, das Gespräch über die Gespräche, die Geschichten zur Geschichte. Während der Acker Kulturlandschaft im ursprünglichen Sinne ist, wäre

der zur Hauptsache der Notwendigkeit eines Ertrages entho-
bene Garten eine Kunstlandschaft, Gartenpflege also Kunstpfle-
ge, beispielsweise Musikförderung.

Der sandige und lehmige Boden in Faoug erlaubt ganz bestimmten Pflanzen ein besonders intensives Wachstum, beim
Nachbarn wächst eine Palme, Feigenbäume sind in der Gegend
die Regel. Meine Frau und ich träumen von einem Quitten-
baum. Aber auch der Garten in Faoug wird – ich weiß noch
nicht genau in welcher Hinsicht – vom Klimawandel geprägt.
Die Wettervorhersage am Schweizer Fernsehen meint auch den
Murtensee, wenn sie auch das milde Mikroklima der Schneise
zwischen Murten und Avenches (von der mir Dorfbewohner
berichten) nicht genügend berücksichtigt.

Die Musikindustrie ist weltweit eine der bedeutendsten
Branchen geworden. Globale Trends und technologische Entwicklungen lösen Höhenflüge ebenso aus wie Krisen, welche allerorten Folgen zeitigen. Die kommerziellen Gesetzmäßigkeiten bestimmen zunehmend die Musik selbst. Es hat sich eine
Kluft aufgetan zwischen einer – verkürzt gesagt – globalen Einheitskultur und lokalen Vielfältigkeiten, die zunehmend margi-
nalisiert werden. Dabei ist keineswegs alles, was global vermark-
tet wird, nur banal. Es kommt uns eine Vielfalt von Erfahrungen
und Anregungen zu, die nicht pauschal als seichter Mainstream
verunglimpft werden kann. Die digitale Revolution setzt gewaltige schöpferische Kräfte frei.

Aber auch die meisten wirklich starken Impulse, die den
Höhenflug beispielsweise in die Charts geschafft haben, sind
in ihrer Entstehung zu verorten, haben einen konkreten »klimatischen« Ausgangspunkt, bevor die weltweite Ausstrahlung
den Stallgeruch vergessen macht. All die eigentümlichen Quellen in abgelegenen Regionen bewässern nicht nur die umlie-
gende Landschaft, sie fließen letztlich auch ein in den großen
Strom internationaler Populärkultur und tragen zu seiner Erfri-
schung bei. Diese Zuflüsse können verhindern, dass der Main-

stream nicht zum abgestandenen Gewässer wird, das in Belie-bigkeit versumpft. Selbst aus globaler Sicht und hinsichtlich der Musikbranche als Zweig der Industrie verstanden, ist eine Kul-turpflege vor Ort von hoher Bedeutung.

Sie ist es umso mehr, als nur in der Zuwendung zum Un-verwechselbaren, die Gefahr der Anonymisierung, welche eine globalisierte Kultur beinhaltet, Einhalt geboten werden kann. Es wäre einfältig, Welterfolge zu leugnen. Sie sind Teil unseres Kul-turlebens und zumeist nicht ohne Grund beliebt. Sie beziehen ihre Leuchtkraft auch aus den ihnen innewohnenden Qualitäten. Entscheidend ist, dass im kulturellen Kaleidoskop die leuchten-de Farbe der Hits von anderen, möglicherweise von Pastelltönen kontrastiert wird.

Die kulturelle Entwicklung beruht auf einem beweglichen Spiel der Kräfte, setzt das Schillern des Farbspektrums voraus. Eine monochrome Einheitskultur bedeutet Stagnation und letzt-lich Verödung. Deshalb muss uns in der Auseinandersetzung »global-lokal« die Förderung des Lokalen – das Globale bedarf unserer Förderung nicht – beschäftigen, und deshalb beschäftigt uns hier, was denn also »lokal« im Hinblick auf die Musikför-derung in der Schweiz wäre.

Ich habe die Mehrsprachigkeit im Seeland erwähnt. Ange-sichts des Englischen, das in seiner Simpelversion der Geschäfts-leute zur Universalsprache erklärt ist und als »lingua franca« der Wissenschaften die Verengung der Welterkenntnis und den Ver-lust der Mannigfaltigkeit möglicher Denkweisen zur Folge hat, scheint es mir ein zentraleres Anliegen zu sein, die Chance eines mehrsprachigen Landes zu nutzen. Mehrsprachigkeit ist eine der besten Voraussetzungen für kulturelle Vielfalt. Es liegen Unter-suchungen vor, die belegen, dass in vielsprachig geführten Be-trieben und »multilingual« ablaufenden Projekten Motivation und Kreativität signifikant stärker sind als in Produktionsgrup-pen, die sich auf das Allerweltsenglisch beschränken.

Musikförderung in der Schweiz berücksichtigt, schützt und pflegt die Sprachvielfalt des Landes und die damit verbundene Diversität der Denkweisen und Weltsichten seiner Bevölkerung.

Es besteht überdies ein deutlicher Zusammenhang zwischen der sprachlichen Vielfalt, der Vielfalt kultureller Ausdrucksformen insgesamt und dem Funktionieren der direkten Demokratie. Die Kompetenz des Souveräns, sich zum Gleisbau, zur Errichtung von Sozialwohnungen, zu Versicherungsfragen zu äußern, hat mit der Förderung der Fähigkeiten zu tun, sich empathisch und analytisch mit verschiedenen Standpunkten auseinanderzusetzen. Solidarisches Verhalten und Schutz von Minderheiten, Bereitschaft zur Konkordanz und Bereitschaft, Verantwortung mitzutragen, setzen die Erfahrung von Vielfalt im weitesten Sinne voraus. Übung im Vielfältigen ist ein Charakteristikum in der Geschichte der Schweiz.

Musikförderung leistet einen Beitrag zur gewachsenen und sich stets verändernden kulturellen Vielfalt in der Schweiz.

Gleichzeitig ließe sich gerade die kulturelle Entwicklung der Schweiz als Ergebnis zweier auf den ersten Blick gegenläufiger Tendenzen beschreiben. Es gibt den intensiven Dialog zwischen den Sprachregionen über die Grenzen hinweg (also innerhalb des deutschen, französischen, italienischen Sprachraumes). Und es sind die bedeutsamen Einflüsse spürbar, welche zum Beispiel Aus- und Einwanderung, wirtschaftlicher Austausch über die Grenzen, ja auch der Tourismus gerade in den letzten Jahrhunderten in unserem Land ausübten. Die tradierte Offenheit der Schweiz steht zur Eigentümlichkeit in einem fruchtbaren Spannungsverhältnis.

Musikförderung muss als Kulturarbeit über die Landesgrenzen hinaus verstanden werden, als Beitrag zur Präsenz der Schweiz im Ausland und zu Austausch und Verständigung.

Faoug liegt zwischen den reizenden Städtchen Murten und Avenches, mit dem Zug ist es von Zürich aus in zwei Stunden erreichbar. Zweierlei ist daraus allgemein für das spezifisch Schweizerische abzulesen: Eine ausgebaute Infrastruktur – nicht nur verkehrstechnisch –, die Austausch, Kommunikation, zuverlässige Erreichbarkeit und letztlich auch Sicherheit bedeutet, ist ein Merkmal der Schweiz, das zu Recht als Standortvorteil gehandelt wird. Übrigens ist dazu auch das bescheidene, aber sehr gut geführte Bahnhofrestaurant von Faoug zu zählen. Ebenso – und ebenso zu Recht – gilt die ungewöhnliche Dichte kultureller Zentren auch außerhalb der urbanen Ballungszentren als attraktiv für Einwohnerschaft und Zuziehende, ein kulturelles Netzwerk, das der Verödung der »Provinz« entgegensteht.

Faoug ist offensichtlich in seiner Bedeutung als politische Gemeinde geschrumpft. Einzelner Dienste muss man sich außerhalb versichern. Aber es gibt da noch Kindergarten und Schulhaus. Die Bemühung um ein Bildungssystem, welches auch in Randgebieten soziale Gräben überwinden hilft, der Stärkung der Persönlichkeit und der Innovation im ursprünglichen Sinne von Erneuerung verpflichtet ist, gehört den Hauptmerkmalen des »Schweizerischen« beigefügt.

Musikförderung in der Schweiz bezieht alle Regionen mit ein und berücksichtigt die Strukturen des Sozial- und Bildungswesens.

Kulturförderung in der Schweiz baut einerseits auf all diesen Voraussetzungen auf und hilft andererseits diese Voraussetzungen zu erhalten und weiterzuentwickeln. Kultur wird gleichsam eine zweite Natur. Die Formen, wie wir den Herausforderungen der Welt standhalten, werden ihrerseits in einem »klimatischen« Sinne zu Realitäten. Kultur ist Lebensraum im klimatischen Sinne und Zeitraum im Sinne der Epochen, die sich über die Jahrhunderte folgen. Unsere Existenz und unsere »Zeitlichkeit« spielen sich im Lebensraum Kultur ab, das heißt in der historisch gewachsenen Gegenwart unserer Epoche, unseres kulturellen Zeitraumes.

Musikförderung trägt zur Pflege des kulturellen Erbes bei.

Der kleine Garten in Faoug ist mir ein lieber Ort geworden, und zum Glück auch den Fröschen im kleinen Biotop, und gibt mir gleichzeitig Auskunft über den früheren Besitzer, dessen Hunde die Grasnarbe vielerorts aufgerissen haben. Es sollen auch römische Münzen zu finden sein. Im Spannungsfeld »global–lokal« geht es nicht darum, die weltweite Vernetzung und Beeinflussung zu leugnen oder zu verteufeln, sondern darum, ihr – um eine fruchtbare Auseinandersetzung möglich zu machen – die kleinräumige, unverwechselbare eigene Vielfalt entgegenzustellen im Sinne der lokalen Verortung und der spezifischen geschichtlichen Identität. Unsere kulturelle Eigenart prägt unseren Beitrag zum globalen Gespräch.

Das »Lokale« beinhaltet überdies ein Moment, das im Gegensatz »Bildschirm und Körper« eine Rolle spielt: die Anschaulichkeit. »Vor Ort« sind die Dinge greifbar, unvermittelt, gleichsam mehrdimensional. Viele unserer Arbeiten, Beschäftigungen und Beziehungen sind dem Computernetz anvertraut und der Dialog, den wir führen, ist zunehmend ein Dialog mit dem Bildschirm. Die Wahrnehmung und Aneignung der Welt löst sich von unserem Körper. Es hat sich ein gewaltiger Kosmos aufgetan, und wir laufen Gefahr, uns darin zu verlieren, wenn wir uns zu diesem Universum nicht »ins Verhältnis setzen können«.

Der Gegenpol zum flachen Bildschirm, das Maß, um Verhältnismäßigkeit zu erzielen, wäre der Inbegriff des Eigenen und Konkreten: der Körper. Wieder kann es nicht darum gehen, die Uhren zurück- und den Computer abzustellen, sondern nur darum, auf unseren Wegen über die Bildschirme ins globale Dorf unser Maß nicht zu vergessen: den Körper, die konkrete Erfahrung, das Anschauliche, die Situation vor Ort.

Musikförderung fokussiert sich immer wieder auf die konkrete Förderung von Personen und Ensembles, die im Zeichen profilierter Autorschaft und Kulturarbeit vor Ort das Musikleben prägen.

Die Erhaltung des Kulturraumes kann auch als ökologische Aufgabe verstanden werden. Wenn wir nach Holland hören, wo eine neue rechtspopulistische Regierung als Erstes die Reduktion der finanziellen Unterstützung der Kulturinstitutionen um fünfzig Prozent ankündet und durchsetzt, wissen wir, dass wir – wo es um den Erhalt des Kulturraumes geht – uns mitten in eine gewichtige Auseinandersetzung begeben, eine Auseinandersetzung zwischen einer auf kurzfristigen Gewinn schielenden ökonomistischen Weltsicht und einer Perspektive, die den langfristigen Schutz kultureller Entfaltung als wesentlich erachtet. Dieser Konflikt drückt sich, was die Gesprächskultur und das Menschenbild angeht, in zwei Spannungsfeldern ab, welches ich mit den Begriffen »Ökonomie und Ökologie« und »Angst versus Aufklärung« abgesteckt habe. Das neue Regime in Holland baut auf einer Ideologie auf, die intolerante Abschottung zum Inhalt hat. Seine Argumentationen leugnen Vielschichtigkeit, setzen auf vereinfachende Schlagworte und gewinnen Überzeugungskraft und Glaubwürdigkeit einzig durch die Beförderung von Ängsten.

In meiner Idealskizze der Schweiz, welche Toleranz und Akzeptanz im Nebeneinander von Sprachkulturen aufzeigte, den Anspruch auf Bildung als zentrales Anliegen hervorhob, die allgemeine Teilhabe an ausgebauten Infrastrukturen feststellte, die Offenheit über die Grenzen hinaus als lebensnotwendig erkannte und die Prägung der politischen Abläufe durch den Souverän in der direkten Demokratie unterstrich, habe ich einige Voraussetzungen einer schweizerischen Kultur im weitesten Sinne genannt. All die erwähnten Beispiele setzen ein Verständnis von Kommunikation voraus, welches vom Bemühen um Transparenz gezeichnet sein muss. Die Grundhaltung, die eine solche Kommunikationskultur trägt, ist das Bemühen um Offenlegung, Wahrhaftigkeit und Aufklärung mit dem Ziel, ein Gespräch zwischen informierten Menschen zu ermöglichen.

Auch wir hier kennen andere Bestrebungen, erleben, wie mit dem gezielten Streuen von Unsicherheit und Angst die Gesprächskultur in unserem Land in Frage gestellt wird. Aus Sicht derer, die sich um Kulturförderung bemühen, ist nur ein Positionsbezug in der Gegenüberstellung von Beförderung von Ängsten oder Beförderung der Aufklärung denkbar. Die Position, welche schon Voltaire eingenommen hat.

Es kommt nicht von ungefähr, dass die Sammlung der Verunsicherten sich allerorten im Zeichen der Fremdenfeindlichkeit abspielt. Mein letztes Gegensatzpaar lautet »Mobilität versus Identität«. Die Erschütterungen, welche die Gesellschaft durch die Migration allerorten erfährt, können als Angriff auf die jeweiligen »Identitäten« gedeutet werden, aber nur, wenn Identität als starrer Begriff gehandelt wird. Ein solches Verständnis von Identität ist Teil eines wie auch immer gearteten fundamentalistischen Weltbildes, welches die Beweglichkeit in der Herausbildung gesellschaftlicher Zusammenhänge und kultureller Entwicklungen leugnet. Der Dialog, das Gespräch, der Austausch sind Grundvoraussetzungen kultureller Entwicklung. In der Kommunikation wird kulturelle Identität gestiftet und entfaltet, liegt die Möglichkeit ihrer Verwandlung begründet.

Der Zürcher Philosoph Georg Kohler hat in einem Vortrag vor Musikerinnen und Musikern vor einigen Monaten einen französischen Philosophen zitiert, der der Wissenschaft attestierte, der Menschheit einen Schutzschirm für die Zukunft anbieten zu können, der Kunst hingegen, diesen Schirm wortwörtlich »in Frage zu stellen«, nicht das Berechenbare zu untersuchen, sondern das Unberechenbare darzustellen. Diese Verunsicherung in künstlerischen Prozessen hat nichts mit simpler Angstmacherei zu tun, sondern ist als Mobilisierung der Phantasie zu verstehen, als Anleitung, die Neugierde nicht nur auf das Nützliche, Voraus-seh- und Planbare, auf die Regeln, sondern auf alles Denkbare, Unkontrollierbare, auf die Ausnahmen auszurichten, damit es uns möglich wird, uns und unsere Welt in allen Dimensionen zu erleben. Man sagt von Kindern, dass sie uns Löcher in den Bauch fragen. Die Kunst fragt Löcher in den Schirm der Wissenschaft (so jedenfalls habe ich Georg Kohler verstanden) und schafft so – um das Bild eigenartig zu strapazieren – Transparenz.

Musikförderung trägt zum gesamtgesellschaftlichen Gespräch bei.

Das Gespräch ist die »Urgeste« der Kunst. Ich setze etwas aus mir heraus, komme über meine Geschichten ins Gespräch mit dem Publikum und rege das Gespräch im Publikum an. Der Gartentisch in Faoug vor dem Pensionistenbänklein, das wir unter die große Tanne gestellt haben, hat sich als idealer Ort für Gespräche erwiesen. Die Würde und Größe des Baumes relativiert unsere Diskurse in wundersamer Weise.

Der große Rundumschlag sei damit endlich abgeschlossen und ich versuche aus dem Wirrwarr, den ich angerichtet habe, zu den Grundfragen zurückzufinden. Warum ist Musikförderung wichtig? Was gibt es für Orientierungspunkte für Fördertätigkeit? Welche Umsetzungen sind den grundsätzlichen Anliegen zuträglich? Warum ist Musikförderung wichtig?

Ich meine im Vorangehenden deutlich gemacht zu haben, dass der Kulturpflege in unserem Land hohe Wichtigkeit, Dringlichkeit und Priorität zukommt. In den laufenden Auseinandersetzungen, die ich mit einigen Gegensatzpaaren anzudeuten versuchte, können im kulturellen Bereich Positionen gefestigt werden, die zu einer günstigen gesellschaftlichen Entwicklung beitragen. Musikförderung ist ein gewichtiger Teil dieser Kunst- und Kulturpflege. Ich hoffe mit den thesenhaft eingestreuten Sätzen einige Punkte genannt zu haben, an denen sich die Fördertätigkeit orientieren kann. Bevor ich mich noch kurz auf Hinweise zur konkreten Umsetzung einlasse, sei die Idee des Gartens noch einmal aufgenommen.

Wir dürfen und müssen – im Bewusstsein auch unserer Verwöhntheit – unseren Schweizer Garten als Schweizer Garten bestellen, nicht im Sinne eines Rückzuges aus dem internationalen Gespräch, sondern als ein Beitrag dazu. Das – angesichts der weltweiten Krisen und Katastrophen – Kleindimensionierte unserer Arbeit hat nichts mit Bedeutungslosigkeit zu tun.

Ich bin mehr und mehr der Überzeugung, dass nicht – oder zumindest nicht nur – in den großen Entwürfen und weltumspannenden Aktivitäten die Energien für eine Bewältigung der globalen Probleme zu suchen ist, sondern in einer breit gestreuten unendlichen Vielzahl von konkreten Initiativen, die sich in einzelnen Entwicklungsprogrammen, alternativen Lebensweisen, nicht profitorientierten Netzwerken, neuen Formen des Austausches auf allen Ebenen manifestieren können. Der Kulturförderung, der Förderung der Musik in unserem Land, stehen gerade aus diesem Blickwinkel betrachtet viele Wege offen. Ich denke, dass der Sorgfalt im Umgang mit der Gießkanne nichts Lächerliches anhaftet. Die Sensibilität dieser Bewässerungsweise ist im Vergleich zum Gartenschlauch bemerkenswert, vom Wasserwerfer ganz zu schweigen. Und wenn es mal viel Wasser sein soll, muss halt etwas häufiger gelaufen werden.

Ich rede hier auftragsgemäß von einer spezifisch schweizerischen Musikförderung. Das hat nichts mit Ausgrenzung zu tun, sondern mit der Einsicht, dass auch die Arbeit vor Ort ein Beitrag über die Grenzen hinaus ist. Die Pflege eines Gartens, der als Mosaikstein im Großen und Ganzen der Landschaft, als Modell, als Experimentierfeld, als Schutzzone und als Begegnungsort verstanden wird, muss nicht Rückzug vor der Allgemeinheit bedeuten, sondern kann – rückbesinnend und planend, mit dem Blick gleichzeitig auf die Setzlinge und über den Gartenhag hinaus – als Arbeit verstanden werden, die sich nicht nur an persönlichen Vorlieben, sondern auch am Gemeinwohl ausrichtet. Aus der Respektierung des Meinen, des mir Anvertrauten, würde dann ein Beitrag für die Allgemeinheit.

Ich habe in den kleinen Thesen die versprochenen Orientierungspunkte angedeutet, wohl wissend, dass keiner der Inhalte unbekannt ist, und höchstens Herleitung, Auswahl und Zusammenstellung eine gewisse Neuartigkeit beinhalten können. Hinter der willkürlichen Aufzählung verbirgt sich eine Aufforderung an die Kulturförderungsinstitutionen, die von außen an sie herangetragen vielleicht wirksamer ist als aus den eigenen Reihen entwickelt, nämlich die Aufforderung, die eigene Haltung, die Haltung als Kulturförderinnen und -förderer durchaus selbstbewusst kämpferisch einzunehmen. Kulturförderung steht für einen Kultur- und Kunstbegriff ein, der bedroht ist.

»Safety first. Ganz auf die Bedürfnisse der künftigen Bewohner zugeschnitten ist das Sicherheitskonzept der sechs neuen Stadtresidenzen.« Ich lese aus einem Inserat in der NZZ vom letzten Sonntag. Es werden neue Wohnungen am Zürichberg angeboten. Zitatfortsetzung: »Das Grundstück, die gemeinsam genutzte Autoeinstellhalle und die sechs Einzelwohnungen sind elektronisch überwacht. Modernste Telematik ermöglicht die Videoüberwachung der eigenen Wohnung und die Fernsteuerung der Haustechnik per Smartphone. Kaum ist man am Flughafen gelandet, zückt man sein Telefon, um dann zuhause die bereits aufgeheizte Privatsauna zu genießen.« Die Residenzen stehen an der Krönleinstraße. Zu den alten Schrebergärten am Waldrand sind es knappe 200 Meter.

Der Schrecken, den kleinbürgerliche Beschränktheit allenfalls auslösen kann, ist nichts im Vergleich zum Schrecken, den das Welt- und Lebensverständnis der Klasse der Oligarchen und Plutokraten auslösen. Diese Kaste, die zwischen Flughafen und Privatsauna pendelt und ihr Leben vakuumsicher verpackt vor der Wirklichkeit verborgen verbringt, die sich an den spekulativen Spielen der Finanzwirtschaft gesundstößt und deren Aushängeschilder als sogenannte Opinionleaders und Lobbyisten erpresserisch auf die Politik Einfluss nehmen, muss auch die offensichtlichsten bestimmenden Merkmale des Kulturbegriffes vergessen haben. Von diesen neuen Machthabern geht eine umfassende Bedrohung der Kulturräume aus. Unter anderem Musikförderung stellt dich dieser Bedrohung entgegen.

Safety first. Im Unterbewusstsein lauert die Erkenntnis, dass die Konstruktionen und Manipulationen, die dem Geldadel das Leben in seinen Luxus-Quarantänestationen finanzieren und zur Herausbildung von sozialen Ungleichheiten geführt haben, die an die Zeiten des Absolutismus, gegen den Voltaire aufbegehrte, erinnern, dem Lauf der Zeiten nicht standhalten werden.

Ich widme mich der Auslegeordnung, nicht der Priorisierung. Immerhin gestatte ich mir als kleines Gegengewicht zur ausufernden Allgemeinplätzigkeit zum Schluss wenige Hinweise, die sich als allenfalls geeignete Ausgangspunkte für eine fortführende Diskussion erweisen könnten:

1. Im Gegensatz zur Kurzatmigkeit neoliberaler Konzepte soll Kulturarbeit sich an der Verantwortung der Zukunft gegenüber messen. Dass dabei beispielsweise einer Musikförderung, welche der Jugend Aufmerksamkeit beimisst, besondere Bedeutung zukommt, versteht sich von selbst. Ich denke, dass im Bereich der Lehrmittel und Spiele, der »interaktiven« und multidisziplinären Projekte, der Förderung von Initiativen wie Kindermusikuniversitäten und musikalischen Lu-

dotheken Initiativen unternommen werden, die große
Beachtung verdienen. Musikförderung und Bildungs-
politik müssen Hand in Hand arbeiten. Ich erinnere an
den Gegensatz Bildschirm und Körper.

2. Kulturarbeit hat die Zukunft im Blick, wirkt in die Gegenwart und hält Vergangenheit lebendig. Ich meine,
dass Projekte, die sich durch Einzigartigkeit, einen Al-
leinstellungsanspruch und Verbindlichkeit vor Ort auszeichnen, der besonderen Sympathie der Förderungs-
instanzen gewiss sein sollten. Bei aller Aufmerksamkeit,
welche urbane Zentren und ihre Probleme verlangen,
muss der kulturellen Verödung der Landschaft entge-
gengetreten werden beziehungsweise der bestehende
kulturelle Reichtum gepflegt und entwickelt werden,
auch wenn damit keine Schlagzeilen herauszuholen
sind. So viel zur Spannung global-lokal. Ich denke da
an Volkskultur, an Mehrsprachigkeit, aber auch an ex-
perimentelle Arbeiten, die vom Genius Loci abhängen,
an viele Projekte, die aus dieser Ecke zur Begutach-
tung vorgelegt werden.

3. Angesichts der Bedeutung der Folgen der Migration
im kulturellen und politischen Leben hat die Unterstützung von Aktivitäten, die genre- und spartenüber-
greifend sind, und damit die überkommene Publi-
kumssegmentierung zu überwinden trachten und (ein
schlimmes Wort, ich weiß kein kurzes besseres) bil-
dungsferne Schichten ansprechen, zweifellos hohe
Priorität. Mobilität versus Identität hat es geheißen. In
Integrationsprozessen spielt Partizipation eine ganz wesentliche Rolle. Es gibt wenige Spielplätze, auf denen
Partizipation so unmittelbar erfahrbar wird, wie musikalische Projekte. Die Schnittmenge von Sozialpo-

litik und Musikförderung ist beachtlich groß. Musik und Fest gehören zusammen, Musik als nachvollziehbare Äußerung kultureller Identität schlägt Brücken. Ich denke, dass auf Pläne in dieser Richtung besonders sorgsam zu reagieren ist.

4. Ich erinnere an die Schlagworte Angst und Aufklärung. Wir kümmern uns zu Recht um die Jugend und vergessen dabei gern, dass die demographischen Entwicklungen uns eine besondere Zuwendung zu den Seniorinnen und Senioren nahelegen. Gerade Menschen, die sich – bezüglich der Arbeitswelt, der gesellschaftlichen Aufmerksamkeit und der technologischen Entwicklung – als ausgegrenzt erleben, neigen dazu, ängstlich zu sein und ihrer Verbitterung in der Ablehnung alles Neuen und Fremden Ausdruck zu geben. Es muss eine Aufgabe der Musikförderung sein, in die Sperrzonen der Heime und Siedlungen frische Luft wehen zu lassen. Es gilt die übermäßig geforderten Betreuerinnen und Betreuer zu entlasten, um – zugegebenermaßen weniger im Sinne der Aufklärung als der Erhaltung der Beweglichkeit – den Ängsten, die aus der Erstarrung erwachsen, entgegenzuwirken. Ich weiß nicht, ob viele Initiativen in dieser Richtung vorliegen. Hier könnte ein leises Anstoßen seitens der Verantwortlichen für Kulturförderung möglicherweise sinnvoll sein.

5. Ökonomie und Ökologie. Ein prosaischer Gedanke zum Schluss. Es scheint mir grundsätzlich wichtig, dass die Nachhaltigkeit, die jede Förderungsarbeit gerade auf dem Kultursektor auf ihre Fahne geschrieben hat, sich auch in der Gestaltung der Unternehmensabläufe nachvollziehen lässt. Ich bin mit meiner Anregung, die Finanz-Portefeuilles von Stiftungen auf Grund der

Prinzipien von Nachhaltigkeit und Ethik zu überprüfen und die Betriebsführung unter ökologischen As-
pekten zu analysieren und allenfalls anzupassen, schon
gelegentlich auf Unverständnis gestoßen. Ich riskiere
es ein weiteres Mal und schließe in der Hoffnung auf
eine dezidierte Kultivierung unseres Gartens und viel-
fältiges Blühen.

»Niemand suche das Seine, sondern was dem andern dient.«

I. KORINTHER 10:

23 Alles ist erlaubt, aber nicht alles dient zum Guten. Alles ist erlaubt, aber nicht alles baut auf. 24 Niemand suche das Seine, sondern was dem andern dient.

Sehr geehrte Damen und Herren

Hoffen wir, dass die halbe Stunde, die wir miteinander verbringen, uns zum Guten gereiche und uns in der Mitte eines Arbeitstages aufbaue. Hoffen wir, dass es mir gelingen möge, nicht nur meine Lieblingsüberzeugungen loszuwerden, sondern Gedanken zu vermitteln, die zum Weiterdenken anregen und vielleicht da und dort im Alltag eine kleine Auswirkung haben.

Wir werden im Laufe unseres Zusammenseins die drei Sätze des »Duo in G-Dur KV. 423« für Violine und Bratsche von Wolfgang Amadeus Mozart hören. Das Stück gehört seiner Entstehungsgeschichte nach zur Kategorie der Gelegenheitswerke. Es entstand beinahe zufällig und hatte in erster Linie einem unmittelbaren Bedürfnis zu entsprechen. Der in Salzburg durchreisende Mozart schrieb dieses Stück an Stelle des Bruders Joseph

Haydns, Michael Haydn, der auf Grund einer Erkrankung dem dringlichen Kompositionsauftrag nicht nachkommen konnte.

Das Duo ist also nicht Ergebnis eines Schaffensplans und fürs Erste auch nicht darauf angelegt, über den Moment der Verwendung hinaus beachtet zu werden, sondern ein Freundschaftsdienst und vermutlich eine Gelegenheit, ein Auftragshonorar zu kassieren. Mozarts wunderbare Musik bestätigt eine Vermutung: Oftmals – mutmaße ich – bewahren jene Kunstwerke, welche einer bestimmten Gegenwart verpflichtet sind und auf ganz konkrete Anlässe reagieren, eher Frische und Verbindlichkeit im Laufe der Zeiten als jene, welchen der Anspruch gleichsam von Geburt an eingeschrieben wurde, der Ewigkeit standzuhalten.

Der Zeitgeist manifestiert sich in seiner vergänglichen Form gerne in Deklarationen und Konzepten, in Aussagen und Werken, welche für die kommenden Generationen gedacht sind. Diese mehr oder minder abstrakten Allgemeinheiten setzen schnell Staub an. Der zufällige Anlass – das Fest, welches eine musikalische Ausstattung braucht, die Totenklage, die der jähe persönliche Verlust heraufbeschwört – berührt oftmals über alle Zeitgrenzen hinweg. Die festliche Gestimmtheit und der Abschiedsschmerz haben im Laufe der Zeit keine grundsätzlichen Änderungen erfahren.

Sie werden zu Recht einwenden: Mozarts Musik, wie und warum auch immer entstanden, trotzt allen Ermüdungserscheinungen. Stimmt. Und: Ein großer Komponist, eine bedeutende Komponistin haben den Anspruch, immer gut zu schreiben. Stimmt auch.

Warum versuche ich eine Lanze für die Aktualität von Gelegenheitswerken zu brechen? Weil wir uns heute nicht einem dichterischen Psalmtext aus der Bibel zuwenden oder einem Gesetzestext und auch nicht einem der berühmten Gleichnisse, sondern einem Text, welcher seine Entstehung auch einem unmittelbaren Bedürfnis, einer besonderen Konstellation verdankt.

Paulus schreibt einer Gemeinde in Korinth und versucht die Gläubigen in ihren konkreten Auseinandersetzungen, den Herausforderungen, denen sich das frühe Christentum ausgesetzt sah, zu beraten. Er versucht Einfluss zu nehmen.

In Auseinandersetzung mit diesem Text versuche ich, auf unser Fragen im Heute, wenn nicht Antworten, so doch Hinweise auf einen möglichen Umgang mit Problemen zu finden. Das ist ein Grund, in alten Schriften zu blättern, das ist die Aufgabe, die gerade im Umgang mit dem Buch, das unsere Kultur mehr als alle anderen Schriften prägte, der Bibel, angesagt ist. Es ist eine Ehre, wenn ich hier einen Versuch in dieser Richtung wagen darf. Ich gebe zu, dass der Kirchenbesuch nicht zu meinen guten Gewohnheiten gehört, dass ich aber als Musiker weiß, wie viel Aufmerksamkeits-Bereitschaft ein Kirchenraum in uns zu wecken im Stande ist. Ich verfüge über keine theologischen und historischen Kenntnisse, um zum Apostel Paulus und der Gemeinde in Korinth Genaueres auszusagen, aber ich erkenne im Text, im Brief des Apostels, eine Unmittelbarkeit, die bezeugt, dass es um ganz aktuelle und spezifische Dinge geht. Und die Problemstellungen von anno dazumal scheinen mir verblüffend aktuell geblieben zu sein.

Der Text hebt mit einem Paukenschlag an: »Alles ist erlaubt, aber nicht alles dient zum Guten.« Das kennen wir: Die Orientierung am Überbrachten, an einer Wertehierarchie ist schwer, wenn nicht unmöglich geworden. Und in jeglicher Hinsicht gereicht dieser »freie Markt« wahrhaft nicht allen zum Guten. Zürich ist nicht mehr Limmatathen (wie ich jung war, war das angesagt), sondern wurde offenbar zu Limmatkorinth.

»Alles ist erlaubt, aber nicht alles baut auf.« Oh ja. Nicht alles, was heute entsteht und zugelassen ist, ist aufbauend. Das gewaltige Wirtschaftswachstum zerstört das Klima und verbraucht viel zu rasch unwiederbringliche Ressourcen. Die Inventionen der Wissenschaft, die es erlauben, an den Grundlagen des Lebens zu rühren, haben auch ein zerstörerisches Potenzial. Und:

Wir müssen gar nicht so weit suchen. Wir kennen das Faktum aus unserem Alltag: Es gibt weniger Regeln, was das Wäscheaufhängen betrifft zum Beispiel, was die Formen des Zusammenlebens angeht auch. Das allerdings ist gut so.

Aber manchmal fühlen wir uns bedrängt oder bedrängen mehr oder minder ungewollt andere, weil die Einfühlung in die Bedürfnisse des Anderen fehlt, und weil wir nur noch gewohnt sind, unsere Befindlichkeit ernst und Rücksicht zu nehmen nur auf Grund von Regelwerken. Und wir tun Dinge, die keineswegs aufbauend sind, sondern höchstens uns zu nützen scheinen. Zu diesem Egoismus – es heißt, er sei gesund – werden wir heute aufgefordert: Erfolg haben, sich in der Konkurrenz durchsetzen, keine Schwächen zeigen. Alles ist erlaubt. Manchmal verschleißen wir auch uns dabei.

Und jetzt kommt im Text eine erstaunlich abrupte Kehrtwende: »Niemand suche das Seine, sondern was dem andern dient.« Was heißt das? Auf dieser Fläche der grenzenlosen »Erlaubnis«, die als nicht nur dem Guten, dem Weiterkommen dienend erkannt wird, wird ein Wegweiser hingestellt. Wechsle den Standpunkt, heißt es da, schau die Sache mit den Augen der Anderen an. Und dann handle. Das ist eine ganz einfache und bestürzende Aufforderung. Bereits im Beruf führt sie zu überraschenden Ergebnissen.

Ich bin unter anderem Musiklehrer. Da ist die Aufforderung, mich in die Schülerinnen und Schüler einzufühlen, in einer zeitgemäßen Pädagogik einigermaßen gängig. Wenn ich – auch damit verdiene ich Geld – Musik schreibe, ist es schon weniger üblich, dass ich mir überlegen soll, was hat denn die Interpretin davon, wenn sie mein Stück spielen wird. Macht es ihr Spaß, wie viel Lebenszeit muss sie aufwenden, kann sie ihre Persönlichkeit einbringen? Jede und jeder kann sich die Fragen auf ihren, seinen Beruf hin umformulieren.

»Niemand suche das Seine, sondern was dem andern dient.« Im Alltag, den wir gemeinsam haben, dem gesellschaftlichen

Zusammenleben, in dem politischen Kontext, in dem wir stehen, ist die Aufforderung, nicht den eigenen Nutzen zu beachten, sondern jenen, den die Anderen davontragen sollen, noch brisanter. Ich erinnere mich eines Referats, welches Premierminister Jean-Claude Juncker aus Luxemburg in Zürich hielt. Er sprach von einer neuen Logik des Teilens. Das Neue an seiner Logik war, dass er dem Interesse nicht nur des Nationalstaates und nicht nur Europas Aufmerksamkeit schenkte, sondern auch dem Interesse der Schwellen- und Entwicklungsländer. Wiederum auf unseren Alltag gemünzt könnte das auch heißen: Wir sollen den Bedürfnissen jener Nachbarn in unserer Umgebung besondere Beachtung schenken, welche bedürftiger sind als wir selber oder anderen Kulturen zugehören. Diese multikulturelle Auseinandersetzung spricht Paulus, wenn ich es recht verstehe, in den nächsten Sätzen seines Briefes an. Er tut es am Beispiel von Regeln, welche in verschiedenen Religionen den Verzehr von Nahrung betreffen: »Alles, was auf dem Fleischmarkt verkauft wird, das esst und forscht nicht nach, damit ihr das Gewissen nicht beschwert. Denn ›die Erde ist des Herrn und was darinnen ist‹. Wenn euch einer von den Ungläubigen einlädt und ihr wollt hingehen, so esst alles, was euch vorgesetzt wird, und forscht nicht nach, damit ihr das Gewissen nicht beschwert. Wenn aber jemand zu euch sagen würde: Das ist Opferfleisch, so esst nicht davon, um dessentwillen, der es euch gesagt hat, und damit ihr das Gewissen nicht beschwert. Ich rede aber nicht von deinem eigenen Gewissen, sondern von dem des andern. Denn warum sollte ich das Gewissen eines andern über meine Freiheit urteilen lassen?«

Ich übersetze für mich: Ich soll essen dürfen, was ich will, denn alles gehört der Schöpfung an und ist nicht von Übel. Den Nebengedanken, dass hier die Zeiten sich verändert haben und wir die Schöpfung nicht mehr allein als dem Menschen untertan erachten können und nicht mehr behaupten dürfen, sie könne von uns nach Belieben ausgebeutet werden, sei nicht weiter verfolgt. Denn der Text zielt auf etwas Anderes. Er fordert mich auf, als Gast den Gebräuchen jener zu folgen, die mich einladen, auch wenn mein Gesetz mir anderes raten sollte, und zwar, indem ich esse, was Brauch ist, oder eben nicht esse, was dem Brauch gemäß nicht gegessen werden soll. Indem ich das Gewissen der Anderen nicht belaste – und das ist durchaus raffiniert –, zwinge ich sie auch nicht dazu, über mich Gericht zu sitzen. Ich zitiere Paulus weiter: »Wenn ich's mit Danksagung genieße, was soll ich mich dann wegen etwas verlästern lassen, wofür ich danke? Ob ihr nun esst oder trinkt oder was ihr auch tut, das tut alles zu Gottes Ehre. Erregt keinen Anstoß, weder bei den Juden noch bei den Griechen noch bei der Gemeinde Gottes, so wie auch ich jedermann in allem zu Gefallen lebe und suche nicht, was mir, sondern was vielen dient, damit sie gerettet werden.«

Hier wird das Lob der Gemeinsamkeit gesungen, des gegenseitigen Respekts und der Dankbarkeit, das Lob einer Loyalität, die den eigenen kulturellen Rahmen sprengt, einer Solidarität, die auch »Andersgläubige« – ich benutze dieses Wort in möglichst allgemeinem Sinne – mit einschließt. Alles »um der Ehre Gottes willen«. Man könnte auch sagen: um der Schönheit der Schöpfung und der Bestimmung der Menschen willen.

Der Text schließt: »Ich suche nicht, was mir, sondern was vielen dient, damit sie gerettet werden.« Ich bin nicht nur für mich verantwortlich, sondern auch für die Anderen, und für mich in dem Sinne, dass ich ja auch ein Teil der Gemeinschaft der »Anderen« bin. Die heutigen Herausforderungen lassen sich weder von Einzelnen im Alleingang noch mit dem Blick nur auf das Einzelne oder gar nur auf das Einzelinteresse lösen. Zu sehr hängt alles mit allem zusammen, zu sehr ist mein Überleben, meine Entwicklung, mein Glück nur als Teil eines gemeinsamen Glücks zu haben. Die Banker mit ihrem Bonus, die Fundamentalisten mit ihrer Dogmatik und wir unmäßigen und unkritischen Verbraucherinnen und Verbraucher haben es nur noch nicht begriffen.

»Ich ist ein Anderer.« Der Satz des französischen Lyrikers Arthur Rimbaud ist ein Satz, der das Besondere am Kunstmachen beschreibt. Ich bin die Anderen, wäre nach Paulus der Satz, der uns im Alltag den Weg weisen soll. Alles ist erlaubt, aber nur unter der Voraussetzung, dass wir nach dem suchen, was alle zu retten vermag: das Gemeinsame.

Diese Aufforderung widerspricht dem Zeitgeist in einem Maße, dass sie nur höchst aktuell sein kann. Das Gemeinsame: Das kann die ganze Menschheit sein. Gemeinsamkeit fängt aber in der Zweisamkeit an, beim Liebespaar, zwischen Mutter und Kind, im Cockpit und in der Kammermusik. Das Duettieren von zwei Instrumenten ist ein Beispiel von Zweisamkeit. Es ist durchaus stimmig – genauer: zweistimmig –, wenn also wir mit Mozart das Wunder der Gemeinsamkeit genießen.

Im Raumschiff Gegenwart

»Die Zeit zu berühren. Das ist es wohl, worum sich mein Leben seither gedreht hat.« KATARINA IN PETER HØEGS
»DER PLAN VON DER ABSCHAFFUNG DES DUNKELS«

Ein Volksmusikfreund hat mir – lange ist es her – von einem indischen Wort für Zeit berichtet, welches alle Zeit mit Ausnahme der Gegenwart bezeichne. Die Vorstellung eines einzigen großen Zeitraumes, in dem wir uns im Raumschiff Gegenwart bewegen, faszinierte mich unmittelbar. Sie deckt sich mit der Erfahrung, die ich beim Musikschreiben mache. Ich bewege meinen Bleistift auf dem Notenpapier im gleichzeitigen Bewusstsein dessen, was ich geschrieben habe, und dessen, was mir als Entwicklung vorschwebt. Das Festgehaltene ist vom Geplanten durchdrungen und die Pläne konkretisieren sich aus dem Notierten. Eine schlüssige Entwicklung ergibt sich mir nur, wenn ich schreibend den Zeitraum des Stückes als ein Ganzes erfahre.

Es ließe sich einwenden, dass spätestens, wenn ich die Arbeit abbräche, sich der Riss zwischen Vergangenheit und Zukunft doch auftun würde. Im Unvollendeten lagerte sich Vergangenes abgeschnitten von der Zukunft ab. Mehr noch: Nicht nur jedes Fragment, recht eigentlich auch jedes abgeschlossene Stück erführe diese Versteinerung, würde als Beleg des Vergangenen zur Antiquität. Ich glaube nicht, dass dies zutrifft. Im Sinne des indischen Begriffes (ich habe nie nachgeprüft, ob mein Gewährsmann mich korrekt unterrichtet habe, vielleicht hat er eine wunderschöne Erfindung gemacht) behaupte ich, geschriebene Musik, Fragment oder vollendetes Werk, schrumpft jeweils für eine bestimmte Zeit zur bloßen Gegenwart in Form der Partitur zusammen und entfaltet sich in der Aufführung wieder in der Zeit, würde wieder zu einem Modell des großen Zeitraumes.

Die Hörenden nämlich erleben dasselbe wie die Schreibenden: Im Zeitraum, den das Stück gestaltet, sind sie dem Wechselspiel von Echo und Erwartung ausgesetzt. In dieser Spannung teilt sich ihnen der Atem des Stückes mit. Die Schlüssigkeit der Komposition wäre daran zu erfahren, wie gut es gelingt, in jedem Moment den Bezug zum Raum aufrechtzuerhalten, jene der Aufnahmefähigkeit des Publikums daran, wie umfassend es sich – über den Genuss des Einzelnen hinaus – der übergeordneten Zeitgestaltung öffnet. Die Voraussetzung zu diesem Erleben ist im Akt des Hörens gegeben.

Schwingung und Resonanz sind die Voraussetzungen aller Musikerfahrung. Hören beruht auf unserer Fähigkeit, ein neues Hörerlebnis mit unseren bisherigen Erfahrungen in Verbindung zu bringen. Die Resonanz-Schwingung wird von stets neuen Reizen ausgelöst, beruht aber auf Bestehendem. Gleichzeitig wird der Nachhall zum Hallraum für das Kommende. Musikalische Wahrnehmung kann nur dann Sinn stiften, wenn der momenthafte Klang hörend eingebunden wird in den übergreifenden Zeitraum. Empathie und Phantasie sind die Stichworte dazu. Wir fassen dabei Phantasie eher aktiv, zukunftsgerichtet auf, erkennen aber gerade in diesen Zusammenhängen ihre Verankerung im Erlebten. Umgekehrt erscheint uns Empathie als reaktiv, vergangenheitsverbunden, wir erkennen aber hier gleichzeitig das Potenzial, welches die Einfühlung für zukünftige Entwicklungen bereithält.

Die Interpretinnen und Interpreten wissen davon selbstverständlich ein vielstrophiges Lied zu singen, und da ich immer wieder als Liedbegleiter auftrete, singe ich leise mit. Hier liegt unsre vornehmste Aufgabe: die Einbindung des Hier und Jetzt ins große Ganze möglichst eindrücklich nachvollziehbar zu machen. Darüber hinaus sind wir gleichsam Inkarnationen des indischen Präsens: winzige Raumschiffe im unendlichen Zeitraum Musik, in unserer alltäglichen Arbeit immer wieder darum bemüht, das Zukunftsträchtige aus dem Vergangenen herauszuhören und dem Zukünftigen die Kraft des Überlieferten zu vermitteln.

Es ist bald ein Jahr her, dass ich aus Luzern eine Anfrage erhielt, im Zusammenhang mit einem Neue-Musik-Projekt zum Thema »Innen−Außen« ein kurzes Referat zu halten. Ich sollte mich mit dem Stichwort »Zeitraum« befassen. Welche Musikerin, welcher Musiker würde da nicht zusagen. »Zeitraum« − unser Lebensthema. Nichts kann uns abhalten, uns dazu zu äußern, auch nicht die Tatsache, dass seit Jahrhunderten eine Unzahl großartiger Erörterungen zu diesem Thema vorliegen, eigentliche Schlüsseltexte aus religiöser, philosophischer, ästhetischer, kulturwissenschaftlicher Sicht, neben denen jeder eigene Versuch sich kläglich ausnehmen muss. Auch dieses Wissen reicht nicht aus, Zurückhaltung zu üben. Ich sagte zu. Leider wurde ein paar Wochen später die Veranstaltung abgesagt, und der Vortrag blieb ungeschrieben und ungehalten.

Aber das Thema ließ mich nicht los. Eigenartigerweise drängte es sich immer vor, wenn ich den kleinen Hund meiner Frau spazieren führte, eine Hundedame namens Anja. Sie nutzte jeweils die Unsicherheit des Stellvertreters aus und blieb alle paar Meter endlos lange schnuppernd stehen. Sie liest die Zeitung, erklärte mir meine Frau einmal. Ich hingegen hatte nichts zu lesen dabei und blieb meinen Gedanken überlassen, und die kreisten um dieses indische Wort und was es für mich wohl bedeuten könnte. Und so kam es zu diesem Text, dem einzigen, den ich ohne Auftrag geschrieben habe. Müßige Gedanken zweifellos, dem Müßiggang mit Anja und ihrer intensiven Lektüre geschuldet.

Musik ist gestaltete Zeit. Die unmittelbare und umfassende Weise, wie Musik uns berührt, hat damit zu tun. Der Fluss, der Sonnenuntergang, der Wechsel der Jahreszeiten: Gerne assoziieren wir diese Begriffe mit unserem Musikerleben. Musik redet immer auch von der Vergänglichkeit. Das indische Wort, das Bild des Raumschiffes präzisierten diese Vorstellung. Der Klang hat mit dem ganzen Zeitraum, der Vergangenheit und Zukunft gleicherweise mit einschließt, zu tun. Sein Verlöschen ist nicht der Vergangenheit allein zugeneigt, sondern ebenso dem, was bevorsteht. Es geht weniger um Vergänglichkeit – diesem Gedanken haftet auch etwas ganz leise Weinerliches an – als um Flüchtigkeit.

Musik verkörpert in ihrem Verklingen zuerst nicht einfach das Vergehen, sondern eine aufleuchtende Präsenz, die sich durch große Flüchtigkeit auszeichnet. Ihr hinweisender Charakter – jede künstlerische Darbietung weist über sich hinaus – bringt uns in Beziehung zum großen Zeitraum. Wir erinnern im heutigen Hören gestern Gehörtes und legen unsere Hörvorräte für das Morgen an. Das Erklingen ist unwiederbringlich. Seine Flüchtigkeit weist uns nicht nur im Sinne des Memento mori auf unsere Endlichkeit hin, sondern in seiner Leuchtkraft auch auf die Kostbarkeit des Momentes. Im Verschwinden wird auch das Loblied des Lebens gesungen. Dem Wissen um unser Ende steht die Erfahrung der Einmaligkeit unserer Präsenz gegenüber, aus der uns der Auftrag zukommen kann, Verantwortung für das Kommende zu übernehmen. Wir erfahren, dass unsere und der Nachgeborenen Präsenz von großer Kostbarkeit ist.

In seinem Aufsatz »Die versiegelte Zeit« schreibt Andrej Tarkowskij: »Die Verknüpfung von Ursache und Folge, das heißt der Übergang von einem Zustand in einen anderen, ist zugleich auch eine Existenzform der Zeit, eine Materialisierung dieses Begriffes in der Alltagspraxis. Doch eine Ursache, die eine bestimmte Folge hat, wird keinesfalls abgestoßen wie eine Raketenstufe, die ihre Aufgabe erfüllt hat. Wenn wir es mit einer Folge zu tun haben, dann kehren wir doch auch zu den Quellen, den Ursachen zurück, drehen also – formal gesprochen – mit Hilfe des Bewusstseins die Zeit zurück! Auch im moralischen Sinne können sich Ursache und Folge in dieser ständig wechselnden Verknüpfung bedingen – und in diesem Fall kehrt der Mensch gleichsam in seine Vergangenheit zurück.«

Und ebenso »in moralischem Sinne« beschäftigt mich die Idee Raumschiff Gegenwart, die offensichtlich auch Tarkowskij nicht fremd war, über das Musikalische hinaus. Wir leben in einer Zeit, welche in höchstem Maße der Gegenwart verpflichtet ist. Das »Event« ist nicht nur im Kulturbetrieb das Maß aller Dinge. Die vorwaltende Fokussierung auf das Präsens leugnet Perspektiven in jeder Hinsicht. Die rasch wechselnden Gegenwärtigkeiten saugen alle Aufmerksamkeit auf. Es bleibt nicht Zeit, den Überblick zu gewinnen, und nicht Zeit, nach Hintergründen zu fragen. Zur Pflege der Tradition und zur Entwicklung von Visionen, auch schon nur – um mit Tarkowskij zu sprechen – zur grundsätzlichen Auseinandersetzung mit Ursache und Wirkung, bleiben weder Zeit noch Raum. Eine Verkürzung der Weltsicht, auch das banale Jetzt ist ein Merkmal unserer Epoche.

Nur gelegentlich, etwa angesichts der größten Katastrophen, sind wir noch in der Lage, dieses unser Defizit überhaupt zu erkennen. Und – zugedröhnt vom Alltagslärm der Nichtigkeiten – sind wir schnell wieder bereit, zu vergessen, was uns allenfalls aus den GAUs an Mahnung und Belehrung zukäme. Die Aufnahme ins Guinness-Buch ist unser aller Lebensziel geworden, wie unsinnig auch immer die Herausforderungen formuliert sind. Die höchste Wachstumsrate, die maximalste Beschleunigung, der gewinnträchtigste Börsengang, die effizienteste Langstreckenrakete, der größte Umsatz gehören ins Buch neben dem längsten Kuss und der längsten Baguette.

In den zwanziger Jahren des letzten Jahrhunderts hat das Wort »Rekord« im Zusammenhang mit der Internationalisierung des Sports zumindest im deutschen Sprachbereich so richtig eingeschlagen. Seine eigentliche inhaltliche Blüte erlebt der Begriff Anfang des 21. Jahrhunderts. Die schrankenlose Überschätzung augenblicklichen Erfolgs, der blinde Glauben an quantifizierende Rankings, die »Höher-kürzer-schneller«-Sucht, die gefräßige Gier nach mehr: All das lässt sich unter dem Wort »Rekord« subsummieren.

Der Erfolg fragt nicht nach Nachhaltigkeit, das Ranking berücksichtigt nicht die Voraussetzungen: Es gilt einzig die bloße, blanke Gegenwart. Sucht und Gier haben mit Sehnsucht oder Neugier nichts am Hut. Sie haben keine visionäre Spannkraft, sind nicht ins Morgen gerichtet. Die Bereicherung muss hier und heute stattfinden, die Begehrlichkeit muss jetzt befriedigt sein. Geblendet vom Licht des Raumschiffes Gegenwart blenden wir den Zeitraum aus.

Das Wort Rekord müsste uns eines Besseren belehren. Es bedeutete zuerst nur die Aufzeichnung, Beurkundung einer Leistung. Erst später bezeichnete es die Höchstleistung selber. Das Erinnern – lateinisch »recordare« – ist die Zelle des Begriffes Rekord, der heute Zeitgefühl und Erinnerung auszulöschen droht. Im Erinnern, »recordare«, steckt der Zellkern: cor, das Herz, der Geist, das Gedächtnis – der menschliche Kern, die Dimension der Werte, die wir angesichts der Rekordlisten zu vergessen beginnen.

Ich habe Anfang Jahr an einer Tagung über musikalische Bildung teilgenommen, an der ein Spezialist für die Herstellung von Mittelschul-Rankings – wie einst Faust – gefragt wurde, wie er es denn mit den Werten halte, sie würden doch zweifellos in seinen Überlegungen, Vorbereitungen, Maßnahmen eine Rolle spielen. Der Fachmann erwies sich in der nachfolgenden Diskussion als kenntnisreich, offen für sozial ausgerichtete bildungspolitische Überlegungen. Auf die Fragen nach den Werten jedoch antwortete er, er wisse nicht genau, wonach da gefragt werde. Auf die Wiederholung der Frage hin stellte er irritiert fest – und das in allem Ernst und keineswegs arrogant provozierend –, er wisse nicht, um was es sich da handle, wenn von Werten die Rede sei. Ob es um Kompetenzen gehe?

Es gibt noch andere Worte, welche der ausschließlichen Fokussierung auf Gegenwart zum Opfer fallen: »Haltung« etwa oder »Treue«, auch »Würde« (auch weniger gravitätische wie »Solidarität« oder »Zivilcourage« gehören dazu). Ich stelle mich keineswegs auf einen kulturpessimistischen Standpunkt (wenn er dagegen etwas alt- oder großväterlich, ja bildungsbürgerlich erscheinen mag, hat das wohl seine Richtigkeit, und die kritische Haltung dazu hat ihre Berechtigung). Ich bin mir auch bewusst, dass dieses Vokabular zum Teil kontaminiert ist oder manchmal schlicht in dem Sinne verbraucht, als die Vokabel zur leeren Hülse verkommen ist. Trotzdem – es ist dies nicht in moralischem Sinne gemeint, sondern in der Hoffnung auf einen ganzheitlichen Blick – sind diese Worte nicht zu vergessen, es sei denn, es gelänge neuen Begriffen einen ähnlichen Atem der Zeit einzuhauchen.

Es ist den vergessen gegangenen Worten gemeinsam, dass sie sich nicht auf den Moment alleine beziehen, sondern auf die Dauer – anders als Erfolg und Status und Gewinn, Exzellenz und Effizienz und Konkurrenz und wie die heute beliebten Begriffe alle heißen (von den neudeutschen einmal abgesehen). Im Wort »Würde« (den Werten etymologisch verwandt) liegt eine große Kraft. Wenn dank Stéphane Hessels eben erschienener kleiner Schrift im deutschsprachigen Raum das Wort »Empörung« heute wieder wahrgenommen wird, geschieht etwas Beispielgebendes. Ich denke, auch im französischen Originaltitel, »Indignez-vous«, ist eine Art Atem der Geschichte spürbar.

Mit »Gegenwartsversessenheit« war ein kurzer Aufsatz von Dieter Thomä, Professor für Philosophie in St. Gallen, betitelt, der in der Neuen Zürcher Zeitung vom 9. Mai 2011 erschien.

Der Autor führt zur Überschrift drei Faktoren an. Erstens den »Bann des Besitzstandes«: »Die Gegenwart soll blind in die Zukunft fortgeschrieben werden.« Die Lebensplanung beschränkt sich darauf, »das Jetzt auf Dauer zu stellen«. Zweitens spricht er von der »Wut des Vergleichens«: »Man misst sich nicht an seinen Träumen, sondern am Nachbarn.« Die »Handlungslogik ist auf den Wettbewerbsvorteil« reduziert. Und drittens schreibt er zu den Stichworten die »Sucht des Synchronen«: »Dabei sein ist alles: Das alte olympische Motto avanciert zur Devise einer Welt, in der man so sehr damit beschäftigt ist, zu erfahren, was gerade alle tun, dass man zu nichts anderem mehr kommt.«

»Eines wird der Gegenwartsversessene nicht verhindern können: dass ihn irgendwann die Zukunft kalt erwischt.« Dieter Thomä beschreibt das große Defizit der Gegenwartsversessenheit als ein Reißausnehmen vor der Unsicherheit, als gefährliches Ausblenden der Zukunft. Seine Überlegungen ließen sich auch als Verdrängen des Vergangenen identifizieren: Der Bann des Besitzstandes blockiert die Einsicht, dass das Heute aus dem Gestern gewachsen ist; die Wut des Vergleichens – der Blick zur Seite, statt nach vorn – lässt auch den Blick zurück nicht zu und verhindert die Erkenntnis, dass die prägenden Errungenschaften der Menschheit in keiner Weise Ergebnisse einer populärdarwinistischen Handlungslogik im Zeichen des Wettbewerbsvorteils sind; die Sucht des Synchronen endlich verunmöglicht eine Identitätsfindung, die nur in der Auseinandersetzung mit der Herkunft zu leisten wäre.

Der indische Zeitbegriff könnte uns Rekordbesessene und Gegenwartsversessene Bescheidenheit lehren. Welche Bedeutung hat das winzige Gefährt, das einigermaßen hilflos blinkend kundtut: hier bin ich, angesichts des gewaltigen Universums, in dem es sich bewegt? Orientierung wäre nur in der Beachtung des Echos zu finden, welches unsere Bewegungen provozieren. Wir können unsere Reise nicht aus der platten Beschränkung auf die Nabelschau heraus planen, wir müssen uns zum Raum, in dem wir kreisen, ins Verhältnis setzen. Selbstverständlich sind die Irrtümer gegeben und die Kurskorrekturen eine permanente Herausforderung. Die Fledermaus und die Delphine rufen unablässig.

Unsere Gegenwartsversessenheit verlangt von uns einzig, uns zu behaupten. Der große Zusammenhang aber, in den wir gestellt sind, provoziert Fragen, bringt uns dazu, uns in Frage zu stellen. Die ausschließliche Beachtung des Hier und Jetzt macht uns zu Rednern, je lauter, je besser. Das Bewusstsein, kleiner Teil einer umfassenden Entwicklung zu sein, hält uns zum Zuhören an. Die Verhältnislosigkeit schließlich, welche in der Beschränkung auf das nur Gegenwärtige sich einstellt, lässt Begeisterung und Verzweiflung, Glück und Unglück maßlos werden. Zwischen Überheblichkeit und Hilflosigkeit klafft die große Leere. Wenn wir jedoch den Blick öffnen, wenn wir unser Handeln dem Gesetz des langen Atems unterwerfen, können wir in der Spannung zwischen Bedingtheit und Entscheidungsfreiheit den Spielraum auszumachen versuchen, in dem die tatsächliche Dimension unserer Leistung ersichtlich wird, können wir Möglichkeiten bedenken, allenfalls auch aus ausweglosen Situationen herauszufinden.

Unser politisches Handeln kann drei Themen zugeordnet werden: Entfaltung des Individuums, Förderung des Gemeinwohls (mein Computerprogramm kennt das Wort nicht mehr), Erhaltung des Lebensraumes. Ein kurzes Nachdenken über diese Begriffe macht deutlich, dass ihnen nicht nur Gegenwart eingeschrieben ist, sondern dass alle drei wesentlich mit Zeitlichkeit verbunden sind, sie »in die Zeit gestellt« sind, in den Raum, in dem Vergangenheit und Zukunft aufgehoben sind.

Politisches Handeln, das sich der Wirtschaftlichkeit unterordnet und damit weitgehend dem Diktat der Gegenwart, ist nicht in der Lage, in irgendeiner Weise sinnvolle Vorgaben und Rahmenbedingungen für notwendige Prozesse beispielsweise bildungs- und sozialpolitischer, aber auch ökonomisch-ökologischer Natur zu dekretieren. Von der Aktualität verführt, verhandeln wir im schalltoten Raum. Nur wenn wir uns bewusst dem Zeitraum stellen und den Echos unserer Setzungen nachhörend antworten, können wir zu dem finden, was wir den nachkommenden Generationen und unseren Vorfahren schuldig sind, dazu nämlich, Verantwortung zu übernehmen.

Es sind dies weitläufige, großspurige Gedanken, angesichts eines kleinen Hundes, der sein kleines Geschäft erledigt beziehungsweise einen Artikel in die Quartierzeitung setzt. Wobei diese, Anjas Zeitungslektüre – wenn ich sie denn richtig deute –, sich durchaus in die angedeuteten Überlegungen einfügt. Während ich über das Hineinhören in den großen Zeitraum nachdenke, erschnuppert sich Anja die Vergangenheit. Die entzifferten Geruchspuren scheinen ihrer Nase – ich weiß nicht, wie weit zurück und mit welcher Genauigkeit – einen Zeitraum zu öffnen, Zutritt zur Vergangenheit zu schaffen und zum Beispiel Kenntnis davon zu vermitteln, welcher Hund sich hier verewigt hat. Ist es einer von den nicht besonders beliebten, halb vis-à-vis unsrer Wohnung behausten, kräftigen Gesellen oder der hassenswerte, weiß gekrauste, kleine Insasse des Friseursalons vorn an der Straße, oder könnte es der sympathisch rundliche struppige Kumpel (auch das Hundeleben ist voller Klischees) des älteren spanischen Herrn sein, des Schnauzbartes, der gern mit meiner Frau Eriko charmiert?

Die verschiedenen Grade von Anjas Neugierde scheinen mir zu beweisen, dass auch durchaus bislang Unbekanntes entdeckt und interpretiert wird: Neuzugänge vielleicht, Laufkundschaft aus anderen Gegenden. Lassen sich Geschlecht, Alter, Größe, Stammbäume, Gestimmtheit der Zeitung entnehmen? Sind Nachrichten verborgen, die mehr sind als nur Lebenszeichen, Markierungen des Territoriums? Und das kleine Geschäft – manchmal auch ein größeres, das allerdings sorgfältig durch den Begleiter entsorgt wird (ein Eingriff in die Pressefreiheit?) – ist dann der eigene, der Gegenwart abgerungene Beitrag, der das

Ensemble der Gerüche zukunftsgerichtet ergänzt. Es ist faszinierend zu bedenken, dass die eher archaischen Sinnesorgane Ohr und Nase, deren Wahrnehmungen sich oft der Begrifflichkeit entziehen, völlig unterschiedliche Panoptika der Zeit aufspannen.

Nicht nur meine Blicke werden verharrend nach unten auf die lesende Anja gelenkt, auch meine Gedanken kommen vom Höhenflug zur Erde, zu mir zurück. Lässt das indische Zauberwort mir mich meiner Gegenwart nicht weit stimmiger bewusst werden als der übliche, pfeilgerade ausgerichtete Lebensbericht? Ich stehe nicht zwischen Vergangenheit und Gegenwart. Ich werde nicht immer klüger und erfolgreicher oder sturer und verbitterter. Ich bin neugeboren und vergreist in einem. »Das Kind im Manne« müsste eine sprichwörtliche Entsprechung »die Frau im Kinde« haben. Unser Dasein leuchtet auf zwischen Erfahrung und Erwartung.

Die Primarschülerin verfügt über weniger Erfahrungen als der Pensionist. Aber sie hat Erfahrungen gesammelt, vom ersten Lebenstag an. Dieser, der Alte, mag über ihre unendlichen Erwartungen schmunzeln, er weiß aus Erfahrung, wie schwer alles werden wird. Aber er selber hat durchaus noch einige Erwartungen, anders ist das Leben nicht zu bewältigen, und vielleicht hätte das Kind auch zu lachen, wüsste es um diese Erwartungen. Ob die Erwartung auf ein unbestimmt großes Glück zielt oder auf das Ende, ob die Erfahrung einen großen Krieg oder das Gelingen einer Bastelarbeit aufbewahrt: Wir sind in allen Richtungen des Zeitraumes offen und aus allen Richtungen beeinflusst.

Es ist eines der Privilegien der Kunstausübungen, dass – ihrem spielerischen und symbolhaften Charakter gemäß – in den Erfahrungen des alternden Musikers das Kindliche sich (aller biologischen Wahrscheinlichkeit entgegen) erhält und umgekehrt jugendliche Schöpferkraft sich visionär aus nie gemachten Erfahrungen der Verbindlichkeit versichert. Wir alle wären im Alltag wohler, wenn wir einerseits den Erwachsenen ihre Kindlichkeit nicht als Verirrung (ich rede nicht vom Kindischen) anrechnen würden, sondern als inneren Reichtum, und – andererseits – wenn wir Kindern gegenüber uns der gleichen Ernsthaftigkeit befleißigen würden, zu der wir uns im Umgang mit Erwachsenen angehalten fühlen. Ich habe als Musiklehrer für mich den Praxisbeweis dieser zugegebenermaßen banalen, aber nicht immer selbstverständlich umgesetzten These oft und mit Spaß antreten dürfen.

Die Worte Erfahrung und Erwartung können ersetzt werden: Wirklichkeitssinn und Möglichkeitssinn wären zu substituieren, und damit die beiden »Sinne«, deren Kultivierung uns Menschen das Überleben möglich macht. Unser Verstand, unsere Intuition, die Strategien unserer individuellen Bildung und die unendliche Vielzahl der gesellschaftlichen Abkommen, die getroffen wurden und getroffen werden, sind auf die Entwicklung dieser Sinne ausgerichtet. Ihr Zusammenspiel macht unsere Einzigartigkeit aus (und damit ist weder Unvergleichlichkeit noch Überlegenheit gemeint), ist das Fundament jeglicher Form von Kultur. Wenn wir den Menschen in seiner unmittelbaren Gegenwart und in all seinen Lebensstadien wahrnehmen als Wesen, das von Erfahrung und Erwartung in Bewegung gehalten wird, und nicht als eines, das sich stets und ausschließlich gleichsam als Monument seiner selbst hier und jetzt zu behaupten hat, werden wir seinem Naturell gerechter und der Entfaltung seiner Potenziale zuträglicher handeln. Ich will nicht wieder von Musikpädagogik sprechen: Es gibt keinen Lebensbereich, den ich mir vorstellen kann, wo die oben genannte Behauptung nicht zutreffen würde.

Es liegt an Anja, wenn der Aufsatz die vom virtuell gewordenen Auftraggeber vorgesehene Länge nicht einhält. Soweit ich mich erinnere, beinhaltete die obsolet gewordene Anfrage als »Zeitfenster« eine Viertelstunde. Anja bleibt schlicht und einfach zu oft und zu lange stehen. Sie hat offensichtlich einen anderen

Zeitbegriff. So rituell abgezirkelt der Spaziergang hinsichtlich der Strecke ist, so unendlich variabel scheint die Zeitgestaltung zu sein. Es gibt kein Nachher, welches eine Hetze zur Folge hätte, es gibt keine überkommene Regel, die einen Zeitplan diktieren würde. Nur die Altersmüdigkeit lässt die Schritte etwas kürzer werden – bis eine Katze auftaucht.

Ich ziehe nicht an der Leine – oder nur selten und unentschieden – und denke über mein Raumschiff und Anja nach. Ihr Verhältnis zur Gegenwart beeindruckt mich. Da ist eine grundsätzliche Gelassenheit, um die ich sie beneide. Ich bin mir überdies nicht sicher, ob sie mit der Nase einzig die Vergangenheit auskundschaftet. Weiß sie, wann es regnen wird? Manchmal kommt mir vor, als wüsste sie zehn Minuten vor dem Eintreffen, dass Eriko heimkommt. Wäre es möglich, dass sie noch einen Schritt weiter ist als die Menschen in Indien? Gibt es für Anja nur einen Zeitraum, in dem auch die Gegenwart Platz findet? Bedarf sie keiner Grenze zwischen sich und dem Anderen? Wäre sie die große Komponistin, die uns mit ihrer Musik den Zeitraum öffnet, und es wäre dann nur noch die Musik da, die aus sich selber spricht und die Komponistin zum Verschwinden brächte?

Es scheint zumindest, dass es für Anja den Unterschied zwischen wichtig und unwichtig nicht gibt. Es gibt für sie offenbar auch keine Differenz zwischen Ewigkeit und Alltäglichkeit. Wenn sie komponieren würde, könnte es sein, dass ihr ein Verständnis von künstlerischer Produktion entsprechen würde, wie es in Japan anzutreffen ist. Eriko – meine Frau ist Japanerin – hätte auch in dieser Hinsicht dann an Anja große Freude. Ich meine auch hier das Ineinandergehen von Ewigkeit und Alltag, abzulesen aus dem Verhältnis zwischen Schönheit und Gebrauch und aus der Zuneigung für das Asymmetrische.

Wir haben in Japan in einer Kimonomanufaktur einem Farbenstecher zugesehen. Maler wollte er nicht genannt sein. Er sticht mit feinstem Pinsel Farben in vorgeprägte Strukturen des Kimonostoffes. Ich glaube, es ist ungefähr eine Handbreite der keinen Meter breiten Stoffbahn, die er täglich schmückt. Ich fragte (beeindruckt von Zeitaufwand und Kostbarkeit), was denn geschehen würde, wenn er einen Fehler machte. Wie der erwähnte Ranking-Spezialist verstand er meine Frage nicht. Meine Frau versuchte zu übersetzen. Er lächelte. Das geschehe eigentlich nicht, und wenn es geschehen würde, dann wäre der Farbfleck etwas zu groß geraten. Das wäre dann so. In der japanischen Keramik gilt ein kleiner Aschenanflug, der die Glasur spontan verändert, als durchaus kunstvoll. Der kleine Fehler, der gleichsam aus der Gegenwart in die große Tradition sich einschleicht, die Spur, welche die Herstellung hinterlässt, mindert den Wert des Gefäßes in der Zukunft keineswegs.

Diese Gefäße sind denn auch sehr oft nicht hergestellt in der Annahme, sie würden als solche betrachtet, sondern nur im Zusammenhang mit ihrer Nutzung. Erst mit den hineingelegten oder -gestellten Speisen oder Blumen entsteht die gewünschte Schönheit. Der Gebrauch entwürdigt die Gefäße nicht, und selbst die Spuren des Gebrauchs, das Altern der Gegenstände, mindert nicht ihre Schönheit und ihren Wert. Der Gebrauchswert, die Spuren der Zeit, die Zufälle der Entstehung, die kleinen Abweichungen, die Asymmetrien steigern den Genuss des Schönen. All das zeugt von einem Kunstverständnis, das einen sehr entspannten Dialog zwischen Gegenwart und großem Zeitraum ermöglicht und eine starre Trennung von Kunsthandwerk und Kunst nicht kennt.

Gebrauch, Zufall und Beschädigung als sichtbare Zeitzeichen werden nicht als Verletzung einer »Urheberschaft« verstanden. Die Urheber ziehen sich hinter das Werk zurück und überlassen es seiner eigenen Geschichte. Umgekehrt wird der Ewigkeitswert nicht als unveränderlich gelesen und auch die streng gefasste Tradition nicht als Verbot jeglicher Spontaneität interpretiert. Die Gegenwart des Kunsthandwerkers und des Publikums – derjenigen, die mit Gefäß oder Kleid umgehen –

ist dem Gegenstand nicht äußerlich. Wenn das indische Wort die Einheit von Vergangenheit und Zukunft beschreibt und zur bescheidenen Sicht auf das Gegenwärtige mahnt, kommt uns aus dem japanischen Kunstverständnis eine Aufforderung zu, die Grenzen der Gegenwart zum großen Zeitraum als durchlässig aufzufassen.

»Wir meinen ›Zeit‹ wenn wir mindestens zwei Dinge meinen. Wir meinen Veränderungen. Und wir meinen etwas Unveränderliches. Wir meinen etwas, was sich bewegt. Aber vor einem bewegungslosen Hintergrund. Und umgekehrt.« Das schreibt Peter Høeg in seinem Roman »Der Plan von der Abschaffung des Dunkels«, der gleichzeitig eine große, wunderbar lehrreiche und eindrückliche Meditation über die Zeit ist. »Tiere können Veränderungen bemerken. Zeitbewusstsein aber besteht aus dem doppelten Gefühl von Unveränderlichkeit und Veränderung. Es kann nur denen zugeschrieben werden, die es auch ausdrücken können. Und das ist nur möglich in Verbindung mit der Sprache, und nur der Mensch hat Sprache. Zeitgefühl und Sprache gehören untrennbar zusammen.«

Es deckt sich da vieles mit dem, was ich meine – der Anregung meines Volksmusikfreundes folgend und mit Anja sinnierend – wahrgenommen zu haben. In zweierlei Hinsicht bin ich mir nicht sicher, ob ich dem Autor (es handelt sich im Übrigen um Rollenprosa) ganz zustimmen kann. Mein Zweifel betrifft zum Ersten die Aussage zum Bewusstsein und zum Ausdrucksbewusstsein der Tiere. Ich bin mir da einfach nicht sicher. Anja ist, bevor ich »letzte Hand« an diesen Aufsatz legte, gestorben. Sie hat ihre Zeitung ausgelesen.

Das Sterben hatte sich lang schon angekündigt. Ich wusste nie, ob in Anjas Blick, wenige Wochen vor ihrem Tod, etwas wie Wissen um das Ende zu lesen war. Ihre Gelassenheit allerdings hat sie nicht verloren, ich konnte keine Angst ausmachen, und nur in den letzten Tagen dämpfte die große Müdigkeit ihre Teilnahme am Gegenwärtigen. Ich nehme an, dass sie, die so souverän mit der Zeit umging, die Kraft zu ihrer schrankenlosen Gegenwärtigkeit und ihrer Gelassenheit vielleicht doch aus einer Gewissheit von Anfang und Ende schöpfte, die nicht ihrem Bewusstsein, aber ihrem Körper gegeben war.

Zum Zweiten melde ich nicht nur Zweifel, sondern Widerspruch an: Das doppelte Gefühl von Unveränderlichkeit und Veränderung kann nicht nur in Verbindung mit der Sprache ausgedrückt werden, sondern – ich erfreche mich zu sagen: in gewissen Belangen noch differenzierter – in Verbindung mit der Musik. Vielleicht versteht ja Peter Høeg Musik als Musiksprache. Dies festzuhalten ist mir wichtig, weil die Lust, mir zum Thema Zeit und Zeitgefühl Gedanken zu machen, eng mit der Überzeugung zusammenhängt, als Musiker dazu sowohl besonders privilegiert als auch besonders verpflichtet zu sein, und ich aus diesem Privileg und dieser Verpflichtung heraus mir den Auftrag gab, die vorangehenden Überlegungen anzustellen.

In Ausübung unseres Berufes können wir uns selbst und andere zum Versuch ermutigen, die Zeit zu berühren – wie es Katarina in Peter Høegs Roman ausspricht. Ich stimme zu, dass das besondere Verständnis von Zeitlichkeit etwas ist, was uns Menschen nicht nur auszeichnet, sondern definiert. Unser Privileg und unsere Verpflichtung sind so gesehen nicht unbedeutend.

In verschiedenster Weise bedeutet ein Leben im Zeichen der Zeitlichkeit gleichzeitig Strafe und Geschenk. Die Beschäftigung mit Musik kann uns helfen, in der Auseinandersetzung mit der Zeit feinfühlig und ausdauernd, widerständig und sorgfältig zu werden. In wechselnden Zeiten sind dabei die Akzente immer neu zu setzen. Mir scheint, dass heute der stellvertretende Blick der Musikerinnen und Musiker über die Gegenwart hinaus besondere Bedeutung hat.

Ich sitze also im Raumschiff, und während die einen beim Cockpit Ausschau halten und zu bestimmen suchen, wohin die Reise geht, andere die Fernrohre bedienen und an den Radarschirmen sitzen (man merkt mir die mangelnde Erfahrung in

Science-Fiction-Stoffen an), wieder andere gemütlich zu den seitlichen Fenstern herausblicken und mehrere die Luken dicht gemacht haben und sich dem Innenleben der Kabine zuwenden, scheint es mir, dass ich auf dem Deck des Raumschiffes meine Tonleiter aufstellen, raufklettern und mit Kolleginnen und Kollegen hinaushören sollte in den großen Raum, um danach auf dem Klavier und dem Notenpapier zu erzählen, was ich da aufgeschnappt habe.

Notizen zum Stichwort
»Indifferenz«

Einleitung: Captatio Benevolentiae oder die Jagd nach Verständnis

Adrienne Goehler zitiert auf Seite 26 ihres Buches »Verflüssigungen – Wege und Umwege vom Sozialstaat zur Kulturgesellschaft« den französischen Philosophen Baudrillard: »Wir befinden uns in einem Bereich unentschlossener Identität, die Differenzen hervorbringen muss, weil sie in Wirklichkeit auf dem Boden radikaler Indifferenz steht.« Sie kommentiert: »Jeder Einzelne muss sich selbst eine Kontur geben, weil die Gesellschaft keine angestammten Plätze mehr vergibt. Wir kommen um das Nebeneinanderstellen und die Annahme verschiedener Wege nicht herum, vielmehr sind sie Voraussetzung für Verständigung und Veränderung des als ungenügend empfundenen Gegenwärtigen.«

Ich bin vom Komponisten Patrick Frank, der für eine Publikation die Indifferenz in der zeitgenössischen Kunst und Musik zur Diskussion gestellt hat, aufgefordert worden, mich ausgehend von Baudrillard zum Thema zu äußern. Und ich will das tun, weil ich eher ahne als weiß, dass hier Fragen gestellt sind, die mich in den letzten Jahren zunehmend beschäftigt haben und weiter beschäftigen werden. Die Anfrage ehrt mich, freut mich, stachelt mich an und lässt mich dennoch hilflos werden.

Ich bewundere Adrienne Goehlers Reaktion auf die Sätze von Baudrillard. Ich könnte meinen Auftrag zurückgeben: Lieber Patrick, lies bitte die Seite 26 von »Verflüssigungen«, lies, wenn Du magst, das ganze Buch, ich denke es ist sehr klug. Besseres kann ich nicht formulieren. Herzlich Dein.

So geht es nicht. Ich habe in den letzten Monaten zu oft am Wort Indifferenz herumgekaut, um den Knochen jetzt einfach zu vergraben.

Ich muss mich auf Fragmente beschränken. Jeder Anspruch einer Systematisierung lähmt mich. Ich bemerke, dass mich das Stichwort »Indifferenz« unangemessen verärgernd anrührt, und ich weiß, dass mir für einen gültigen Beitrag zur Debatte das Instrumentarium fehlt, das analytische, historische, systematische, kurz: ein philosophisches Rüstzeug. Also lege ich Gedankensplitter vor. Dabei bin ich auf die Berufspraxis mehr orientiert als auf die Reflexion von Strategien. Die »Sozialisation« meines Denkens hat im Kunstbereich stattgefunden, wo selbst Konzepte Produkte sind. Der Aufsatz behauptet letztlich, dass dem nächsten Schritt mindestens so viel Bedeutung zukommt wie der Strategie.

Ich betrete den Ring aus der Ecke des Vermittlers von Kunst, sei es als Lehrer, sei es als Administrator einer Ausbildungsstätte für künstlerische Berufe. Die simple These, die ich vertrete, lautet: Meine Arbeit macht heute Sinn, gerade weil sie wie kaum zuvor (ebenso punktuell ausdrücklich wie gleichsam mit gelassener Selbstverständlichkeit) in Frage gestellt ist. Diese etwas platte Praxisorientierung korreliert möglicherweise in minimaler Weise mit der Haltung Baudrillards, der seine Texte nicht als rein theoretische Beiträge verstand, sondern immer auch als Interventionen.

Die Diagnose »Indifferenz« (auf die Ebene der Einzelnen heruntergebrochen) ist unerfreulich: Ich werde nicht erkannt und ich kann mich nicht erkennen, ich werde nicht bemerkt und ich kann mich nicht bemerkbar machen, ich verstehe nichts und vermag nichts zu bewegen, nicht einmal mich selbst. Diese Defizite, die sich nicht auf die persönliche Befindlichkeit beschränken, sondern Symptome einer emphatisch ausgedrückt globalen Erkrankung sind, rufen nach Strategien und Handlungsanweisungen, sie abzutragen. Andernfalls bewegen wir uns nur blindlings, um uns bemerkbar zu machen, und nur zu unserem und anderer Schaden.

Im Umgang mit dem, was wir unter Kunst verstehen, kommen mir Kräfte zu, die zu Erkenntnis, Ausdrucksfähigkeit und dem Mut zur Veränderung verhelfen können, also in gewisser Weise Energien, mich different zu machen (und übrigens auch zu »differenzieren«, was – wie in der Folge dargelegt – ein paralleler Prozess ist). Diese Binsenwahrheiten der Kunstpädagogik muss ich nicht nur als Rechtfertigung öffentlich machen. Sie zumindest in Ansätzen zu formulieren, gibt mir den Anstoß, weiter meinem Beruf als Vermittler nachzugehen. Ich verweise übrigens in dem Zusammenhang auf das Stichwort »Vermittlung«, wie überhaupt auf die spielerische Anordnung dieser fragmentarischen Notate insgesamt: Die alphabetische Strukturierung ist mit hohem Respekt Roland Barthes »Fragmente einer Sprache der Liebe« entlehnt. Die Strukturierung in drei mal sieben Bausteine ist eine Reverenz vor Italo Calvino, der in seinem unvergleichlich wunderbaren »Herr Palomar« sich durch dieselbe Gruppierung vor Arnold Schönberg verneigt beziehungsweise vor dessen 21-teiligem Zyklus »Pierrot lunaire«.

Teil I
Aufmerksamkeit

Wir kennen die beliebten Schnappschüsse, welche uns ein wachsam aufgerichtetes Murmeltier zeigen. Im Wald, wenn ich vom Laufen müde werde, versuche ich ein Zwitschern zu erlauschen. Meine Wirbelsäule streckt sich und ich vergesse für Augenblicke die Erschöpfung.

Vieles bedrückt uns nicht nur in persönlichen Zusammenhängen, sondern auf Grund der Ängste, die wir – angesichts dessen, was wir den Lauf der Welt nennen können – mit anderen teilen. Wir ziehen den Kopf ein, wir starren mit hochgezogenen Schultern ins Glas. Die Unaufmerksamkeit ist wenig hilfreich. Es ist bekannt: Um den Bann der grauen Kugel der Melancholie zu brechen, bedürfte es der Energie, wieder aufmerksam zu werden, die gezwitscherte Reizung des Trommelfells wahrzunehmen, sich aufzurichten und den Blick aus dem Fenster zu werfen.

Aufmerksamkeit verhilft zu Haltung, zum aufrechten Gang. Der Arzt und Gehörsspezialist Alfred Tomatis hat dazu folgenreiche Forschungen vorgelegt. Jürg Jegge zitiert in seinem Buch »Die Krümmung der Gurke« Claus Offe und Susanne Fuchs, welche Aufmerksamkeit als eine der drei Komponenten des Gemeinsinns beschreiben. Aufmerksamkeit meine das Achten auf andere Menschen und die Wachheit für das, was in der Gemeinschaft vor sich gehe. Sie sei die notwendige Voraussetzung für jede Teilnahme an assoziativer Aktivität. Als Gegenteile von Aufmerksamkeit werden Ignoranz, Gleichgültigkeit und opportunistische Meinungsbildung genannt.

Ich habe meine berufliche Spezialisierung »Liedbegleitung«, aber auch Kammermusik in weiterem Sinne nie mit dem Etikett »assoziative Aktivität« versehen. Je länger ich aber die Überlegungen von Offe und Fuchs bedenke, umso mehr komme ich zur Überzeugung, dass da eine ungewöhnliche, aber ungewöhnlich präzise Beschreibung dessen vorliegt, was ich als Musiker konzertierend und unterrichtend betreibe. Das Etikett weist auf den ausgeprägt gemeinschaftlichen und verknüpfenden Charakter dieser Formen von Musikausübung hin.

Daran anschließend verblüffe ich sicher niemanden mit unerhörten Neuigkeiten, wenn ich für die ganze Kunsterziehung als wesentliches Element die Förderung der Aufmerksamkeit und die Schulung der Wahrnehmung behaupte. Wir sind an der Wurzel des Krautes, das allenfalls gegen die Indifferenz gewachsen ist. Die Anspannung des aufmerksam Beobachtenden ist auf nichts anderes denn die Wahrnehmung von Unterschieden ausgerichtet.

Besonderes

»Hier noch von einem Allgemeinen zu träumen, etwa von der Vernunft der Aufklärung, dem Gang der Geschichte, den Gesetzen der Natur oder dem Sinn des Lebens, dem alles andere zugeordnet werden könnte, um es zu sortieren und zu bewerten, ist vergebliche Liebesmüh.« Was ist für Dirk Baecker, dessen Aufsatz »Die nächste Universität« vom Oktober 2006 ich dieses Zitat entnehme, das »Hier«? Arg vereinfachend gesagt eine Gesellschaft, deren Kommunikation durch das »Netz« geprägt ist, in dem »unvorstellbare Datenmengen gespeichert und verarbeitet« sind und »punktgenau an den Mann und an die Frau gebracht werden können«.

Ich lasse mir den »Traum«, die Überzeugung nicht nehmen, dass Vernunft Mündigkeit fördert und die Kenntnis der Traditionen Selbsterkenntnis. Ich denke, dass das Staunen angesichts eines Baumes uns ebenso sehr immer begleiten wird und muss wie die Fragen, welche Kinder am präzisesten stellen. Und doch hat Dirk Baecker recht, wenn er darauf hinweist, dass nicht die umfassenden Entwürfe die archimedischen Punkte abgeben, von denen aus die Welt heute zu bewegen wäre.

Die Verallgemeinerung, welche einst tröstlich das »Durcheinandertal« ordnete und bewohnbar machte, taugt angesichts der Explosion an zugänglichen Informationen in der konkreten gesellschaftlichen Auseinandersetzung in harmloser Ausprägung nur mehr als Marketingstrategie zur Verbreitung selbstmitleidiger Evergreens oder – schlimmer schon – als Grundlage populistisch verkürzender Welterklärungen, in denen jeder Sündenbock willkommen ist, solange er sich fremd genug zeigt, und – besonders beunruhigend – als Humus, auf dem fundamentalistisches Gedankengut, welcher Herkunft auch immer, bestens gedeiht.

Wenn wir den Traum des Über-Geordneten wieder träumen wollen, dann nur auf der Basis jener Erfahrungen und Erkenntnisse, die wir mit dem Besonderen machen. Der Geltungsbereich unserer Setzungen ist beschränkt. Die »Transdisziplinarität« ist nicht einfach eine aktuelle Modeströmung im Kunstschaffen, sondern eine Notwendigkeit im Umgang mit einer Vielzahl der heftigsten Problemstellungen. Nachhaltige Lösungen verlangen angesichts der vervielfachten Komplexität der Zusammenhänge »assoziative Aktivität«.

Die Beiträge der Einzelnen entstammen ihrem besonderen Erfahrungsschatz. Dirk Baecker schreibt:»Man schließt vom Besonderen auf das Besondere. Und man tut dies nicht direkt, in der Form des Analogieschlusses, denn das war der eigentliche Sündenfall, sondern man tut es indirekt, nämlich vermittelt über eine Theoriefigur, die das Allgemeine vertritt, ohne selbst etwas anderes zu sein als ein Besonderes.«

Der Autor verweist im Zusammenhang mit der »eigentümlichen Logik«, die sich hier herausbilde, unter anderen auf Umberto Eco und Martin Heidegger und fasst folgendermaßen zusammen:»... alle diese Beschreibungen konvergieren in der Fähigkeit, an einem Besonderen generalisierbare Erfahrungen zu machen, die den Umgang mit einem anderen Besonderen zu initiieren, aber nicht zu instruieren vermögen, ohne dabei die Besonderheit, das heißt die Unvergleichbarkeit des Besonderen, aus den Augen zu verlieren.«

Wieder denke ich an meinen Alltag: Wird da nicht ein künstlerischer Prozess beschrieben? Versuchen wir nicht in der Kunstausbildung die Studierenden zu befähigen, exemplarische Geschichten zu erzählen, Modelle zu entwickeln, welche eine Simulation der Wirklichkeit herausfordern, und dabei die Reflexion der gesellschaftlichen Realität nicht außer Acht zu lassen?

Das Kunsterlebnis ist nicht Instruktion (es sei denn, die Rekonstruktion des genialen Einbruchs im Film gelinge in der Wirklichkeit), sondern immer nur Initiation. Die Aufmerksamkeit auf das Besondere, die Wahrnehmung des Besonderen und des ihm innewohnenden Verweises auf das Andere (Besonderes und zugegebenermaßen auch Allgemeines) ist Ausgangspunkt einer schöpferisch-künstlerischen Leistung.

Der »Sonderfall« Kunstwerk, der als randständig, exotisch, abseitig diffamiert oder gar falsch verklärt wird, erweist sich so besehen als ein zentrales Übungsfeld, um aus dem Umgang mit dem »Besonderen« Lehren zu ziehen, mit anderen »Besonderen« angemessen umzugehen. Hier wächst der Keim aus der erwähnten Wurzel.

»Es geht um die Erfahrung der Konstitution von Dingen und Ereignissen, wie sie fundamentaler und gleichzeitig spielerischer, nämlich generalisierungssensibler, nicht gemacht werden kann. Und es geht um diese Erfahrung in einem Moment, der ebenfalls in seiner Bedeutung kaum überschätzt werden kann.« Die Überlegungen Dirk Baeckers könnten als Beschreibung eines außergewöhnlich gelungenen Konzertes gelesen werden. Mit der Fokussierung des Momentes im Zeitablauf, seiner Einzigartigkeit, verleiht er der angestrebten Erfahrung etwas Unvermitteltes, Konkretes. Der griechische Gott des rechten, des einmalig-glücklichen Augenblicks, Kairos, lässt grüßen.

Digitalisierung (Däumling)

Diese unmittelbare Gegenwärtigkeit, die – im Unterschied zur vermittelten Allgegenwart des »Netzes« – als zwar beschränkt, aber besonders eindrücklich geschildert wird, würde einer andere Präsenz entsprechen, die den virtuellen Reisen entgegengesetzt ist. Ich meine die Präsenz des Körpers.

Die unermesslich großen Leistungen, welche im Hinblick auf Speicherung und Verarbeitung der Digitalisierung zu danken sind, und – wesentlicher – die Horizonterweiterung für Nutzerinnen und Nutzer, eine Demokratisierung des Wissens, sind gleichzeitig Prozesse der Entkörperlichung. Es gibt Feinhörige, welche den Raum- und Körperverlust digitaler Aufzeichnungen im Vergleich zu analogen Aufnahmen beklagen. Die Tatsache, dass ich den Gott Kairos unter Wikipedia finde, enthebt mich der Anstrengung, meinen Körper in die Bibliothek und das Buch in meine Wohnung zu schleppen. Diese Amputation meines Körpers durch das Medium Computer, welche die unermessliche Erweiterung unserer »Reichweite« konterkariert, ist total. Wenn ich mich recht erinnere, wählte Marshall McLuhan einmal das Beispiel, dass die Erfindung des Stuhls gleichzeitig eine Amputation des Hinterns bedeute. Wir alle kennen das Unbehagen den Computerspielen gegenüber und fragen uns, welchen Einfluss die neuartigen Massakerspiele auf uns haben. Das »Körperbewusstsein« in doppeltem Sinne kommt uns abhanden, wenn wir die Bösen vor dem Bildschirm hockend auszumerzen uns anschicken.

Wenn ich Mail und Brief vergleiche, SMS und Telephon, bemerke ich einen ähnlichen Vorgang. Ich wähle kein Briefpapier, ich suche keinen Umschlag (früher sollen das Parfum oder eine Haarlocke die postalische Zustellung unbeschadet überstanden haben), ich gehe nicht zum Briefkasten, wenn ich doch einfach ein E-Mail schreiben kann. Die Feder kratzt schon lange nicht mehr, aber auch die Handschrift (wie das Wort sagt: die Schrift eines Teils meines Körpers) hat ausgedient: Die Tastatur garantiert Geschwindigkeit und Leserlichkeit. Für den persönlichen Touch ist zum Beispiel »Breadley Hand ITC« abrufbar. Schreibe ich auf dem Handy ein SMS – meine Stimme ist nicht hörbar –, reduziert sich die Fingerbewegung auf das (nicht bei mir, aber jüngeren Semestern: virtuose) Duett von Daumen. Wir sind körperlich zu Däumlingen geworden.

Es sei dies nicht kulturpessimistisch beklagt: Die Siebenmeilenstiefel, die fliegenden Teppiche, die sieben starken Schwaben, die uns die Digitalisierung verschafft, haben Wissenschaft und Wirtschaft beflügelt, sind dem Däumling unersetzlich geworden. Es kann nie darum gehen, Entwicklungen rückgängig machen zu wollen, oder gar zu leugnen. Es geht nur darum, darauf hinzuweisen, dass wenn Dirk Baecker von der »Erfahrung der Konstitution von Dingen und Ereignissen« redet, schon mit dem Wort »Konstitution« die körperliche Dimension einbezogen wird.

Erfahrung ist immer auch körperlich und Kunstausübung immer auch körperbezogen. In den darstellenden Künsten bedarf das keiner Erläuterung. In einem eher konservativen Konzept der visuellen Künste ist der menschliche Körper eine Art »Maß aller Dinge«. Und da die menschliche Erfahrung des Raumes eine körperliche ist, muss eine Debatte über visuelle Gestaltung in jedem Fall den Körper einbeziehen.

Wir können auch Musik weder denken noch besprechen, ohne ständig auf Analogien zu körperlichem Erleben zu verweisen. Selbstverständlich ist, dass der Akt des Musizierens der körperlichen Präsenz bedarf.

Fazit: Die Ausbildung zum künstlerischen Tun ist auch eine Ausbildung zumindest des Körperbewusstseins, wenn nicht des Körpers selbst. Dabei ist nicht die genormte Fitness das Ziel, sondern – ich beziehe mich auf vorangegangene Überlegungen – die aufmerksame Wahrnehmung des jeweils besonderen Körpers. Dieser differenzierte Blick, der das Handgelenk der Geigenspielerin ebenso umfasst wie die Clusterbildung von Körpern, die in Ausstellungsräumen vorauszusehen sind, könnte helfen, eine erste Schranke aufzubauen gegen Gewalttätigkeit. Mehr noch: Dem Respekt vor der Eigenart und der Integrität des menschlichen Körpers entspricht ein Respekt vor der Umwelt. Unsere großen Umweltschutz-Deklarationen gegenüber den neuen Wirtschaftsnationen sind notgedrungen unglaubwürdig. Möglicherweise kann nicht über Gebote und Verbote, aber über den Respekt vor dem Besonderen ein Bewusstsein geschaffen werden, welches übergreifende Wirkung zeitigt.

Einfühlung

Ich habe einleitend Adrienne Goehler unter anderem mit dem Satz zitiert: »Jeder Einzelne muss sich selbst eine Kontur geben ...« Dass die körperliche Kontur Teil dieser Selbstdefinition ist, versuchte ich eben darzulegen, und dass Kunstausübung dazu das Bewusstsein schärfe, war die Folgerung. Ausgeklammert blieb dabei die erotische Dimension, die im Bereich des Körperlichen ebenso von Bedeutung ist wie im Bereich der Kunst. Unter dem Aspekt der Einfühlung wird ein Abglanz dieser Thematik eingefangen.

Wenn vom Respekt gegenüber der körperlichen Integrität die Rede war, so ist nämlich nachzutragen, dass Respekt vermutlich grundsätzlich nicht anders denkbar ist als auf der Basis der Einfühlung. Kurzfristig kommt mir aus Regeln, deren Verfasser oder Traditionshintergrund ich ehre, genug Verbindlichkeit zu, dass ich deren Verletzung unterlasse, nicht nur, weil die damit verbundenen Handlungen tabuisiert wären oder bestraft würden, sondern weil ich Respekt vermittelt bekam vor der Integrität dessen, das ich zu beschädigen mich anschickte. »Nachhaltig« kann ich aber nur etwas respektieren, dessen Wert ich erkenne und anerkenne. Handelt es sich dabei nicht um eine Sache, sondern um einen Menschen (oder könnte man sagen: ein Lebewesen?), ist diese Erkenntnis (da Wert nicht nur Status meinen kann) mit Einfühlung verbunden.

Einfühlung wäre die emotionale Aufmerksamkeit für die Anderen kraft der eigenen Phantasie. Wenn ich Einfühlung als das emotionale Pendant einer eher intellektuell gesteuerten Aufmerksamkeit beschreibe, verweise ich auf das Stichwort Gleichgültigkeit, eines der »Gegenworte« zur Aufmerksamkeit, die anfangs genannt wurden (die anderen waren Ignoranz und opportunistische Meinungsbildung): Die Abwesenheit von Gleichgültigkeit setzt immer emotionale Beteiligung voraus, sei diese auch in Form der Faszination gleichsam »nur« der Oberfläche der Gefühlswelt zuzuordnen. Aufmerksamkeit als erste Verankerung einer Lebensweise, die versucht, dem Beliebigkeitsbefund in der Welt- und Selbstwahrnehmung etwas entgegenzusetzen, wäre demnach immer auch mit Einfühlung durchsetzt.

Einfühlung vermag vieles. In erster Linie ermöglicht sie den Versuch, den Standpunkt des Anderen einzunehmen. Dieser Perspektivenwechsel ist in der künstlerischen Produktion ein gängiges und notwendiges Verfahren. Ich weiß nicht mehr, wer festgehalten hat, dass gute Autorinnen und Autoren immer über mindestens zwei gute Standpunkte verfügen müssten, um ein spannendes Buch zu schreiben. Wieder leuchtet die unmittelbare Notwendigkeit der Empathie in den darstellenden Künsten ein und in allen künstlerischen Tätigkeiten, die Interpretation oder kollektive Aktion umfassen. Mehr noch: Weiter oben wurde die Befähigung zur Erzählung exemplarischer Geschichten als ein Ziel der Kunsterziehung genannt. Ich hätte weiter ausgreifen können: Das Ziel ist die Befähigung zum Gespräch. Kunst ist auf Austausch aus. Selbst extravaganteste oder radikalste Kunsterzeugnisse sind beseelt vom Wunsch nach dem Gespräch und setzen Gesprächsteilnehmende zumindest als die Kreation beflügelnde Phantasmen voraus, und damit Phantasien über den Charakter dieses imaginierten Publikums, erste Schritte also ins Reich der Einfühlung. Man könnte paradox formulieren: Gerade die künstlerische Produktion, die dem Verstummen am nächsten ist, diejenige auch, deren Zugänglichkeit verstellt scheint durch Scham, Verletztheit, Ausgefallenheit oder Anspruch, ist markant von der Utopie des offenen Gesprächs erfüllt.

Künstlerisches Tun ist auf Gespräch ausgerichtete Rede, nicht esoterisches Geraune oder Partygeschwätz, kein Aufzählen und kein monadisches Selbstgespräch. Die Schwierigkeit, über Vermittlung von Kunst zu sprechen, das Misstrauen, welches pädagogisierende Musik weckt, die Wut des Regisseurs, der, statt proben zu dürfen, einen Pressetext redigieren soll, die Peinlichkeit der Objektbeschreibungen bildender Künstlerinnen und Künstler entstammen alle dem Widerspruch, dass die künstlerische Produktion selbst sich schon als Vermittlung versteht und sich nicht vermitteln lassen will, allem Zwischenhandel abhold sein muss. Das vorgesehene Fragment »Vermittlung« wird nachgerade kurz gehalten werden können.

In seinem 1968 erschienen Buch »Le système des objets« unterscheidet Jean Baudrillard handwerkliche Erzeugnisse von Fabrikaten der industriellen Epoche. Handwerklich erzeugte Gegenstände besitzen laut Baudrillard Kontingenz und Singularität. Fabrikate der industriellen Epoche sind kohärent dank technischer Ordnung und volkswirtschaftlicher Struktur. Der Gedanke soll hier nicht weiter ausgeführt werden. Spannend in diesem Zusammenhang ist, dass Baudrillard »das handwerkliche Erzeugnis mit der ›Rede‹ gleichsetzt«, dem System der Massenverbrauchsgüter aber eine Syntax abspricht, sie als »eine Aufstellung, als Verzeichnis« beschreibt.

Mit den Stichworten »Kontingenz und Singularität« und dem Hinweis auf das Handwerk sind wieder ungewohnte Wegweiser in Richtung eines Erfassens zumindest wesentlicher Charakteristika möglicher künstlerischer Produktion gegeben. Diese »Singularität«, das »Besondere« des handwerklichen Produkts, die Maßanfertigung als Anlass zu Rede und Gegenrede zwischen Produkt und Kunde interpretiert, ergänzt stimmig die Behauptung eines Kunstgesprächs. Allerdings wäre vorauszusetzen, dass auch in der Reproduktion oder der seriellen Herstellung von Kunstwerken die Autorschaft erkennbar bleibe, eine Signatur, welche anzeigt, dass die Ausnahme der Vervielfältigung die Regel der Einmaligkeit nur bestätigt.

Ich verhehle nicht, dass die Nennung des »Handwerks« im Zusammenhang mit einer aktuellen Kunstdebatte mich zufrieden stellt, nicht nur um der Körperlichkeit der Kunstausübung willen, sondern auch um der Verpflichtung zur »Kontingenz« gegenüber Material und Stoff (ein fast ökologisch begründeter Respekts-Reflex). Grundsätzlicher noch ist der Erkenntnisgewinn, dass in der Kunstausbildung die Schärfung der Aufmerksamkeit bei der Wahrnehmung des Besonderen und Einzigartigen auch eine Zuspitzung der emotionalen Aufnahmebereitschaft meint (und da fügt sich der Einbezug des Körperbewusstseins nahtlos ein) und all dem im Hinblick auf das Gespräch gleichsam eine propädeutische Bedeutung zukommt.

Fest

Dieser Kunst-Dialog – ich meine das Gespräch, welches im Kunstwerk mitgedacht ist – ist ein besonderes Gespräch. Wir haben Kunst als Übungsfeld für das Besondere und als deshalb besonders exemplarisch dargestellt. Es ist ein außerordentliches Gespräch, ein Gespräch außerhalb der Ordnung. Vom Einzigartigen, vom glücklichen Moment war die Rede.

Hans-Georg Gadamer beschreibt in seiner Schrift »Die Aktualität des Schönen« Kunst als Spiel, Symbol und Fest. Das Stichwort Fest interessiert hier. Dazu entfaltet Gadamer eine Fülle von Gedanken, deren kleinster Teil nur angedeutet werden kann.

Gadamer beschreibt das Fest als ein Sich-Versammeln auf etwas, »wovon niemand sagen kann, worauf man sich eigentlich dabei sammelt und versammelt. Das sind Aussagen, die wohl nicht zufällig der Erfahrung des Kunstwerkes ähnlich sind.« Davor stellt er fest: »Das Fest ist Gemeinsamkeit und ist die Darstellung der Gemeinsamkeit selbst in ihrer vollendeten Form. Fest ist immer für alle.« In der versuchsweisen Gleichsetzung dessen, was mit Kunst-Dialog bezeichnet wurde, und dem Fest wäre zweierlei abzuleiten: Erstens: Der Kunst-Dialog ist offen hinsichtlich dessen, was von ihm zu erwarten ist. Zweitens: Es lässt grundsätzlich jedermann zu. Im verschlüsselten Kunstwerk – es wurde gesagt – ist ein Gegenüber phantasiert, und in der Auftragsproduktion für den exklusivsten Zirkel ist – sofern es sich um eine künstlerische Produktion handelt – die Öffnung des Gesprächs mit allen nur denkbaren Teilnehmenden angelegt.

Der notwendige kritische Einwand, die Frage nämlich, ob diese Öffnung heute überhaupt jemanden interessiert, das heißt, ob nicht zu viele Sendende zu wenig Empfangenden gegenüberstehen, muss zugelassen werden. Er schränkt nicht die Gültigkeit des Gesagten ein, weist uns aber auf die zentrale Bedeutung der Problematik der Vermittlung ein, die im Kunstbetrieb und in der Ausbildung prioritär bedacht werden muss.

Hans-Georg Gadamer erwähnt die sprachliche Wendung des »Begehens« eines Festes und weist auf das in dem Wort enthaltene Angebot hin, dass das Fest recht eigentlich immer da sei, ein Zeitraum, der begangen werden kann, eine Einheit, die nicht in einzelne Momente zerfalle. Die Feierlichkeit des Festes – welche der erwähnten Außerordentlichkeit verwandt ist – müsste sich demnach nicht in aussondernden Ritualen oder Riten konkretisieren, sondern in Angeboten, welche gesellschaftliche Segmentierungen aufhebten.

Der Einfühlung, der Empathie, paart sich im Fest die Sympathie, das Mitgefühl. Das gemeinsame Erleben ist die einfachste Form des Mitfühlens. Im Vergleich des Kunstwerkes mit dem Fest und der ihm innewohnenden latenten Wendung gegen Hierarchisierung kristallisiert sich ein emphatischer Demokratiebegriff heraus, den man mit dem altehrwürdigen Wort »Gemeinsinn« fassen könnte.

Gemeinsinn

Im erwähnten Buch »Die Krümmung der Gurke« überschreibt Jürg Jegge ein Kapitel mit »Gemeinsinn ist lernbar«. Jegge zitiert sich damit selbst: »Dummheit ist lernbar« war der Titel eines seiner pädagogischen Bestseller vor dreißig Jahren.

Wenn die getätigten Überlegungen ernst genommen werden können, so wäre das Training des Gangs von der individuellen Aufmerksamkeit auf das Besondere, möglicherweise Abseitige hin zum offenen Kunst-Dialog ein Gang, auf dem Körperlichkeit (man könnte auch sagen: Materialität) ins Bewusstsein rückt (auch im Sinne des »Handwerklichen«) und vergessene Worte wieder lebendig werden: Gemeinsinn, Solidarität.

Florian Rötzer schreibt in seinem Nachwort zu Jean Baudrillards Buch »Das System der Dinge« unter dem Stichwort »Die Rache der Dinge« über den französischen Philosophen: »Seine fundamentale These, dass heute alles, nicht nur die Zeichen und Informationen, in einem leeren, orbitalen Raum kreist, ohne dass wir noch wissen könnten, was Bezugnahme auf Realität hieße, wird verstärkt durch die Annahme, dass die herrschenden politischen, ökonomischen, kulturellen, technischen und informatorischen Systeme ohne Öffnung auf ein Anderes selbstorganisierend sei.«

Die Lähmung, die im Zeichen der »Indifferenz« die Gesellschaft befallen hat und die gleichsam nur in spastischen Eruptionen von Gewalt Einzelner und mehr oder minder zufälliger Gruppierungen für schreckliche Augenblicke durchbrochen wird, hat damit zu tun, dass Baudrillards Beschreibung offensichtlich einer gängigen Welterfahrung entspricht. Ich staune, dass hierzulande die Straßen sich angesichts von ungeheuerlichen Löhnen und Boni einzelner Vertreter einer neuen Plutokratie, eines neuen Feudalismus, nicht mit Demonstrantinnen und Demonstranten füllen. Zu erwarten wäre eine Kundgebung jener, die nicht mehr bereit sind, den Abzockern zur Hand zu gehen, um deren Finanzmanipulationen willen Tausende arbeitslos geworden sind, nicht mehr bereit sind, deren Eltern zu pflegen, den Abfall zu entsorgen. Baudrillard skizziert den Grund für dieses Rätsel: Die Geschlossenheit des Systems, die erwähnte Selbstorganisation, die Ununterscheidbarkeit der Ebenen Wirtschaft und Politik werden als dermaßen zementiert, beinahe schon naturgesetzlich gegeben erlebt, dass Widerstand zwecklos scheint.

Auch meine Befürchtungen, dass über kurz oder lang weit weg von mir jene, die unter der ausgelagerten Verelendung leiden, sich erheben werden, entbehren solange der Grundlage, als nicht erkannt wird, dass die zunehmende Öffnung und Vertiefung des Grabens zwischen Reich und Arm ein Abgrund ist, in den wir stürzen müssen. Wünsche ich mir dieses Erwachen?

Baudrillards Hinweis auf die Durchdringung von wirtschaftlichen und politischen mit technischen und insbesondere informationstechnischen Systemen versachlicht die etwas pathetischen Erklärungsversuche: Es ist außerhalb des abgeschlossenen Systems, in welchem eine unvorstellbare und undurchsichtige Macht sich konzentriert, kaum möglich, eine Kommunikation aufzubauen, welche Selbstbewusstsein ausbilden und zu konzertierter Aktion führen könnte.

In diesen Zusammenhängen kann dem Wort Gemeinsinn Sprengkraft oder besser Hoffnung zukommen. Es ist eine anthropologische Grunderfahrung, dass wir unsere Schwächen nur im Kollektiv mindern können. Diese schlummert in uns. Sie führt uns auf dem Dorfplatz und im Chatroom, am Stammtisch und in den Bahnhofshallen zum Gespräch zusammen.

Haltung

Mit dem Verweis auf die erwähnten grundlegenden »transdisziplinären« Erfahrungen, die wir nach und nach vermehrt machen werden, wurde angedeutet, dass dem Gemeinschaftlichen neue, gleichsam unsentimentale Aktualität zukommt. Es betrifft dies auch die Produktionsbedingungen im Kunstbereich. Hinter allenfalls noch vorgeschobenen Originalgenies steht immer häufiger ein Team von Fachleuten. Hier wie im alltäglichen Betrieb ist entscheidend, dass »Gemeinsinn« nicht eine Vokabel bleibt, sondern sich als Haltung manifestiert.

Wir kehren zum Murmeltier zurück. Das aufmerkende Murmeltier ist von der Gemeinschaft delegiert. Sein Warnpfiff gilt der Sozietät. Die besondere Aufmerksamkeit oder die Aufmerksamkeit auf ein Besonderes, welche den Kunstschaffenden von der Gesellschaft zugestanden und zugemutet wird, muss den Bezug zum jeweils zu beobachtenden Umfeld aufrechterhalten.

Wobei der Pfiff gerade nicht die Aufforderung beinhalten würde, sich zu verkriechen, sondern sich zu zeigen. Die aufrechte Haltung bezeugt Offenheit und die Bereitschaft, erkannt zu werden, aber auch den Anspruch darauf, als teilhabend am gesellschaftlichen Gespräch bemerkt zu werden.

Diese erste und längste Schlaufe galt der Begründung, weshalb Kunsterziehung und Kunstausübung Ansätze anbieten, sich in der Indifferenzdebatte zu »verhalten«. Es ist dies nicht viel mehr als das übliche Argumentarium, warum in der oder jener Gemeinde eine Musikschule Sinn machen könnte. Doch denke ich ohne jegliche Koketterie, dass gerade die Auseinandersetzung mit solch konkreten Fragen das Fundament für einen sinnvollen Diskurs abgeben könnte.

Teil II
Identität

Die selbstbewusst-aufrechte Haltung ist Ausdruck des So-und-nicht-anders-Seins und damit der Identität, und ihre Erwähnung führt zum Anfang und Kern dieser Notizen. Wie einleitend zitiert, spricht Baudrillard vom »Bereich unentschlossener Identität«, in dem wir uns befinden, was in einem Klima vorherrschender Indifferenz zu Differenzen führen muss. Adrienne Goehler antwortet mit der Aufforderung, sich mehr »Kontur« zu geben (was wohl als pragmatische Variante von »Identität« gelesen werden kann), um in der sich rasch verändernden Gesellschaft bestehen zu können.

Diese Aufforderung ist von großer Dringlichkeit. Es ist ein Identitätsverlust festzustellen. Zuerst einmal in harmloser Weise: Die frühere inhaltliche Identität von beruflicher Ausbildung und beruflicher Praxis kann angesichts der beschleunigten technischen Entwicklung nicht mehr aufrechterhalten werden. Die

Beschäftigung in drei und mehr Berufsfeldern ist Norm geworden. Das könnte zwar durchaus als Bereicherung linearer Biographien verstanden werden. Aber es rüttelt an einer Sicherheit, an einem Teil unserer Identität, die zumindest eine gewisse Verlässlichkeit hatte: Ich kann alles verlieren, man kann mir alles nehmen, was ich aber kann, kann man mir nicht nehmen. Wenn dieses Können allerdings nicht mehr gefragt ist, ist es, als hätte ich es verloren. Ich werde es auch verlieren, wenn ich es nicht mehr anwenden kann. War schon meine erste Berufswahl möglicherweise von Rücksicht auf den Markt geprägt, wird sich meine Umschulung noch weit mehr nach Vorgaben richten, die außer mir liegen. Ich gerate in ein Planspiel, das im unternehmerischen Denken einst noch meine Entwicklung mitreflektierte, heute aber unter der Leitung der Manager, die dem Auftrag, den Gewinn zu maximieren, nachkommen müssen und nicht jenem, der Unternehmung und den Mitarbeitenden eine Perspektive anzubieten, nicht mehr von Belang ist. Die Sprache spricht: Ich gehöre zu den Human Resources. Die uniformierten Abläufe der Managementdoktrin, die auf alle Berufsbereiche angewendet werden, nehmen darüber hinaus auch nicht auf die »Biographie« des Unternehmens selbst Rücksicht, nicht auf seine »Kultur« und äußerst selten auf die Kultur des Umfeldes, in welches das Unternehmen eingebettet ist. Damit erweitert sich der Begriff der Biographie Richtung Tradition und Geschichte. Zum Verlust, zur Verdrängung von Biographien befähigt ein Bewusstsein, welches grundsätzlich unhistorisch ist. Geschichtlich Gewachsenes wird als Ballast empfunden, welcher »Reformstau« verursacht.

Wenn ich hier dem Geschichtsbewusstsein das Wort rede, dann nicht um einer dumpfen Nostalgie willen oder weil ich verängstigt das Rad zurückdrehen möchte. Vielmehr bin ich mir sicher, dass Planung nur dann zu optimalen Resultaten führt, wenn die besonderen Voraussetzungen – schon wieder: Besonderes –, also auch Traditionen berücksichtigt werden.

Die Unesco-Konvention für die kulturelle Vielfalt macht Sinn: Der Liberalisierung des Marktes, welche der Mehrheitsfähigkeit und Kommerzialisierung den Facettenreichtum der identitätsstiftenden Kultur opfern könnte, wird ein vielschichtiges und in sich schlüssiges Szenario entgegengesetzt, welches Maßnahmen zur Erhaltung der Vielfalt möglich machen soll.

Zu den Voraussetzungen für die Zukunft gehört unter anderem auch die Herkunft. Als Teil der Identität eines Unternehmens und einer Person ist »Herkunft« Teil der »Würde« dieses Unternehmens, dieser Person. Sie zu würdigen, bedeutet nicht, den Status quo perpetuieren zu wollen, sondern im Gegenteil: ihr das Potenzial für Innovation zuzusprechen und dieses Potenzial auch nutzen zu wollen. Der »Kulturverlust«, den geschichtsfernes Denken provoziert, befördert nicht allein Beschränktheit und Ignoranz hinsichtlich der Vergangenheit, sondern auch im Hinblick auf die Zukunft.

Der Vergleich soll als Menetekel erwähnt sein. Primo Levi beschreibt in seinen Berichten über Konzentrationslager, dass die Ausmerzung von Identität und die Reduktion auf Nummern zu den traumatisierendsten Erfahrungen gehörte und eine Kränkung bedeutete, die, weil man sie dadurch, dass man sie überlebte, gleichsam akzeptierte, noch zu Schuldgefühlen seitens der Opfer führte. Ich meine, dass unsere Verletzlichkeit in dieser Hinsicht nicht sensibel genug beobachtet werden kann, wenn wir mit Matrikelnummern, Codes und Statistiken umgehen, auf Ämtern, in den Medien, im Unternehmen und im Kegelclub. Der spielerische (uneitle) und subtile (nicht abschottende) Umgang mit der eigenen Identität in künstlerischen Tätigkeiten kann im Kleinen Gegensteuer geben.

Nicht nur die Planung, auch die Verwaltung des Alltags richtet sich mehr und mehr nur nach Zahlen, nach Vorgaben der Finanzplanung. Kein Wunder, dass eines der »Elemente«, welches verplant wird, nämlich Arbeitnehmerin und Arbeitnehmer, als berechenbare und manipulierbare Menge gesehen wird, und nicht als Spezialistinnen und Spezialisten mit unverwechselbaren Kompetenzen. Zum Jahresanfang 2007 hat ein großes amerikanisches Unternehmen beschlossen, die gleitende Arbeitszeit so zu verstehen und durchzusetzen, dass ein Computerprogramm auf Grund der ermittelten größten Kundendichte Arbeitszeiten zuweist. Was diese Flexibilisierung für die Arbeitnehmerinnen und Arbeitnehmer und ihre »Biographie«, ihre Lebensgestaltung außerhalb der Arbeitszeit bedeutet, interessiert nicht.

Ich bin mir bewusst, dass meine Beschreibung des Individuums und mein Verständnis von Identität von meiner europäischen Lebenserfahrung und meinem eingeschränkten Bildungshorizont geprägt sind. Ich meine aber, dass mit revidierten Vorzeichen im Zusammenhang mit der Leugnung von Identitäten Ähnliches auch im Hinblick auf andere Kulturkreise formuliert werden könnte.

Kunst

Das Infragestellen von »Identität« gefährdet das Geschichtsbewusstsein und kann zu kultureller Ignoranz und grundsätzlichen Vorbehalten künstlerischen Anliegen gegenüber führen. Es scheint dies notwendigerweise zu geschehen, da es gerade im Kunstbereich möglich ist, Identitäten zu behaupten, die durchaus exzentrische Merkmale aufweisen können.

Einige – etwas anders verstandene – Exzentrikerinnen und Exzentriker sind dabei ausgenommen: die Stars. Denn in einer grotesken Schleife wird der Star, obwohl Aushängeschild des Kunstbetriebes, zum Hätschelkind eines auf unterschiedslose Verflachung angelegten und zahlenfixierten Denkens. Über seinen erstaunlichen Marktwert integriert er sich in ein System, welches Erfolg und Leistung als verbale Leitplanken aufstellt und diese in Zahlen, sprich: in mehr oder weniger steuerbarem Einkommen, misst. Die Schadenfreude allerdings, die das verpasste hohe C auslöst, kündet davon, dass die Liebe zum Außenseiter durchaus auch mit Hass versetzt ist.

Zurück zu den Vorbehalten eines ökonomistisch determinierten Denkens gegenüber der Kunst: Das künstlerische Verfahren, zum Exemplarischen – zum Destillat – vorzustoßen, kann auch als Sublimationsprozess beschrieben werden. Es wäre dann die Herausarbeitung des Besonderen durch seine Befreiung von Zufällen. Die Ergebnisse können zweierlei Reaktionen evozieren: Die Realität wird als im Kunstwerk gespiegelt wahrgenommen und ins Gespräch gebracht, oder: Die Kunstwelt bietet Identifikationsmöglichkeiten an, nimmt gleichsam eine Stellvertretungsfunktion wahr. Werde ich im einen Fall zu einem kritischen Blick auf die gesellschaftliche Realität angeregt, gewinne ich im anderen Fall an Selbstbewusstsein oder werde zumindest aus meiner Einsamkeit erlöst, in der ich mir eingeredet habe, ein Einzelfall zu sein. Beide Angebote fördern den »Umriss« meiner Person.

»Regressive Entsublimierung«, das Stichwort Herbert Marcuses, könnte als Ettikett verwendet werden dafür, was Kunstfeindlichkeit gegen eine solche »Konturierung« vorbringt. Das Kunstvolle selber wird der Lächerlichkeit preisgegeben und ihre offensichtliche Nutzlosigkeit als elitär diffamiert.

Ich beschränke mich darauf, die Gegenposition mit einem Zitat aus einem Vorwort Joseph Conrads zu beziehen, welches viele der bislang gestreiften Themen zueinanderführt. Der Künstler »spricht unsere Fähigkeit zur Freude und zum Staunen an, den Sinn für das Geheimnis, das unser Leben umgibt, unsere Fähigkeit, mitzufühlen, unsere Aufgeschlossenheit für Schönheit und Schmerz, unser verborgenes Gefühl der Gemeinschaft mit aller Kreatur – und die zarte, doch unüberwindliche Überzeugung von der Verbundenheit, welche die Einsamkeit zahlloser Herzen verknüpft, der Verbundenheit in Träumen, in Freuden, in Schmerzen, in Wünschen, in Illusionen, in Hoffnungen, in Ängsten, die den Menschen zum Menschen gesellt, die ganze Menschheit verbindet – die Toten mit den Lebenden und die Lebenden mit den Ungeborenen«.

Leben

Verbundenheit, verbinden, verknüpfen: Den Textausschnitt könnte man so interpretieren, dass die künstlerische Tätigkeit als »Vernetzen« beschrieben wird zwischen Mensch und Schöpfung, Vergangenheit und Zukunft und eben auch zwischen den Menschen. Damit lädt sich »Kunst«, die oftmals als realitätsfern beschrieben wird, mit Wirklichkeiten auf. Wohingegen »das Leben« – traditionellerweise das »Sein« im Gegensatz zum »Schein« der Kunstwelt – Realität zunehmend nur in vielfältiger Vermittlung zu kennen scheint. Möglicherweise geht es uns wie den Wölfen im Zoo, die gelegentlich im Tigerkäfig (die Tiger werden weggesperrt) Urlaub verbringen, um zumindest punktuell eine Umgebung anzutreffen, die ihre Neugier wieder weckt und ihre Aufmerksamkeit wieder anstachelt. Als »Leben aus zweiter Hand« lässt sich unsere durch die Medien vermittelte Begegnung mit den Realitäten beschreiben. Oder gar als ein Leben mit Surrogaten, ein Leben in künstlichen Umgebungen und voller Ersatzhandlungen. Vielleicht als ein Leben in Lug und Trug, wo Fiktion und Faktizität nicht mehr auseinandergehalten werden können.

Wie fortgeschritten dieser Zustand auch sein mag, fest steht, dass die »radikale Indifferenz« und Uniformität Wirklichkeiten ausblendet. Die Undifferenziertheit ermöglicht keine Begegnungen zwischen dem Einen und dem Anderen, sie befördert die Einsamkeit. Das Computernetzwerk ist offensichtlich dem Kunstgespinst in Einzelaspekten unterlegen.

Masse

Meine füllige Comic-Heldin heißt Eva (seit vielen Jahren täglich im Zürcher Tages-Anzeiger anzutreffen). Sie ist etwa in meinem Alter und wie ich stolz auf eine Enkelin. Die Herren Jaermann und Schaad hecken für Frau Grdić – so der Nachname der typischen Zürcherin – täglich Geschichten aus.

In einer Bilderfolge vor einigen Monaten fühlt sich Eva vereinsamt. Ihre Tochter verspricht ihr die Vermittlung einer Begegnung am Feierabend. Eva macht sich hübsch. Die Tochter staunt über die Aufmachung. Sie wollte die Mutter in den Chatroom bringen.

Die Schwere der starken Eva und die Masse als grundsätzliche Voraussetzung all dessen, was im Zusammenhang mit »Indifferenz« zum gesellschaftlichen Zustand geäußert wurde, scheinen mir zwei Ausgangspunkte zu sein, in denen die Widersprüche plastisch dargelegt werden können: Der von Baudrillard beschriebene orbitale Raum ist nur leer, insofern er unendlich groß ist. Er ist gefüllt mit »Massenhaftigkeit«: die Finanzströme der globalisierten Wirtschaft sind gewaltige Milchstraßen, der wissenschaftliche Fortschritt kreiert laufend neue Sonnensysteme, die digitalisierten Informationen bilden ein Meer von Wellen und Strahlen, die politischen Konflikte des »globalen Dorfes« manifestieren sich, sei es als verschlingende schwarze Löcher, sei es als explodierende weiße Riesen. Und im Zeichen der »Massenproduktion« ist dieses Universum in steter Expansion begriffen. Ich wiederhole: Diese »Massenhaftigkeit« ist Voraussetzung all dessen, was wir im Zusammenhang der Indifferenzdebatte diagnostizieren und allenfalls als Therapie vorsehen.

Diese Massen aber haben kein Gewicht mehr. Es bedarf der Goldreserven nicht mehr, um Finanztransaktionen zu legitimieren. Im Gegenteil: Sie wären nichts als hinderlich. Alles muss federleicht werden, um als Anhang zum Mail rund den Erdball verschickt zu werden. Schwerelosigkeit hat die Realität unserer Erfahrung entzogen. Das nach Baudrillard sich selbst organisierende System hat auch die spezifischen Gewichte »indifferent« gemacht.

Was bleibt uns: »Das einzige Ereignis ist hier die Zirkulation, die unaufhörliche Rekurrenz manchmal derselben Vorgänge … Man muss sich wie ein Teleskop in den leeren Raum richten, ohne zu wissen, aus welcher Richtung das Ereignis kommt, und hoffen, dass irgendein Ereignis so dumm ist, sich darin zu fangen.« So schreibt Baudrillard. Diese Orientierungslosigkeit macht Angst.

Was ist mit Eva? Sie ist gut und gern so schwer wie ich. Sie entspricht nicht den Idealmaßen, welche Model-Agenturen und Fitnesszentren ausgehandelt haben. Es wurde von der »Entkörperlichung« schon gesprochen. Hier ist nachzutragen, dass auch die Idolisierung des Körpers durchaus im Sinne der »Entsinnlichung« gelesen werden kann: Die Ausklammerung von Evas spezifischem Gewicht bedeutet die Leugnung ihres Körpers. Die Einsamkeit, die nach einer Begegnung ruft, ist zum Beispiel die Einsamkeit eines schweren Körpers.

Aber darum geht es hier nicht allein. Es geht um eine eigenartige Entfremdung. Um im Bild zu bleiben: Wir erfahren die spezifischen Gewichte nicht mehr. Gegen die Schwerelosigkeit des Chattens ist nichts einzuwenden, nur gegen die Reduktion menschlicher Beziehungen auf Kontakte im Internet, und auch Fitness ist nur insofern kritisch zu befragen, als sie nicht das einzige Kriterium für die Bewertung des Zustandes einer Person sein kann.

Um dem Realitätsverlust – »unfassbar« deutet das Defizit an – zu begegnen, wäre also angesagt, sich einerseits auf die je spezifische Schwere zu besinnen und – abstrakt formuliert – der hilflosen Wahrnehmung der »Massenhaftigkeit« Erfahrungen im Umgang mit überschaubaren kleineren Einheiten gegenüberzustellen. Konkret wären im Widerstand gegen die Folgen der Indifferenz Lösungen organisationstheoretisch nicht in unübersehbaren Netzwerken zu suchen, sondern in der Bildung kleiner flexibler Verbünde. Auch hier weise ich darauf hin, dass es nicht um ein »Zurück an den Start« geht (einen Rückgriff auf frühere Organisationsformen), sondern um ein »Vorwärts«, hin zu neuen Konstellationen, die aktuellen Problemstellungen entsprechen.

Nachbarschaft

Nachbarschaft könnte der Ausgangspunkt für eine solche Konstellation sein. Sie hat als Verortung auf gedanklicher Ebene mit dem zu tun, was als »spezifisches Gewicht« unter dem Stichwort »Masse« anvisiert war. Nachbarschaft weist auf einen Ort hin, von dem ich einen Begriff habe, auf Verhältnisse, die mir einigermaßen vertraut sind, auf Beziehungen, die konkret sind.

Der Schriftsteller Erhart Kästner hat in seinem Buch »Aufstand der Dinge« geschrieben: »Dass ein Gedanke nichts wert sei so lange er keinen Ort hat. Keinen Ort und kein Schicksal. Keinen Körper mit Freuden und Schmerzen. Es gibt keine landlose Wahrheit. – Wahrheit bildlos, körperlos, schicksallos, ortlos: Das reicht nicht zum Rang einer Wahrheit. Ein landloser Gedanke, ein kraftloser. Etwas Welt muss in eine Wahrheit eingebracht werden, sonst ist sie keine; ihr Finder muss irgendwo gelebt, gesehen, geatmet haben; das muss dabei sein. Eine Wahrheit muss das Zeitliche segnen können, wie man früher gesagt hat; sonst bleibt sie weltlos. Die Welt ist so dürr geworden, weil sich so viele hergestellte Gedanken herumtreiben, ortlos und bildlos.«

Auch dieses Zitat sei als Stellungnahme im ausgebreiteten Disput usurpiert. Wenn Geschichtslosigkeit als Gefahr für unsere Identität apostrophiert wurde, ist »Ortlosigkeit« als weitere Gefährdung hier nachzutragen. Nachbarschaft hingegen wäre wohl eine stimmige Metapher für einen Ort, der identitätsbildend sein kann.

Zugegebenermaßen lässt Candides Garten grüßen, dessen Pflege Voltaire in Reaktion auf den entsetzlichen Zustand der bestmöglichen aller Welten empfiehlt. Nachbarschaft meint zumindest das Hinausschauen über den Gartenzaun: die Kooperation mit anderen, deren Anliegen – ähnlich wie die Grundstücke – sich berühren. Anders als in konkreten Mietverhältnissen kann ich mir hier die Nachbarn aussuchen. Dies kann übrigens auch als Beschreibung einer Teambildung in künstlerischen Prozessen gelesen werden.

Dirk Baecker fährt nach seinem viel weiter oben zitierten Satz über die vergebliche Liebesmüh um das Allgemeine fort: »Statt dessen haben wir es überall ... mit dem ökologischen Grundgedanken zu tun, dass Nachbarn sich nur an Nachbarn und an deren Nachbarn orientieren können, ohne dass sich diese Form je zum großen Ganzen rundet.«

In den fokussierten Problemstellungen, welche sich nachbarschaftlichen Allianzen (von Personen bis hin zu Regionen) widmen, werden vor dem Teleskop nicht nur zufällige Beobachtungen gemacht. Es bestehen Vorgaben, welcher Ausschnitt Beachtung verdient. Aus der Beschränkung heraus können Versuchsanordnungen erarbeitet werden, welche zu Voraussagen führen und Grundlage für Planung sein können. Und eine minimale »Planungssicherheit« ist das einzige Schlupfloch, der gegenwärtig umfassenden Lähmung zu entgehen, welche den Namen Ohnmacht trägt.

Gewagter Exkurs: Auch die Hektik im wirtschaftlich-politisch-diplomatischen-militärischen Alltag, die unaufhörlich kreisende Aktivität, welche nur Beschleunigung kennt, aber nie die Ebene, auf der die Beschleunigung stattfindet, zu verlassen vermag, kann als Lähmung gesehen werden. Der orbitale Raum Baudrillards wäre so gesehen zweidimensional.

Am Platzspitz in Zürich (dort, wo die beiden Flüsse Limmat und Sihl zusammenkommen, in den Zeitungen war vom »needle park« die Rede) bewegte sich vor Jahren einem Totentanz gleich die Karawane der Drogenverkäufer rings um ein Pavillon. Gehetzt rannten die Drogenkuriere von Treffpunkt zu Treffpunkt, hysterisch Unpünktlichkeit monierend oder euphorisch geglückte Transaktionen feiernd, Nacht für Nacht. Es war ein gehetztes Treten an Ort. Alle Beteiligten waren »unmächtig«, ohnmächtig, gelähmt vom Anblick der Nadel, die ihnen das Paradies und den Tod versprach.

Ohnmacht

Befragt auf sein Verhältnis zur amerikanischen Politik und die politische Brisanz eines seiner Songs, sagt Tom Waits kürzlich in einem Interview mit der Frankfurter Allgemeinen Zeitung: »Man kann das Lied als Protestsong bezeichnen. Allerdings ist es ungefähr so, als ob ich mit Erdnüssen nach einem Gorilla werfen würde.« Ergänzt man die Komik der hilflosen Geste mit der Unterstellung, dass Gorillas Erdnüsse mögen, ist man nahe beim gängigen Bild der Hofnarrenfunktion der Kunst. Dabei ist nicht zu unterschätzen, dass – gemäß dem Sprichwort, dass Kinder und Narren die Wahrheit sagen – die Wahrheit beim Narren zumindest aufbewahrt bleibt.

Bei aller Ohnmacht, welche die Erdnussschleudernden auszeichnet, können bezüglich des zweiten Teils dieser Ausführungen konkrete Stärken der Kunstausübung und Kunsterziehung zusammenfassend festgehalten und den allgemeinen Erwägungen über den Sinn des Umgangs mit Kunst im ersten Teil zur Seite gestellt werden: Kunst bietet in einer Welt, in welcher Identität neu gefunden werden muss, Übungsfelder zuhauf, um sich darüber, über Identität zumindest, zu verständigen. Die künstlerisch Tätigen sind in diesem Zusammenhang auch in Bezug zueinander und zu Herkunft und Umfeld gesetzt. Kunst öffnet Zugänge zu konkreten Erfahrungen, während die Lebenswirklichkeit, die unmittelbar sinnlicher Erfahrung zugänglich ist, sich mehr und mehr zurückzieht.

Die künstlerische Aufmerksamkeit auf das »Andere« ist eine Aufmerksamkeit auf das spezifisch Einzelne und vermag in dieser Beschränkung momentweise das Glücksgefühl des Gelingens zu vermitteln, die Tatsache, dass ein Plan (groß gesagt: eine Vision) sich realisieren lässt.

Perspektive

»Wir können nicht mehr wie mit der dialektischen Idee auf eine bestimmte Zukunft hoffen und sie organisieren. Wir können sie nur antizipieren ...« Diese Aussage Baudrillards ist vielleicht der krasseste Ausdruck der Ohnmacht angesichts des »orbitalen Raums«, des sich selbst organisierenden, geschlossenen Systems. Wenn wir als Perspektive nichts anderes mehr sehen, als dass wir im besten Fall ein Fatum antizipieren können, entledigen wir uns jeder Verantwortung – und handeln wahrhaft verantwortungslos.

Es wäre ungeheuerlich, einer jungen Generation vorzulügen, dass wir über umfassende Perspektiven die Zukunft betreffend verfügen würden. Wir haben es nicht im Griff. Es wäre aber genauso ungeheuerlich, wenn wir jegliche Möglichkeit auf Einflussnahme auf den Gang der Dinge leugnen würden. Wir müssen Gestaltungsmöglichkeiten anbieten. Die Gewaltbereitschaft unter Jugendlichen hängt wesentlich damit zusammen, dass viele sich aufgegeben haben. Sie sehen für sich im engen und weiten Umfeld keine Perspektive.

Die mir bekannte gegenwärtige Politik in ökologischer Hinsicht, hinsichtlich von Friedenssicherung und Bildung, im Hinblick auf Arbeitslosigkeit – alles Themen, welche insbesondere Jugendliche interessieren müssten – ist dermaßen ohne Perspektive, dass die politische Abstinenz, mehr noch: der Widerwillen der Jugend der Politik gegenüber, mehr als verständlich ist. An uns, die das Privileg haben und ausgestattet wurden, dem Luxus der Nachdenklichkeit zu frönen, ist es, einerseits uns im weitesten Sinne verständlich zu machen und andererseits Katalysatoren bei der Entwicklung von Projekten zu sein, welche erleben lassen, in welchem Verhältnis Planung und Realisierung stehen.

Teil III
Rebellion

Mit den letzten Sätzen bin ich zu konkreten Handlungsanweisungen vorgestoßen. Dieser kurze dritte Teil soll daran anschließen. Der im ersten Teil erwähnte aufrechte Gang soll hier als Ausdruck des Widerstands gesehen werden. Die Aufmerksamkeit signalisierende und fordernde erhobene Haltung ist insofern rebellisch, als sie kommuniziert, dass Verfügbarkeit Verhandlungssache sei und nicht unbesehen deklariert werden könne. Umgekehrt kann sie auch Bereitschaft zum begeisterten Mittun kundtun.

Dieser Aufmerksamkeit entgehen folgende drei Erkenntnisse nicht: Größe – so viel zum Ersten – ist ein mögliches qualitatives Charakteristikum einer Sache, aber keine Qualität in sich. Zweitens: Die gewaltige Maschinerie, die unserem Blick weitgehend verborgen wirkt und deren Gewalt uns fasziniert und beelendet, ist »Machwerk« und nicht naturgegeben. Und endlich: Die »Marktwirtschaft« – was immer damit gemeint ist – ist ein Konzept für die Regelung des Austausches zwischen den Menschen, welches sich in keiner Weise durch eine besondere ethische Legitimation auszeichnet. Rebellion meint so besehen einigermaßen Harmloses: das Ablegen von Ängsten, die Bereitschaft, sich vernehmen zu lassen und Ungehorsam als mögliches Verhalten zu prüfen.

Ich habe vor längerer Zeit vierzig Bankiers einen Vortrag zur Finanzierung von Hochschulen halten dürfen und kam darauf zu sprechen, dass die prioritäre, wenn nicht gar ausschließliche Orientierung an quantifizierbaren Vorgaben vom Teufel sei. Statt eine turbulente Diskussion auszulösen, erhielt ich freundliche Rückfragen zum Budget unserer Hochschule. Beim gemeinsamen gemütlichen Nachtessen durfte ich erfahren, dass die Zuhörer (es waren fast alles Männer) meine Ansichten durchaus teilten, in ihrem Arbeitsumfeld allerdings diese Zustimmung nicht manifestieren zu können glaubten.

Es ist ein Kulturkampf im Gange. Welche Behauptung trifft für den Menschen zu: Austauschbarkeit oder Einzigartigkeit? Die Spieße sind vorderhand ungleich lang. Die Anwälte der Einzigartigkeit sind das Reden in der Öffentlichkeit nicht mehr so gewohnt. Sie haben es den Sachverständigen überlassen. Dabei reicht für die Kenntnis der Sache das Verständnis mitnichten aus. Zur Kenntnis der Sache gehört, dass ich mich ihr zugehörig fühle, mein Verhalten (mein Nachdenken, mein Gebrauch, meine Wertschätzung) in einer Beziehung zu ihr steht, dass ich also – zum Beispiel – Verantwortung für diese Sache empfinde. Dem Verstand erscheint manches austauschbar, die Kenntnis differenziert und erlebt vieles als einzigartig.

Sachverstand

Ich habe nicht umsonst das Wort Verantwortung besonders hervorgehoben. Wenn wir etwas verantworten, stehen wir im Dialog mit dem, was wir verantworten. Die Sache und ich, der für sie Verantwortung trage, gehören einander zu. Wenn ich Sachverständige engagiere, die mir helfen sollen, Entscheide zu fällen, bedenke ich, dass Sachverstand immer nur einen Ausschnitt betrifft und eine Expertise die Entscheidungsfindung nicht vorwegnimmt. Entscheiden muss der kenntnisreiche Verantwortliche, auch wenn er solches gern auf Beraterinnen und Coaches abschiebt.

Adrienne Goehler spricht im erwähnten Buch »Verflüssigungen« vom Konflikt Demokratie gegen Technokratie. Sie unterstellt dabei nicht, dass Technokratinnen und Technokraten antidemokratisch seien. »Technokrat« ist kein Beruf. Aristokrat auch nicht. Es ist eine Zuordnung zu einer Klasse, Kaste, Schicht. Diese Zugehörigkeit bedingt eine jeweils gesonderte Wahrnehmung der Welt. Technokratinnen interessieren sich nicht für Heraldik, Aristokraten kaum für Betriebswirtschaft.

Technokratie meint recht eigentlich eine Regierung von Fachleuten und Sachverständigen. Experte und Expertin sollen möglichst »unbetroffen« urteilen. Ihre Instrumente sind die wissenschaftliche Analyse und das technische Know-how. Die rationelle Abwicklung (verstandgesteuert und effizient) ist ihr Ziel. Die eingesetzten Mittel werden unter diesem Aspekt beurteilt. Implikationen, welche über den Untersuchungsgegenstand hinausgehen (Sachzwänge ausgenommen), werden nicht weiter beachtet. Die Expertinnen und Experten bedürfen keiner demokratischen Willensbildung (allenfalls bilden sich Expertengruppen, welche aber arbeitsteilig und nicht demokratisch organisiert sind). Demokratische Abstimmungen wären konträr zum Auftrag, Einzelmeinungen möglichst pointiert zu formulieren.

Ich bin hier etwas ausführlicher geworden, weil ich zu erkennen meine, dass die Tendenz, Entscheidungen auf eine technokratische Ebene zu verlagern, zunimmt und nicht dazu angetan ist, in der Auseinandersetzung zwischen Austauschbarkeit und Einzigartigkeit die Position zu stärken, welche einen Ansatz zur Differenzierung angesichts der radikalen Indifferenz und nicht zur Differenz (im Sinne des Konflikts) anbieten könnte. Die Diagramme technokratischer Projektplanung gleichen sich, ob es sich um eine Studiengangsentwicklung, einen Umbau oder einen Finanzierungsplan handelt. Es ist dies ihre Stärke und ihre Schwäche. Die Anwälte der Einzigartigkeit können sich also nicht durch Sachverständige vertreten lassen. Die »Betroffenheit« ist offensichtlich Voraussetzung für eine umfassende Kenntnis, welche ihrerseits das Fundament für Entscheidungen abgibt (in welches durchaus Expertisen eingelassen sein sollen). Nur von diesem Fundament aus kann Verantwortung wahrgenommen werden.

Trittsicherheit

Die Sachverständigen verbreiten die Illusion der Gewissheit. Dirk Baecker hält in seinem Aufsatz »Die nächste Universität« dagegen: »Die Kompetenzen, zu denen die Universitäten jetzt zu befähigen beginnen, ebenso wie die Talente, nach denen Industrie, politische Organisationen, Militär, Kirchen und Kultur suchen, sind Kompetenzen und Talente, die ihre Expertise daraus beziehen, dass sie es methodisch, theoretisch und praktisch gelernt haben, mit Nichtwissen umzugehen. Wer das nicht kann, kann gar nichts. Aber wer das kann, kann darauf aufbauend jedes nur denkbare Wissen erwerben, ohne dieses je mit Gewissheit zu verwechseln und so seine Kompetenz und sein Talent wieder aufs Spiel zu setzen.«

Im Vorfeld gerade zu diesen Sätzen führt Dirk Baecker den Begriff der »Trittsicherheit« ein, der mir neben »Nachbarschaft« so wichtig war, dass er mich zur alphabetischen Anordnung dieser Überlegungen verleitete: »Es geht darum, Studierende und Dozenten zu jener minimalen Trittsicherheit zu befähigen, die man im Umgang mit einer komplexen Gesellschaft braucht, in der jedes nur denkbare Wissen, das Sachwissen ebenso wie das Prozesswissen, das Wissen der Theoretiker ebenso wie das Wissen der Praktiker und das Wissen der Natur- und Lebenswissenschaften ebenso wie das Wissen der Geistes-, Sozial- und Kulturwissenschaften, in denkbar enger Nachbarschaft zu seinem eigenen Nichtwissen stehen.«

Wir haben der gewaltigen Eigendynamik zunehmender Komplexität keine Gewissheiten entgegenzusetzen, sondern versuchen punktuell trittsicher zu werden, um von da aus etwas beizutragen an »Standpunkten«, Meinungen, Kompetenzen, Kenntnissen, Visionen in ein Gespräch über die Gesellschaft, welches in Verbindung mit anderen »Standpunkten«, Meinungen, Kompetenzen, Kenntnissen, Visionen Auswirkungen haben soll auf die gesellschaftliche Praxis.

Umsicht

Der Beitrag gerade der Künste und der Kunstausbildungen könnte es dabei sein, dass sie »Trittsicherheiten« im Zusammenhang mit »Sprache« vermitteln, aber eben genauer: Umgang mit der Zerbrechlichkeit, der Ambivalenz von »Sprache«. Kunstschaffende sind – so die längst geäußerte Behauptung – interessiert am und geübt im »Gespräch« (was keineswegs ein »verbalisiertes« Gespräch sein muss). Ihr Sprechen ist gleichzeitig Reflexion dieses Sprechens, ihre Rede ist notgedrungen ambivalent. Der Dialog ist diesem Sprechen eingeboren, Rede und Gegenrede, Dafür und Dawider. Er fordert persönliche Auslegung, öffnet sich der Interpretation.

Damit steht ein solches Sprechen im Widerspruch zur flachen Eindeutigkeit quantifiziert-digitaler Informationen. Das hüpfende Zählwerk der digitalen Zeitmessung, welche auch die Hundertstelsekunde beim Skirennen erfasst, beschränkt sich auf die Fragmentierung der Zeit in ihre Atome. Dem Wesen der Zeit geben die beiden kreisenden Zeiger Ausdruck: Fluss, Wiederkehr, Proportion. Die Eindeutigkeit leugnet Zusammenhänge und Mehrschichtigkeit, die Ambivalenz versuchs sie zu erhellen. Sie vermag es keineswegs immer, sie ist ein unsicherer Kunde, aber noch im Scheitern weist sie zumindest auf die Komplexität hin, in der Orientierung erstrebt wird.

Die Ängste vor der Vielfalt der Zusammenhänge und vor der Undurchschaubarkeit des selbstregulierenden Systems, aber auch vor der Anonymisierung und der Ausstoßung aus dem Arbeitsprozess (der einzig noch ein Leben ohne zusätzliche Rechtfertigung garantiert) führt zur Sehnsucht nach Vereinfachung. Technokratie, Populismus und Fundamentalismus bedienen diese Ängste in unterschiedlicher Weise.

Polemisch ausgedrückt ist die Sprache der Technokratie ein plattes Geschäftsangloamerikanisch, die Denkfigur der Entscheid zwischen null und eins, die Form der Verlautbarung der Rapport und die gesellschaftliche Organisation der temporäre Thinktank, die Taskforce, das Audit Commitee und das Advisory Board. Ziel aller Anstrengungen sind für die Vertreter der Technokratie Wohlstand und Status. Was von Ihnen nicht zu erhoffen ist, ist Solidarität.

Die hemdsärmeligen Populisten streben nach Status und Macht. Ihr Sprechen ist ein Vereinfachen, dem im Gegensatz zur »Sachlichkeit« der Technokraten Genauigkeit fremd ist: Retusche und Verzerrung sind gang und gäbe, manchmal helfen Fälschung und Diffamierung das angestrebte Schwarz-Weiß, das klare Plus und Minus zu erzeugen. Ambivalenz (die Übergänge zwischen Umsicht und Vorsicht und Einsicht) ist dem Populismus nichts als Zögerlichkeit. Seine Kommunikationsformen sind Provokation, Ultimatum und Behauptung. Was von ihm nicht zu erhoffen ist: demokratisches Bewusstsein.

Immerhin: Technokratie und Populismus sehen in der Sprache ein Mittel zum Kommunikationsaustausch, zur Auseinandersetzung, wenn auch der Dialog, sei es durch Fachjargon oder durch Machiavellismus, verfälscht wird. Die Fundamentalisten hingegen benutzen die Sprache zur Verkündigung. Ein Dialog ist nicht vorgesehen, nur das Nachplappern. Sie wollen nicht nur die Macht, sie wollen die Alleinherrschaft. Zu erhoffen ist nichts von ihnen, Respekt welcher Art auch immer ist keinesfalls zu erwarten.

Gegen alle diese Formen der Vereinfachung insistiert das ambivalente Sprechen, das umsichtige, welches versucht, der Vielfalt der Einflüsse in der Wiedergabe der Wirklichkeit und der Vielfalt der Möglichkeiten in der Darstellung des Wahren Ausdruck zu geben. Die Ambivalenz hat gegenüber der Eindeutigkeit einen großen Mangel: Sie beansprucht Zeit, sie verlangsamt das Denken und das Reden. Zum Ärgernis der Nutzlosigkeit der Kunst in einer auf Win-win-win-Situationen gerichteten Welt, die allerdings den dreifachen Gewinn immer nur in dieselben Kassen umleitet, kommt jenes der Umständlichkeit dazu, wo doch Akzeleration zusätzlich zum Wachstum allgemein als Garant für Wohlstand gepriesen wird.

Ich meine, dass in diesem Sinne künstlerisches Schaffen und die Ausbildung dazu ärgerlich bleiben müssen. Wenn es nicht gelingt, Zeitinseln zu schaffen, die es erlauben, sich einer Klanginstallation, einem Buch, einem Film oder einer Tanzperfomance zu stellen, Widersprüche offen zu legen, Argumente zu entfalten, Besonderheiten zu berücksichtigen, Einzigartigkeiten zu genießen, fragt es sich, wo wir denn zur Besinnung kommen sollen. Übersicht ist schwer zu gewinnen, wie auch die Frage nach dem Sinn sich kaum auf der Insel beantworten lässt, aber umsichtig sich zu orientieren, »bei Sinnen« zu sein, wäre ein mögliches Ziel.

In diesem Verharren klingt die Schwere des Körpers nach, welche seine Spezifizität ausmacht und von der die Rede war, und die Langsamkeit an, welche die Anschauung fordert und von der noch die Rede sein wird. Und wieder muss der Einwand bedacht sein, dass gerade eine junge Generation angeleitet und ermuntert sein will, solche Zeitinseln aufzusuchen.

Vermittlung

Die Qualität der Vermittlung ist – es wurde mehrfach deutlich – eine Schicksalsfrage für die künstlerische und kulturelle Entwicklung. Es ist notwendig, auf diesem Gebiet ebenso viel Phantasie aufzuwenden wie in der künstlerischen Produktion selbst. Die Kunstschaffenden selbst müssen sich dessen bewusster werden.

Das nachhaltige Bemühen um Vermitteln von Kunst wäre unter eben diesen Kunstschaffenden dann weniger verdächtig, als oben ausführlich beschrieben, wenn damit nicht die Schaffung eines eigenen Vokabulars, die Kreation einer Metasprache oder die Begründung einer spezifischen Erziehlehre gemeint wäre, sondern die Bemühung um »Zeiträume«, die der jeweiligen Einzigartigkeit und jeweiligen Einmaligkeit des Kunstwerkes adäquat wären. Der Gott Kairos und der Genius Loci wären zusammenzubringen.

Ich erinnere an Hans-Georg Gadamers Hinweis auf das »Begehen des Festes« als das Begehen eines offenen Zeitraumes. Er spricht von Zeiterfahrungen, zuerst der pragmatischen, gleichsam »leeren« Zeit: Ich habe Zeit für etwas, für Betriebsamkeit oder Langeweile. Der Zeitvertreib bedeutet, dass die Zeit vertrieben wird, ob er nun den Geschäften gilt oder der Überbrückung von Wartezeiten. Die Zeit wird nicht als Zeit erlebt.

Dagegen stellt Gadamer die Erfahrung »erfüllter Zeit«, die ihm der Fest- und Kunsterfahrung tief verwandt scheint. Er nennt sie auch: Eigenzeit. Eigenzeit ist auch Kindheit, Jugend, Alter. Eine Zeitspanne, die nicht mit der Uhr zu messen ist, die nicht kontinuierlich in eine andere übergeht, sondern in der »Zeit« sozusagen für kurz oder lang zum Stillstand kommt.

Dieser Eintritt in den Stillstand, dieses »Zur-Eigenzeit-Gelangen«, und durch das Kunstwerk zu sich selbst, zur Selbstbesinnung, ist das deutlichste Gegenbild, dass ich im Kontrast zum Selbstverlust im Indifferenten imaginieren kann. Als Kulturorganisator habe ich Zeiträume anzubieten, in denen in diesem Sinne dem Kunstwerk begegnet werden kann, als Ausbildner in Kunstsachen unterstütze ich die Auszubildenden darin, zum Gespräch in solchen Zeiträumen sich zu befähigen.

Wahrnehmung

Ich durfte vor bald einem Jahr in einer Kirche eine Abendandacht gestalten beziehungsweise Musik kommentieren. Ich fing etwa so an: »Sehr verehrte Damen und Herren. Die kommende halbe Stunde ist der Besinnung gewidmet. Wir sollen bei Sinnen sein, bei unsern Sinnen sicherlich, vielleicht auch ansatzweise bei dem, was für uns je Sinn ausmacht. Danke, dass Sie Musik hören kommen, beschaulich gestimmt, um Anschaulichkeit zu gewinnen. Denn: Wenn unsere Sinne insgesamt gemeint sind, kann Anschaulichkeit auch für Musik gelten. Es wäre dann eine Wahrnehmung mit sehenden Ohren.«

Hier interessiert das Stichwort Anschauung, das die Brücke schlägt zum Beginn dieser Überlegung, zu Aufmerksamkeit und Wahrnehmung. Das Beharren auf Anschauung und Anschaulichkeit, die Differenzierung unserer Anschauung und unserer Anschauungen, der Anschaulichkeit dessen, was wir öffentlich machen, wäre das bündelnde und konkretisierende Motto über allen Anstrengungen, der Verflachung durch Indifferenz zu begegnen.

Darin, in den Worten Anschauung und Anschaulichkeit, schwingt – wie erwähnt – Aufmerksamkeit auf das Besondere mit, aber auch die sinnliche Wahrnehmung der Schwere von Körpern wie die »Handwerklichkeit« der Kunstproduktion. Die Anschauung verlangt uns Zeit ab, die Herstellung der Anschaulichkeit genauso: Es ist Eigenzeit im weitesten Sinne, außer der Zeitordnung, von daher Festzeit und Zeit zur Selbstbesinnung in der Konfrontation mit dem Angeschauten. In dieser Konfrontation vermag ich das Angeschaute und möglicherweise auch mich zu identifizieren und meine Haltung zu finden. In der Auseinandersetzung mit dem Angeschauten sollte es mir aber auch möglich sein, Einfühlung zu entwickeln, durchaus im Sinne des Wissens um Nachbarschaften und um das Gemeinschaftliche, woraus wiederum mir Verantwortungsgefühl zukäme.

Die konkrete Nähe dessen, dem ich schauend meine Aufmerksamkeit widme, öffnet mir die Welt. Blaise Pascal hat auf die beiden Unendlichkeiten im Mikro- und Makrokosmos hingewiesen. Ich selber, eher der Verknüpfung und Addition in meinem Denken zugeneigt als der Vertiefung und Konzentration, habe eine große Bewunderung beispielsweise für den Typographen Adrian Frutiger. In der lebenslangen Beschäftigung mit der prozentualen Verteilung von Schwarz und Weiß auf einer Fläche sind ihm mehr Welten aufgegangen als mir in meinem Spaziergang quer durch die Disziplinen.

Ich habe es bisher vermieden, Beliebigkeit, welche Teil der diagnostizierten Indifferenz ist, als wichtiges Stichwort in die

Debatte einzubringen, zu abgenutzt schien mir das Wort in allen Auseinandersetzungen um die Postmoderne. Übrigens: Auch das von mir belobigte »Besondere« kann zur Beliebigkeit tendieren. Besonderheit um der Besonderheit willen ist uninteressant. Das Exemplarische im Sinne der Authentizität muss vorausgesetzt werden.

Hier, in der Gegenüberstellung von Öffnung und Konzentration, Ansammlung und Auswahl, sei kurz von Beliebigkeit die Rede und gleichzeitig vom Zwillingsbegriff Pluralismus. Beide nicht zur Kenntnis nehmen zu wollen, wäre dumm. Die Chancen, die uns aus dem Pluralismus erwachsen, nicht nutzen zu wollen, wäre ebenso uneinsichtig, wie die Gefahren der Beliebigkeit zu verniedlichen. Trittsicherheit und Umsicht sollen in diesem Zusammenhang erinnert und auch sie in Verbindung zur Gelassenheit der Anschauung und der Herstellung von Anschaulichkeit gesetzt werden.

Wann immer unser Denken die Anschauung zum Ausgangspunkt nimmt, wird die Sprache versuchen dem Angeschauten und unserem Staunen gleichzeitig gerecht zu werden, kann sie sich nicht unbeeinflusst von den Besonderheiten zeigen. Es wird eine Sprache sein, die sich für das »Dazwischen« Zeit nehmen muss oder uns Zeit abverlangt, zwischen den Zeilen das Eigentliche herauszulesen. Es wird eine Sprache sein, die – und damit nähern wir uns dem Ende der Zusammenfassung – Ambivalenzen zulässt.

Anschauung, Anschaulichkeit ist ohne »Perspektive« nicht möglich, wobei ich einen Bildraum meine, der durchaus auch aspektivisch sein kann oder statt Vorder- und Hintergrund ein Vorher und ein Nachher kennt. Wichtig wäre nur, dass in der Anschauung ich für mich Perspektiven entdecke, vielleicht für Augenblicke nur, nur für bestimmte Situationen. Wesentlich ist, dass ich mich in ein Verhältnis zu meiner Umwelt setze, zum »Zeitraum«, der mich umgibt. Diese Erfahrung ist der Erfahrung von Ohnmacht entgegengesetzt.

Das Brüten vor oder in der grauen Kugel ist nicht Anschauen. Auch über das Mikroskop gebeugt sind wir aufmerksam aufgerichtet. Ich vermute, dass Kunstausübung und Kunstausbildung entscheidend mit dem Bemühen um Anschauung und Anschaulichkeit zu tun haben. Es geht um Kenntlichkeit. Und Kenntlichkeit widersetzt sich der Indifferenz in vielfältiger Weise.

Ziel

Jean Baudrillard spricht in »Das System der Dinge« im Kapitel »Struktur und Trennung: die Marke« vom Verbraucher und den Objekten: »Die hierarchisierten Folgen der Objekte spielen genau jene Rolle, welche früher die Reihen der distinktiven Werte gespielt haben. Aber auf diesen Reihen und Folgen beruht die Moral der Gruppe.«

Dieser Analyse gemäß haben die Warenwelt und die Formen des Austausches unser Wertesystem nach den ihnen innewohnenden Gesetzmäßigkeiten umgestaltet und schaffen eine »forcierte Induktion und Kategorisierung des Persönlichen und Sozialen«. Dies führt statt zu einer Sprache »zu einem hierarchisch angeordneten Register«. Daraus wäre, so Baudrillard, »eine klassifizierbare Ordnung im Sinne einer sozialen Abtrennung« abzuleiten. Aus dieser Abtrennung wiederum kann die Errichtung einer Ordnung, aus dieser Ordnung die Etablierung einer Art objektiver Zukunft, die sich in den Gegenständen materialisiert, abgeleitet werden.

Diese apokalyptische Vision erheischt Aufmerksamkeit. Wir müssen dazu auch im Kunstbereich und in der künstlerischen Ausbildung das Gespräch suchen. Wir müssen Gelegenheiten anbieten, darüber zu reflektieren. Wir müssen versuchen, Haltungen zu entwickeln, welche nicht Hilflosigkeit signalisieren, sondern die Bereitschaft, Widerstand zu leisten.

Anhang

Nachweis

Vorwort

ZITAT AUS:

Jean-Luc Nancy: »Zum Gehör«, Zürich / Berlin 2010, S. 23

Zum Begriff Leidenschaft

Eine bearbeitete und gekürzte Fassung dieses Vortrags erschien unter dem Titel
»Zum Begriff der Leidenschaft« im Zürcher Jahrbuch der Künste, Herausgegeben von Hans-Peter Schwarz; Corina Caduff und Tan Wälchli: »Schmerz in den Künsten«, Zürich 2009

ZITATE AUS:

Nicholson Baker: »Wie groß sind die Gedanken?«, Reinbek 1998, S. 224f.

Roland Barthes: »Rasch«, in: ders.: »Der entgegenkommende und der stumpfe Sinn: Kritische Essays III«, Frankfurt am Main 1990, S. 307f.

Bertold Brecht: »Ausgewählte Werke«, Band 3, Frankfurt am Main 1997, S. 507

Johann Michael Sailer: »Die Wahrheit auf der Gasse«, Frankfurt am Main 1996, S. 150–154

Jean Paul: »Ideen-Gewimmel: Texte und Aufzeichnungen aus dem unveröffentlichten Nachlass«, hg. Bon Thomas Wirz und Kurt Wölfel, Frankfurt am Main 1992, S. 59

Heinz Schafroth: »Der sechste Autor im Buch des fünften Autors des vierten«, zit. nach Winfried Stephan, Daniel Keel (Hg.): »Das Schreiben ist das Ziel, nicht das Buch: Urs Widmer zum 70. Geburtstag«, Zürich 2008, S. 130

Robert Schumann: »Zwölf Lieder« von Justinus Kerner, op. 35

Robert Schumann: »Gesammelte Schriften über Musik und Musiker«, Leipzig 1965, S. 235

Urs Widmer: »Das Paradies des Vergessens«, Zürich 1990, S. 51

Humor in der Musik

Eröffnungsreferat, gehalten am Festival 73. Musikfestwochen Braunwald 2008, »Humor in der Musik«, 6. Juli 2008

ZITATE AUS:

Roland Barthes: »Was würde aus einer Gesellschaft, die darauf verzichtete, auf Distanz zu gehen?«, Umfrage in Le Monde, 13. November 1974, in ders.: »Die Körnung der Stimme« Frankfurt am Main 2002

»Duden – Das Herkunftswörterbuch. Etymologie der deutschen Sprache«.
4. Auflage, Mannheim 2006

Thomas Müllenbach: »Nachtbuch«, St. Gallen 2005, S. 11

Sergej Prokofjew: »Aus meinem Leben. Sowjetisches Tagebuch 1927«, Mainz 1994

Jean Paul: »Vorschule der Ästhetik«, in: Herbert v. Millet (Hg.): »Jean Paul. Sämtliche Werke. Abteilung I Band 5. Levana oder Erziehlehre«, Frankfurt am Main 1996, S. 7–456

Jean Paul: »Gedanken«, in: ders.: »Bemerkungen über den Menschen«, München Wien 2004, S. 103

Das Lächeln am Fuße der Tonleiter

Referat, gehalten am Festival 73. Musikfestwochen Braunwald 2008, »Humor in der Musik«, 7. Juli 2008

ZITATE AUS:

Henry Miller: »Das Lächeln am Fuße der Leiter«, Reinbek bei Hamburg 1978

Der Lügenbaron als Wahrsager – Anmerkungen zu Kunst und Krise

Vortrag, gehalten im Rahmen der Cortona-Woche 2009 der ETH Zürich und Zürcher Hochschule der Künste im September 2009 zum Thema »Bridge over Troubled Water«

ZITATE AUS:

Gottfried August Bürger: »Wunderbare Reisen zu Wasser und Lande, Feldzüge und lustige Abenteuer des Freiherrn von Münchhausen«, nach der Ausgabe von 1788. Mit einem Nachwort von Max Lüthi, Zürich 2002

Gustave Flaubert: »Wörterbuch der Gemeinplätze«, München 2000

Peter Von Matt: »Ein armer Teufel großen Stils: Gottfried August Bürger«, in: ders.: »Die verdächtige Pracht. Über Dichter und Gedichte«, München / Wien 1998

Über das Lesen zwischen den Zeilen

Referat, gehalten an der Tagung »Image – Magie« der ERTA (European Recorder Teachers Association, Verband der BlockflötenlehrerInnen Schweiz) am 1. März 2008

ZITATE AUS:

Theodor W. Adorno: »Erziehung zur Mündigkeit«, Frankfurt am Main 1971
Alexander Becker und Matthias Vogel (Hg.): »Musikalischer Sinn. Beiträge
    zu einer Philosophie der Musik«, Frankfurt am Main 2007
Otto F. Walter: »Mein Leben – zu Lebzeiten. Eine Skizze«, in: Quarto, 2 / 1993,
    S. 20–28

Über Oberfläche, Befindlichkeit und Horizontale

Referat, gehalten am Kirchenmusiktag 2010, 14. Mai 2010, Kirchgemeindehaus und Kirche Paulus, Zürich

ZITATE AUS:

Claudio Magris: »Sollte man die Dichter aus dem Staat verbannen?«, in: ders.:
    »Utopie und Entzauberung. Geschichten, Hoffnungen und Illusionen der
    Moderne«, München / Wien 2002, S. 26–40

Über das digitale Verfertigen von Gewittern

Vortrag, gehalten an der Tagung »Kultur und Digitalisierung« des Migros Kulturprozents vom 17. bis 19. April 2008 im L'Arc in Romainmôtier, 18. April 2008

Notizen zur Musikförderung

Revidierte Fassung eines am 7. Oktober 2010 gehaltenen Vortrags im Rahmen eines Workshops der SUISA-Stiftung. Der Text wurde zuerst publiziert in Daniel Fueter: »Notizen zur Musikförderung«. Edition Hug 11751, Zürich 2011

ZITATE AUS:

Voltaire: »Candide oder der Optimismus«, 1759
Eric J. Hobsbawm, Hubert Christian Ehalt: »Kunst und Kultur am Ende des
    20. und am Beginn des 21. Jahrhunderts. Wiener Vorlesungen«, Wien 2008

»Niemand suche das Seine, sondern was dem andern dient.«

Ansprache in der Fastenzeit, gehalten in der Augustinerkirche Zürich,
6. März 2008

Im Raumschiff Gegenwart

Juni 2011, bisher unveröffentlicht

ZITATE AUS:

Stéphane Hessel: »Empört euch!«, Berlin 2011
Peter Høeg: »Der Plan von der Abschaffung des Dunkels«, München/Wien
   1995, S.25 und S.265
Andrej Tarkowski: »Die versiegelte Zeit. Gedanken zur Kunst, zur Ästhetik und
   Poetik des Films«, Berlin 1985, S.87
Dieter Thomä: »Gegenwartsversessenheit«, Neue Zürcher Zeitung, 9. Mai 2011

Notizen zum Stichwort »Indifferenz«

Beitrag, zuerst publiziert in: Patrick Frank (Hg.): »Limina. Zur Indifferenz
in zeitgenössischer Kunst und Musik«, Saarbrücken 2007; Auszüge des Textes
wurden als Marginalien publiziert in: Daniel Fueter: »Kontrapunkte und
Koloraturen. Über die Unentbehrlichkeit der Musik«, Zürich 2007

ZITATE AUS:

Dirk Baecker, »Die nächste Universität«, in: http://blog.rebell.tv/files/
   baecker_uni.pdf (28. Februar 2007)
Jean Baudrillard: »Das fraktale Subjekt«, in: Ästhetik und Kommunikation
   67/68, 1987
Jean Baudrillard: »Das System der Dinge«, Frankfurt am Main 1991
Joseph Conrad: »Erzählungen«, Hamburg 2006
Hans-Georg Gadamer: »Die Aktualität des Schönen«, Stuttgart 1977
Adrienne Goehler: »Verflüssigungen – Wege und Umwege vom Sozialstaat zur
   Kulturgesellschaft«, Frankfurt am Main/New York 2006
Thomas Hürlimann: »Die Satellitenstadt«, Zürich 1994
Jürg Jegge: »Die Krümmung der Gurke«, Oberhofen am Thunersee 2006
Erhart Kästner: »Aufstand der Dinge«, Frankfurt am Main 1973
Manfred Osten: »›Alles veloziferisch‹ oder Goethes Entdeckung der Lang-
   samkeit«, Frankfurt am Main 2003
Florian Rötzer: »Nachwort«, in: Jean Baudrillard: »Das System der Dinge«,
   Frankfurt am Main 1991

Wesentlicher als die Literaturverweise aufzuführen ist es, die eigentlichen Quellen zu nennen, zu erwähnen, dass mir Hartmut Wickert den Aufsatz von Dirk Baecker, der mir unendlich hilfreich war, aus heiterem Himmel zuspielte oder dass das Buch von Erhart Kästner, welches ich Balthasar Zimmermann verdanke, lange auf dem Büchergestell schlummerte, bis jetzt gleichsam ein erhellender Strahl in meinen Aufsatz zündete. Ich will erwähnen, dass ich Joseph Conrads kleine Poetologie nur dank Daniel Rohr kennen lernte, der mir das Buch zur Premiere unseres »Matrosenabends« schenkte, während Eriko Kagawa mich schon vor langer Zeit mit Hans-Georg Gadamers Essay überraschte, das mich seither maßgeblich begleitet. Natürlich regten Patrick Franks auf Baudrillard gezielte Hinweise mich an, während ich die Kenntnis von Adrienne Goehlers Buch nur dem schönen Zufall einer raschen, aber eindrücklichen persönlichen Begegnung im Treppenhaus der Hochschule für Gestaltung und Kunst in Zürich verdanke. Die Freundschaft mit Jürg Jegge prädestiniert mich zum Leser seiner Bücher, wobei im Zusammenhang mit der hier gegebenen Thematik die Lektüre seines neuesten Werkes wärmstens empfohlen sei.

Warum ich das erzähle: weil es Einblick in meine Arbeitsweise geben soll, die in keiner Weise akademischen Gepflogenheiten und Ansprüchen genügen kann, und weil es ein kleines Dankeszeichen sein soll an einen Freundeskreis, der mich auf dem Laufenden hält und Anteil nimmt, an den Auseinandersetzungen, in denen ich stehe. Dazu zähle ich ganz besonders auch Heinrich Baumgartner, der immer bereit ist, meine Texte kritisch zu lesen, und ihnen durch seine Hinweise zu mehr gedanklicher Sorgfalt verhilft.

Dank

Es gibt kaum einen Text, den ich je verfasst hätte, der seine gedanklichen Energien nicht immer wieder Zitaten danken würde. Ich bin mir dieses geistigen »Eklektizismus« durchaus bewusst. Ich lese viel und danke einen Großteil meiner kleinen Welterfahrung der Lektüre. Immer wieder begegne ich Überlegungen, Formulierungen und Bildern, die mich staunen machen und zum Übertrag in meine Welt und allenfalls zum Weiterdenken ermuntern.

Mein Denken ist geprägt und wird begleitet von Büchern. Und diese Begleitung macht sich verständlicherweise dann besonders bemerkbar, wenn ich aufgefordert werde, zu einem Thema Stellung zu nehmen. Die Hilfe, die diese Begleitung bedeutet, nehme ich gerne und schamlos in Anspruch. Deshalb gilt mein erster Dank allen Autorinnen und Autoren, die ich für die vorgelegten Texte geplündert habe. Ganz leise hege ich die Hoffnung, dass ich da und dort den Griff nach dem Buch, aus dem ich zitierte, anzuregen vermag. Meine Dankbarkeit würde auf diese Weise sich am schönsten manifestieren.

Zu danken habe ich aber auch allen Auftraggeberinnen und Auftraggebern, die mich für geeignet erachteten, bei besonderen Anlässen als Redner aufzutreten oder zu Publikationen einen Beitrag zu leisten. Gerade weil ich auf keinem Gebiet ein wirklicher Spezialist bin, sind dies immer wieder Herausforderungen zu dringenden Horizonterweiterungen. Meine Töchter stellen seit vielen Jahren liebevoll fest, ich würde recht eigentlich immer denselben Vortrag schreiben: Nieder mit dem Neoliberalismus. Ich danke es den Aufträgen, dass mir immer wieder Gelegenheiten geboten werden, diesen meinen Vortrag weiterzuschreiben und öffentlich kundzutun, jetzt sogar in Buchform, was mir – wie meine Töchter zutreffend feststellen – am Herzen liegt.

Ich danke den Leserinnen und Lesern meines ersten Buches. Die überaus erfreulichen Reaktionen, die ich erhielt, lange Briefe, die ausgelegte Spuren weiterverfolgten, kurze Lobesworte auf Zugfahrten, anerkennende Besprechungen in Zeitungen und viele weitere Freundlichkeiten, waren ein großer Ansporn, weiter über Musik und ihre Unentbehrlichkeit und über die gesellschaftlichen Dimensionen von Musik nachzudenken. Ich hoffe, dass angesichts des zweiten Buches niemand den ermunternden Zuspruch bereuen möge.

Ich danke dem Verlag rüffer & rub dafür, dass ich ein zweites Mal die Gelegenheit erhalte, ein Buch zu veröffentlichen. Komponieren ist wunderbar – vielleicht das Schönste für mich überhaupt – und eine Aufnahme zu veröffentlichen ist auch eine große Sache. Aber ein Buch vorlegen zu dürfen (vielleicht verstehen mich da Musikerinnen und Musiker besonders gut), ist das Außerordentliche an sich. Der Stolz ist größer als alle ängstlichen Bedenken. Die ganze Verlagscrew hat sich mit Hingabe für die Publikation eingesetzt und ich danke ihr dafür.

Ich danke Anne Rüffer, der mutigen und treuen Verlegerin, der die Auseinandersetzung mit Musik ein großes Anliegen ist. Sie hat mit den Publikationen in ihrem Verlag den Dank unserer Zunft verdient. Ich danke Felix Ghezzi, der ein verständnisvoller und einfühlsamer Lektor war, die Texte sanft und sorgfältig überarbeitet hat, insbesondere auch dort, wo der Vortragscharakter (zum Teil mit Musik- oder Bildbeispielen) die Lektüre erschwerte. Dabei hat er die Herkunft der Texte aber keineswegs verschleiert. Auch half er meine Zitierwut durch Quellenangaben zu professionalisieren.

Zum Schluss danke ich den Leserinnen und Lesern, die mir die Freude machen, das Buch in den Händen zu halten, darin zu blättern, darin zu lesen. Ich hoffe, dass wir im Gespräch bleiben, ich hoffe, dass die Bedeutung der Musik im gesellschaftlichen Gespräch erkannt, erhalten und gefördert werde. C'est le ton qui fait la musique. Ja. Aber gleichzeitig trägt die Musik zum Klang der Gesprächskultur Entscheidendes bei.

www.ingramcontent.com/pod-product-compliance
Lightning Source LLC
Chambersburg PA
CBHW070927150426
42812CB00049B/1560